INTRODUÇÃO À ECONOMIA COMPUTACIONAL

COLECÇÃO ECONÓMICAS – 2ª Série
Coordenação da Fundação Económicas

António Romão (org.), *A Economia Portuguesa – 20 Anos Após a Adesão*, Outubro 2006

Manuel Duarte Laranja, *Uma Nova Política de Inovação em Portugal? A Justificação, o modelo os instrumentos*, Janeiro 2007

Daniel Müller, *Processos Estocásticos e Aplicações*, Março 2007

Rogério Fernandes Ferreira, *A Tributação dos Rendimentos*, Abril 2007

Carlos Alberto Farinha Rodrigues, *Distribuição do Rendimento, Desigualdade e Pobreza: Portugal nos anos 90*, Novembro 2007

João Ferreira do Amaral, António de Almeida Serra e João Estêvão, *Economia do Crescimento*, Julho 2008

Amélia Bastos, Graça Leão Fernandes, José Passos e Maria João Malho, *Um Olhar Sobre a Pobreza Infantil*, Maio 2008

Helena Serra, *Médicos e Poder. Transplantação Hepática e Tecnocracias*, Julho 2008

Susana Santos, *From the System of National Accounts (SNA) to a Social Accounting Matrix (SAM) – Based Model. An Application to Portugal*, Maio 2009

João Ferreira do Amaral, *Economia da Informação e do Conhecimento*, Maio 2009

Fernanda Ilhéu, *Estratégia de Marketing Internacional*, Agosto 2009

Joge Afonso Garcia e Onofre Alves Simões, *Matemática Actuarial. Vida e Pensões*, Janeiro 2010

Maria Eugénia Mata e Nuno Valério, *The Concise Economic History of Portugal*, Fevereiro 2011

António Romão, Joaquim Ramos Silva e Manuel Ennes Ferreira (orgs.), *Homenagem ao Professor Doutor Adelino Torres*, Dezembro 2010

COLECÇÃO ECONÓMICAS – 1ª Série
Coordenação da Fundação Económicas

Vítor Magriço, *Alianças Internacionais das Empresas Portuguesas na Era da Globalização. Uma Análise para o Período 1989-1998*, Agosto 2003

Maria de Lourdes Centeno, *Teoria do Risco na Actividade Seguradora*, Agosto 2003

António Romão, Manuel Brandão Alves e Nuno Valério (orgs.), *Em Directo do ISEG*, Fevereiro 2004

Joaquim Martins Barata, *Elaboração e Avaliação de Projectos*, Abril 2004

Maria Paula Fontoura e Nuno Crespo (orgs.), *O Alargamento da União Europeia. Consequências para a Economia Portuguesa*, Maio 2004

António Romão (org.), *Economia Europeia*, Dezembro 2004

Maria Teresa Medeiros Garcia, *Poupança e Reforma*, Novembro 2005

1ª Série publicada pela CELTA Editora

TANYA VIANNA DE ARAÚJO
Professora Associada
Departamento de Economia
ISEG e UECE

INTRODUÇÃO À ECONOMIA COMPUTACIONAL

INTRODUÇÃO À ECONOMIA COMPUTACIONAL

AUTORA
TANYA VIANNA DE ARAÚJO

EDITOR
EDIÇÕES ALMEDINA, SA
Rua Fernandes Tomás nºs 76, 78, 80
3000-167 Coimbra
Tel.: 239 851 904
Fax: 239 851 901
www.almedina.net
editora@almedina.net

DESIGN DE CAPA
FBA.

PRÉ-IMPRESSÃO | IMPRESSÃO | ACABAMENTO
G.C. GRÁFICA DE COIMBRA, LDA.
Palheira – Assafarge
3001-453 Coimbra
producao@graficadecoimbra.pt

Março, 2011

DEPÓSITO LEGAL
324939/11

Os dados e as opiniões inseridos na presente publicação
são da exclusiva responsabilidade do(s) seu(s) autor(es).

Toda a reprodução desta obra, por fotocópia ou outro qualquer
processo, sem prévia autorização escrita do Editor, é ilícita
e passível de procedimento judicial contra o infractor.

Biblioteca Nacional de Portugal – Catalogação na Publicação

ARAÚJO, Tanya Vianna de

Introdução à economia computacional. – (Fundação económicas)
ISBN 978-972-40-4468-2

CDU   330

Índice

1. **Introdução** 11

2. **Sistemas Complexos** 19
  2.1 O que é ser Complexo 19
    2.1.1 Abordagens e propriedades 27
    2.1.2 As Leis de potência e a universalidade 29
    2.1.3 Distribuições e variáveis Gaussianas 34
    2.1.4 Evolução temporal e o movimento Browniano 36
    2.1.5 Auto-semelhança e expoente de Hurst 39
    2.1.6 Fractais 43
    2.1.7 Medidas da complexidade 46
    2.1.8 Entropias 51
    2.1.9 Excesso de entropia 54
  2.2 Breve introdução aos sistemas dinâmicos 55
    2.2.1 Dependência sensível das condições iniciais 62
    2.2.2 Invariantes ergódicos 63
  2.3 Probabilidades e processos de Markov 70
  2.4 As Áreas de fronteira 75
    2.4.1 A Econofísica 75
    2.4.2 A Neuroeconomia 77

3. **Reconstrução de Processos** 81
  3.1 Processos de base empírica 83
    3.1.1 Pré-processamento dos dados 85
    3.1.2 Questões principais 87
  3.2 Indicadores estatísticos de nível 1 e 2 91
    3.2.1 Factos estilizados no mercado financeiro 92
  3.3 Gramática e medida do processo 99
    3.3.1 Codificação do processo 99
  3.4 Abordagem de Markov de ordem 102
  3.5 Resultados 107
  3.6 Resumo do capítulo 110

6 | Introdução à Economia Computacional

4. Reconstrução de Espaços 113
  4.1 Geometria do Mercado Financeiro 114
    4.1.1 Questões principais 114
  4.2 O método 116
    4.2.1 A métrica 116
    4.2.2 Os passos do método 117
    4.2.3 A Dimensão efectiva e a contrução de Portfólios 120
  4.3 Os primeiros exemplos 121
  4.4 Novos exemplos 126
    4.4.1 Caracterização da forma 128
  4.5 Redes de mercado 136
    4.5.1 Topologia do mercado 140
    4.5.2 O papel dos sectores 143
  4.6 A procura de precursores 148
  4.7 Resumo do capítulo 153

5. Redes 157
  5.1 História e Conceitos Fundamentais 159
  5.2 Propriedades e coeficientes de rede 163
  5.3 Regimes 168
  5.4 Criação de Estruturas em Rede 171
    5.4.1 Criação de Redes Aleatórias 172
    5.4.2 Criação de redes *Small-world* 173
    5.4.3 Criação de redes *Scale-free* 174
  5.5 Estrutura, dinâmica e evolução das redes 178
  5.6 Caracterização dinâmica do regime *small-world* 179
    5.6.1 O modelo dinâmico 180
  5.7 Resumo do capítulo 187

6. Forma e Função numa Rede de Agentes 191
  6.1 A dependência da história 192
    6.1.1 Questões principais 193
  6.2 O método 195
  6.3 Redes orientadas por objectivos 196
  6.4 Algoritmos de aprendizagem 197
    6.4.1 Aprendizagem por reforço das ligações 198
    6.4.2 Aprendizagem através dos erros 198
  6.5 Coeficientes de rede 199
    6.5.1 A representação da rede 200
    6.5.2 Coeficientes de *clustering* 201
  6.6 Novos coeficientes de rede 203

Índice | 7

6.6.1 Caminho característico num grafo ponderado 203
6.6.2 Caminho característico num grafo direccionado 204
6.6.3 Simetria, Cooperação e Antagonismo 205
6.6.4 Residualidade 206
6.6.5 Robustez e Adaptação 207
6.7 Resultados 208
6.7.1 Resultados em redes direccionadas 212
6.7.2 Simetria 215
6.7.3 Residualidade, Cooperação e Antagonismo 216
6.7.4 Adaptação 216
6.7.5 Robustez 217
6.8 Resumo do capítulo 217

7. Modelos de Agentes 221
7.1 Aplicações à Economia 226
7.2 Estrutura dos Modelos de Agentes 229
7.2.1 O Modelo do Jogo Minoritário 230
7.3 Dinâmica dos Modelos de Agentes 233
7.3.1 Redes de Agentes 235
7.4 Modelos de Inovação 236
7.4.1 O que é a Inovação? 237
7.4.2 Inovação e Modelos de Agentes 238
7.4.3 Questões Principais 245
7.4.4 O modelo de produtores e consumidores 247
7.4.5 Inovação orientada para o Mercado 254
7.4.6 A evolução das necessidades 260
7.4.7 Inovação e auto-organização 263
7.5 Resumo do capítulo 271

8. Crescimento Económico e Efeitos de Rede 273
8.1 Crescimento Económico e Educação 275
8.1.1 Questões principais 278
8.2 O modelo 279
8.3 A Produção de bens finais 281
8.4 Salários e distribuição de renda 282
8.5 O estado estacionário e a armadilha da pobreza 284
8.6 Resultados 286
8.6.1 O Cenário Base 286
8.6.2 A educação é importante 290
8.6.3 O futuro é menos valorizado 291
8.6.4 Quando os agentes não-qualificados predominam 291

8 | Introdução à Economia Computacional

8.6.5 Quando os agentes qualificados estão em maioria 292
8.6.6 A intensificação do efeito de equipe 292
8.6.7 Uma maior vizinhança 293
8.6.8 A armadilha da pobreza 293
8.7 As Redes 295
8.8 Resumo do capítulo 296

9. Dinâmica de Opinião 299
9.1 A Formação de opiniões 300
9.1.1 Questões Principais 301
9.1.2 Convergência local e polarização global 301
9.2 O modelo 303
9.3 Classificação do comportamento 307
9.3.1 Uma Lei de Escala 309
9.4 Redes de Opinião 311
9.5 Validação empírica das redes 314
9.5.1 Eleições Artificiais 316
9.5.2 A Fase Transiente 318
9.6 Desenvolvimentos Futuros 323
9.7 Resumo do capítulo 324

Agradecimentos

Agradeço a António Romão, Daniel Müller, Elsa Fontainha, Francisco Louçã, João Ferreira do Amaral, Jorge Ramos, Luís Correia, Luiz Agner, Pedro Vianna, Rui Vilela Mendes, Samuel Eleutério e Sven Banisch, que ajudaram com sugestões e comentários sobre diversas partes deste livro, não sendo evidentemente responsáveis pelo texto que aqui se apresenta.

1.

Introdução

Em Economia estuda-se o modo como os seres humanos e a sociedade fazem escolhas de forma a produzirem e a distribuirem riqueza, tentando satisfazer necessidades ilimitadas a partir dos recursos limitados do planeta.

Tanto ao nível das necessidades como dos recursos, assim como da comunicação entre os seus agentes, os fenómenos económicos dependem fortemente da tecnologia e dos condicionalismos do meio físico envolvente. Por outro lado, a interacção dos agentes económicos e a sua dinâmica apresentam todas as características de um sistema complexo evolutivo, com semelhanças com os sistemas desse tipo que emergem nas chamadas ciências exactas e ciências naturais.

No passado, as contribuições interdisciplinares entre a Economia e as outras ciências nem sempre produziram resultados interessantes para a primeira. São conhecidas as tentativas de aplicação de princípios da Física à Economia e de como neste contexto – predominantemente dominado pela síntese Keynesiana-Neoclássica – as consequências impostas pela consideração de uma realidade restrita exclusivamente a fenómenos quantificados, terá levado a ciência económica a confrontar-se com sérias dificuldades (Louçã, F. 2007).

É sabido que a Economia neoclássica se baseia em dois tipos de abordagens. Por um lado o estudo dos pontos de equilíbrio em que, a partir das escolhas racionais óptimas dos agentes económicos, procuram-se estados globais da economia (preços, estratégias e funções de utilidade) que satisfaçam determinados critérios de consistência (equilíbrio de Nash, liquidez do mercado, etc.).

Por outro lado, na chamada abordagem dinâmica, o estado da economia é representado por um certo número de variáveis obedecendo a um sistema de equações diferenciais ou às diferenças e o problema consiste em determinar as respectivas trajectórias.

A abordagem clássica do equilíbrio ignora os mecanismos pelos quais o estado da economia muda e de como o equilíbrio se obtém, assim como em geral se baseia na ficção da completa racionalidade dos agentes.

Por outro lado, a abordagem dinâmica tradicional não toma em conta a distinção entre comportamento individual dos agentes e comportamento das variáveis globais. Isto, por vezes, torna-se ainda mais obscuro quando se insiste na noção de agente representativo.

Fora das abordagens tradicionais ficam também a possibilidade de emergência de novas variáveis dinâmicas, a criação de estruturas e de hierarquias de comportamento, a adaptação e a aprendizagem dos agentes económicos, assim como, a própria dinâmica do conhecimento. Por este motivo, algumas novas abordagens em ciência económica fazem uma rotura com as abordagens mais tradicionais por considerar que muitos dos fenómenos económicos devem ser tratados como fenómenos não-lineares e fora do equilíbrio.

Uma vez formulado o problema nestes termos, encontram-se algumas semelhanças com a Biologia. As metáforas da mutação e selecção tornam-se princípios importantes na modelação dos sistemas económicos. Alguns dos mecanismos de cooperação e de competição entre as espécies, bem como de adaptação ao ambiente envolvente, têm sido considerados no estudo de problemas económicos através da chamada economia evolucionista (Nelson, R. 1982). Da rotura com as preocupações neoclássicas emergem ainda as áreas da Economia Comportamental, da Econofísica e mais recentemente da Neuroeconomia.

Estas áreas têm um tronco comum onde a economia é representada enquanto um sistema de elementos (agentes) autónomos no desempenho de variadas funcionalidades. Ao mesmo tempo, cada agente é um elemento interdependente das relações estabelecidas com os outros agentes e com o ambiente. Neste contexto, os agentes económicos possuem uma dinâmica própria (individual) e o comportamento da economia no seu conjunto é o resultado da relação da dinâmica colectiva com as dinâmicas individuais.

A organização do livro

Neste livro, a introdução à Economia Computacional é organizada em três partes principais. Na primeira parte mostramos de que forma as **ciências da complexidade** podem contribuir com instrumentos teóricos para a representação da autonomia, da interdependência e das diferentes dinâmicas dos agentes económicos. Esta parte teórica – formada pelos Capítulos 2, 3 e 4 – deve facilitar o desenvolvimento de competências em aproximações adequadas ao tratamento da interdependência, da emergência de propriedades e da auto-organização. Para tal, dá-se especial atenção ao estudo do fenómeno de **criação de estruturas**.

Porque as estruturas em rede são aquelas onde mais sobressaem as relações de interdependência, a segunda parte do livro – formada pelos Capítulos 5 e 6 – é dedicada aos conceitos próprios das **abordagens de rede**. A terceira e última parte do livro – Capítulos 7, 8 e 9 – trata da **modelação de agentes**, ou seja, da parte mais conhecida da Economia Computacional.

No segundo capítulo apresentamos os instrumentos teóricos fundamentais ao reconhecimento dos processos e das estruturas característicos dos chamados Sistemas Complexos. Esta perspectiva mais voltada para a teoria do que para a prática é retomada nos Capítulos 5 e 7, onde se apresentam os conceitos fundamentais das abordagens de rede e da modelação de agentes, respectivamente.

Sendo um livro orientado para o apoio à investigação, cada uma das três partes inclui capitulos predominantemente aplicados. Na primeira parte, os Capítulos 3 e 4, apresentam aplicações na área dos mercados financeiros. Na segunda parte, também se apresentam duas aplicações exclusivamente dedicadas ao tema em questão, neste caso, as abordagens de rede são apresentadas nos Capítulos 5 e 6.

Sendo uma introdução à Economia Computacional, o livro não deixa de se debruçar sobre os instrumentos computacionais necessários à simulação do comportamento de alguns sistemas complexos, com especial ênfase na Complexidade em Economia. Esta vertente é explorada em profundidade na terceira e última parte do livro, dedicada à modelação de agentes e incluindo os Capítulos 7, 8 e 9. Aí passamos às aplicações de modelos de inovação (Capítulo 7), ao que segue uma aplicação de um modelo de crescimento endógeno com efeitos de rede (Capítulo 8). A última aplicação é um exemplo de um modelo de dinâmica de opinião (Capítulo 9).

Cada um dos exemplos apresentados na parte aplicada foi adaptado de pelo menos um artigo publicado em colaboração (em co-autoria) com outros investigadores. Assim, no final de cada capítulo e sempre que este inclua um exemplo aplicado, destacam-se (em Referências Principais) as referências dos artigos originais. Também é comum a todos os capítulos com exemplos aplicados, a inclusão de um conjunto de questões principais. Estas questões serão discutidas quando da apresentação dos resultados e das conclusões da aplicação em questão. A partir do terceiro capítulo, todos os capítulos incluem um resumo do que foi apresentado. Em cada capítulo, os principais conceitos são assinalados (em *negrito*), o que indica a sua inclusão no Índice Remissivo, apresentado no final do livro.

O mapa

Por último e com a finalidade de facilitar o acompanhamento dos vários tópicos abordados ao longo dos capítulos, apresentamos um mapa das relações entre as duas diferentes perspectivas de estudo dos sistemas complexos e da sua participação nas diversas disciplinas, teorias, domínios, modelos e aplicações.

Na construção do mapa utilizamos os seguintes critérios:

1. Os elementos participantes no mapa pertencem a uma de entre seis categorias: Perspectivas, Disciplinas, Teorias, Domínios, Modelos e Aplicações. As categorias estão dispostas em linhas e os elementos de uma mesma categoria, em colunas.

2. Em cada uma das categorias, a inclusão de um elemento é determinada pela sua participação pelo menos um capítulo do livro. Assim sendo, foram consideradas as duas perspectivas de estudo da complexidade (Criação de Estruturas e Imprevisibilidade); seis disciplinas (Matemática, Sociologia, Computação, Biologia, Economia e Física Estatística), cinco teorias (dos Grafos, das Redes Sociais, Teoria Ergódica, Teoria das Probabilidades e Teoria do Crescimento Económico), dois domínios (Economia Computacional e Economia Evolucionista), quatro principais categorias de modelos (de Redes, de Agentes, de Crescimento Endógeno e de Markov) e cinco Aplicações (Dinâmica Social, Inovação, Adaptação e Aprendizagem, Crescimento e Mercado Financeiro).

3. Na categoria Domínios, é notória a consideração de apenas dois elementos. Domínios como a Econofísica, a Economia Comportamental e a Neuroeconomia não foram incluídos no mapa a fim de evitar sobrecarregar a imagem com informação que no livro não é abordada em profusão.

4. Sempre que a perspectiva predominante é a da Criação de Estruturas, a disciplina, a teoria, o domínio, o modelo

e a aplicação têm uma moldura em traço contínuo; por outro lado, quando a perspectiva predominante é a do estudo da imprevisibilidade, a moldura é uma linha tracejada. O caso dos Mercados Financeiros é o único que no livro é tratado em ambas as perspectivas.

5. As setas com dupla direcção indicam influências recíprocas entre os elementos relacionados. A intenção foi a de especificar prioritariamente as relação verticais. Por consistir na relação mais abordada no livro, a única relação horizontal representada no mapa é a que liga os Modelos de Agentes aos Modelos de Rede.

6. Por último, as Aplicações referidas no mapa consistem nos exemplos que em cada capítulo do livro (indicado em baixo do nome da Aplicação) dão lugar à apresentação de um caso específico. O tema das redes é transversal a quase todos os casos exemplificados ainda que no mapa não apareça como uma Aplicação.

Figura 1.1: Mapa das perspectivas de estudo dos sistemas complexos e da sua participação nas diversas Disciplinas, Teorias, Domínios, Modelos e Aplicações.

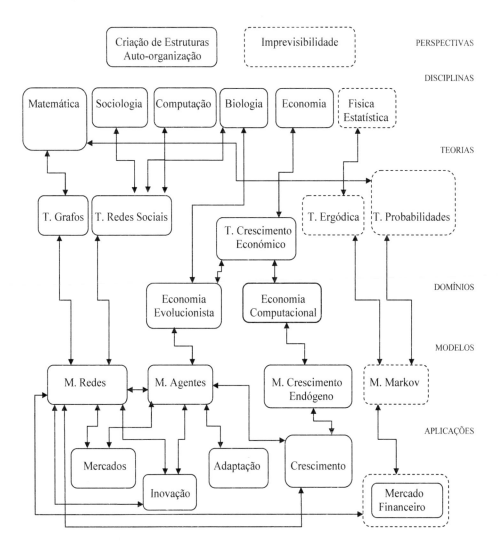

2.

Sistemas Complexos

Muitos sistemas naturais, em especial os que envolvem um grande número de agentes em interacção, apresentam um comportamento estrutural que não pode ser facilmente previsto a partir da dinâmica dos agentes quando isolados.

O facto que o comportamento colectivo emergente não pode ser estudado por redução às suas partes, tinha já há bastante tempo sido reconhecido em alguns domínios das ciências naturais, como por exemplo o da Física da matéria condensada. Mais recentemente se reconheceu que este mesmo paradigma tinha grande importância em muitos domínios da Biologia, da Economia e da Sociologia.

2.1 O que é ser Complexo

Os agentes destes sistemas, vulgarmente designados como Sistemas Complexos, podem ser tão variados como moléculas, células, organismos vivos, grupos animais, sociedades humanas, firmas industriais ou tecnologias em competição. As propriedades fundamentais dos sistemas complexos são a não-linearidade, a interdependência e a emergência.

Uma vez que os sistemas complexos parecem ter propriedades estruturais comuns, algumas ideias unificadoras (criticalidade auto-organizada, limiar do caos, etc.) foram propostas para tentar obter uma compreensão global dos sistemas complexos.

Embora até agora não se tenha obtido uma teoria unificada satisfatória dos sistemas complexos, nem seja provável que uma só noção possa alguma vez descrever toda a complexidade destes fenómenos, há pelo menos duas abordagens suficientemente consensuais quanto à sua utilização para a identificação de um sistema complexo: a caracterização da **imprevisibilidade** do comportamento do sistema e a caracterização do fenómeno de **criação de estruturas**, também designada auto-organização (Vilela Mendes, R. 1998a).

A própria descrição destas duas abordagens recorre – como é frequente no campo dos sistemas complexos – a situações contra-intuitivas. Ao descrevermos a abordagem da **imprevisibilidade**, começamos por referir o comportamento <u>complexo</u> de sistemas <u>simples</u>. Por comportamento complexo entenda-se comportamento imprevisível. Por sistema simples deve-se entender um sistema com poucos graus de liberdade (ou dimensões independentes).

Do mesmo modo, descrevemos a **auto-organização** (ou criação de estruturas) referindo o comportamento colectivo simples de um sistema complexo, ou seja, de um sistema com muitos graus de liberdade.

Esta dicotomia tem por base a separação entre os aspectos estáticos (ou estruturais) e dinâmicos. A classificação em *sistema simples* ou *sistema complexo* baseia-se, como já referido, apenas no número de graus de liberdade do sistema, ou seja, na maior ou menor diversidade da sua componente estrutural. Por outro lado, o **comportamento simples** ou **comportamento complexo** refere a componente dinâmica dos sistemas em questão.

Com a referência a sistemas simples com comportamento complexo pretende-se indicar a observação de comportamentos imprevisíveis mesmo em sistemas com muito pouca diversidade estrutural. Por outro lado, quando se refere o comportamento colectivo simples de sistemas complexos pretende-se indicar a emergência de um comportamento uniforme ou padronizado em sistemas cujas características estruturais fariam esperar uma grande diversidade comportamental.

Quanto aos sistemas simultaneamente simples, quer na estrutura quer no comportamento desenvolvido, é provavel que estes pouco se assemelhem aos sistemas (com interesse) encontrados no mundo real. E no que toca os sistemas estruturalmente complexos e com comportamento imprevisível, estes podem ser estudados por ambas as abordagens.

Embora as duas vias de estudo sejam independentes, sabe-se que as mesmas podem vir a ser utilizadas numa mesma aproximação, isto porque, durante os processos de auto-organização, ou seja, na relação dinâmica entre o todo e as partes – entre os modos colectivos e os comportamentos individuais – as estruturas criadas são tanto mais ricas e diversas quanto mais próximo está o sistema da transição para a imprevisibilidade absoluta (Vilela Mendes, R. 1998a).

Imprevisibilidade

A caracterização de um sistema complexo pela via da imprevisibilidade tem lugar quando do estudo do comportamento complexo de um sistema simples que apesar de determinado por equações bem definidas aparenta ser aleatório. É o caso em que os sistemas são considerados complexos devido à dificuldade de prever o seu comportamento. O exemplo mais conhecido é do Pêndulo Duplo, um sistema com apenas dois graus de liberdade, o qual embora perfeitamente determinado por equações de evolução simples, tem um movimento aparentemente errático e imprevisível. O instrumento de caracterização da complexidade destes sistemas é o valor do(s) Expoente(s) de Lyapunov. A secção 2.2 apresenta uma introdução aos sistemas dinâmicos, na qual são descritos alguns invariantes ergódicos, tais como os referidos expoentes.

Figura 2.1: O Pêndulo Duplo: comportamento imprevisível num sistema simples. O lado esquerdo mostra o pêndulo formado por duas componentes e o lado direito mostra a evolução temporal (aparentemente errática) das posições no plano *(x,y)* de cada uma das duas componentes.

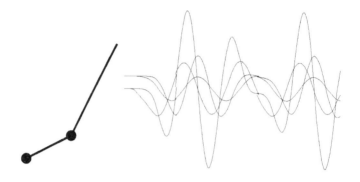

Criação de estruturas ou auto-organização

A segunda via, ou seja, aquela em que a complexidade está associada à criação de estruturas, corresponde à caracterização do comportamento colectivo emergente dos sistemas com muitos graus de liberdade (complexos). Os exemplos mais elucidativos do que se pretende com este tipo de comportamento incidem sobre o comportamento agregado das multidões arrebatadas por um manifesto sentimento comum. Ou ainda, os casos de comportamento sincronizado, desde o caso neuronal durante uma crise de epilepsia, como no caso das crises do mercado financeiro, onde o comportamento agregado dos agentes económicos leva à identificação de flutuações fortemente correlacionadas das rendibilidades das acções de diferentes companhias.

Os intrumentos vocacionados para a identificação de estruturas são bastante mais abundantes do que os que permitem caracterizar a imprevisibilidade. Estes instrumentos são empregues em todos os capítulos deste livro, das redes, aos modelos de agentes, bem como em cada uma das aplicações.

E o que é uma estrutura?

Considera-se uma Estrutura a entidade cuja escala temporal ou espacial existe numa ordem de grandeza muito superior às escalas típicas dos agentes do sistema. Um país ou uma cidade podem ser considerados estruturas em relação aos seus habitantes ou cidadãos. O mesmo acontece com a idade de um planeta quando comparada com a idade dos seus habitantes. Neste sentido, pode-se dizer que um planeta é uma estrutura temporal (além de espacial) para aqueles que o habitam.

Entretanto, a noção mais importante quando se define o que é uma estrutura está associada ao seu aspecto dual. Esta dualidade é fundamental para o estudo dos sistemas complexos e tal como se verá a seguir, desempenha um papel essencial na generalidade das medidas da complexidade.

Dualidade na identificação de estruturas

A dualidade presente na identificação de estruturas deve-se ao seguinte: em qualquer sistema, complexo ou não, as estruturas podem servir apenas os propósitos do observador, à **compressão de informação** na descrição dos fenómenos observados ou podem também desempenhar um papel na dinâmica interna do sistema.

Em *Medidas da Complexidade e Auto-organização* (Vilela Mendes, R. 1998a), dá-se o exemplo de como, no esquema evolutivo dos seres vivos, múltiplas células associam-se num ser multicelular, criando uma parede em relação ao mundo exterior, como mostra o lado direito (B) da Figura 2.2. Neste caso, a estrutura criada desempenha um papel funcional na dinâmica interna do sistema.

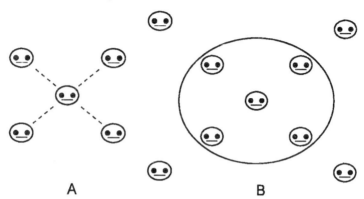

Figura 2.2: Criação de Estruturas com efeito funcional
– adaptado de (R. Vilela Mendes, 1998)

Nesta situação, as células ao criarem uma nova unidade funcional competitiva, perdem as vantagens eventuais duma dinâmica individual, tendo de realizar uma dinâmica de cooperação. Ao mesmo tempo, isto permite-lhes erigir uma parede em relação ao mundo exterior e ficar ao abrigo da competição de outras células que passam a ser definidas como parasitas. Neste caso portanto a nova estrutura multicelular tem um efeito funcional determinante na dinâmica do sistema, independentemente do facto de ser ou não usada na compressão de informação pelos observadores exteriores.

No outro extremo pode-se dizer que estão as situações em que as estruturas só existem porque o observador externo as identifica como tal.

Sabe-se que em ambos os casos, o factor determinante é a natureza das **interacções** entre os agentes do sistema.

Sendo a auto-organização o estabelecimento duma relação dinâmica entre o todo e as suas partes, o seu resultado – a estrutura criada – será tanto mais rico e variado quanto mais próximo estiver o sistema da imprevisibilidade. Esta situação – a transição para a imprevisibilidade – pode ser descrita em termos da diferença entre a informação local e o comportamento global do sistema. É então, mais uma vez conveniente, recorrer à noção de escala, desta vez associada aos aspectos dinâmicos do sistema em questão.

Dinâmicas em escalas diferentes

O comportamento dos sistemas complexos pode ser pensado como consistindo na conjugação de duas dinâmicas distintas. Uma delas actuando numa **escala local** e a outra numa **escala global**. A primeira será a dinâmica das direcções rápidas ou longitudinais, correspondendo ao comportamento dos agentes individuais. A segunda será a dinâmica das direcções lentas ou transversais, responsável pelo comportamento colectivo do sistema.

A construção de sociedades artificiais através de modelos de agentes permite verificar que, à medida que a interacção entre os agentes aumenta (o que em geral corresponde à limitação de recursos e ao aumento da competição pelos mesmos), a dinâmica lenta vai se tornando cada vez mais difícil de manipular pelo agente individual. Por dificuldade de manipulação, entende-se a alteração a fazer no presente para obter uma determinada alteração no futuro, ou seja, a liberdade do agente individual. Para certos graus elevados de interacção, as dinâmicas transversais tornam-se absolutamente rígidas e sincronizadas com o conjunto, desaparecendo qualquer liberdade nestas direcções. A partir daí há uma redução efectiva da dimensão do sistema, o que corresponde a um empobrecimento da dinâmica global (Vilela Mendes, R. 2000).

Há indicadores desenvolvidos para quantificar a criação dinâmica de estrutura, tais como: a Entropia de Kolmogorov-Sinai, os Expoentes Condicionais, a Entropia dos Expoentes Condicionais, o Índice de Estrutura e a Medida da Auto-organização Dinâmica. Uma vez que estes indicadores são invariantes ergódicos, a sua apresentação faz parte da secção 2.2.

Mecanismos de criação de estrutura

A Economia Computacional assim como a economia evolucionista, tem sido bastante participada por conceitos de inspiração biológica. Sempre que isso acontece, é comum considerar-se a participação do ambiente externo, bem como a participação do acaso.

No estudo das sociedades naturais, a imagem Darwiniana da evolução sugere a preponderância de alguns mecanismos responsáveis pelo aparecimento de estruturas e, em particular, de estruturas modulares.

Os mecanismos de criação de estruturas modulares podem ser vistos como o fruto de um processo selectivo no qual participam três mecanismos complementares:

1. a dinâmica das interacções dos agentes entre si e com o ambiente origina um certo número de estruturas possíveis,

2. a competição entre as estruturas selecciona as mais viáveis, provavelmente, com base nas funcionalidades exibidas por certos módulos cooperantes entre si. Estes módulos, por combinação entre si originam vários tipos de elementos sobre os quais a selecção vai actuar,

3. em igualdade de circunstâncias, os simples acasos, ou o ambiente exterior podem ocasionar acidentes que condicionam a permanência ou a não permanência das estruturas criadas.

Assim sendo, a criação de estruturas não é o resultado de um simples mecanismo de selecção actuando sobre uma sequência de transformações aleatórias, mas antes num cenário um pouco mais complexo, em que as leis da auto-organização, a selecção e a aleatoriedade se associam para determinar, entre o que é possível que aconteça, o que realmente vai acontecer. Este cenário tem a vantagem de ajudar a compreender porque a hierarquização de estruturas é tão frequente na natureza e nas sociedades. Seria muito mais difícil imaginar que tais estruturas, sendo tão específicas e tão frequentes fossem o produto de um acumular de variações aleatórias.

A imagem Darwiniana da evolução e a sua transposição para a Economia, permite compreender a optimização de estruturas em relação ao meio em que vivem mas não permite explicar as transições evolutivas entre estruturas de tipo diferente. Se as estruturas complexas tivessem sido criadas por variações aleatórias dos seus elementos, não se compreenderia porque elas têm aspecto modular.

Uma explicação satisfatória seria a de serem compostas por módulos evolutivamente viáveis na escala anterior. A natureza e a economia compõem os seus elementos com base no que já existe. Num mundo competitivo não seria viável reconstruir tudo desde o princípio, tal como também argumenta H. Simon (*The Sciences of the Artificial*, 1969), com a **Parábola dos Relojoeiros**.

Nesta parábola, *Tempus* e *Hora* são dois relojoeiros frequentemente interrompidos durante as suas tarefas de construção de relógios. As interrupções devem-se a solicitações dos clientes de um e do outro que telefonam a pedir informações. Não tendo alternativa, os relojoeiros interrompem o seu trabalho de cada vez que um cliente o solicita. Simon mostra que os relojoeiros serão tão mais produtivos quanto mais apostarem na construção modular. Ao fazê-lo, as interrupções frequentes não obrigam a recomeçar do início todo o processo de montagem. Tal opção permite retomar o processo do ponto em que se encontrava quando suspenso por alguma das frequentes interrupções (Simon, H. 1969).

2.1.1 *Abordagens e propriedades*

Tal como referido no início deste capítulo, as características fundamentais dos sistemas complexos são a **não-linearidade**, a **interdependência** e a **emergência**. Resta saber de que maneira estas três propriedades participam nos dois fenómenos que

28 | Introdução à Economia Computacional

orientam as vias de estudo da Complexidade: a Auto-organização e a Imprevisibilidade.

Na criação de estruturas, a dinâmica de interacção entre as partes do sistema complexo cria estruturas e comportamentos qualitativamente diferentes do comportamento isolado de cada uma das partes. A este fenómeno, o qual tem lugar por via da **interdependência** entre os elementos do sistema, dá-se o nome de **emergência** de propriedades.

A **não-linearidade** é mais uma propriedade utilizada na caracterização da generalidade dos sistemas complexos e significa que o comportamento dinâmico do sistema não pode ser visto como uma simples sobreposição dos comportamentos elementares dos seus constituintes.

A não-linearidade tem consequências práticas muito importantes. Por exemplo, num sistema com uma variável e do qual se espera uma certo comportamento, duplicar o valor da variável não significa necessariamente duplicar a resposta. Isto, como se sabe, pode ter importantes consequências sociais e económicas.

A **interdependência** dá conta de que a reacção de cada um dos agentes depende fortemente do comportamento dos outros, dum modo auto-consistente e difícil de prever *a priori* (Vilela Mendes, R. 1998a). Um caso específico de emergência de propriedades é o da auto-organização dinâmica, o termo usado para caracterizar a relação da dinâmica colectiva com as dinâmicas individuais.

A **emergência** pode portanto ser definida como consistindo no aparecimento de características colectivas qualitativamente diferentes das características isoladas de cada uma das partes.

Assim sendo, quando estudamos os sistemas complexos, estamos orientados por duas propriedades complementares: a interdependência entre os elementos do sistema e a emergência de novas propriedades do sistema como um todo.

Seguem-nas um conjunto de outras propriedades frequentemente referidas na literatura mas que, em geral, podem ser consideradas casos particulares das propriedades já mencionadas,

2. Sistemas Complexos | 29

são, por exemplo: a **caoticidade**, a **auto-semelhança** e a **universalidade** (frequentemente descrita através de **leis de potência**).

2.1.2 *As Leis de potência e a universalidade*

A possibilidade de definir relações lineares entre quantidades observadas no estudo de uma qualquer área do conhecimento tem tido sempre grande interesse e utilidade prática. Na generalidade dos casos, ajudam a observar variações conjuntas das ditas quantidades, podendo mesmo ajudar a descobrir relações de causa e efeito subjacentes àquelas variações.

No entanto e como é natural, existe uma grande quantidade de variáveis com relações de outra natureza. Já aqui se referiu que a não-linearidade é uma das propriedades fundamentais dos sistemas complexos. É portanto de esperar que as relações não-lineares sejam frequentes e que dentre estas se incluam aquelas cuja linearização requer a especificação das quantidades envolvidas em escala dupla logarítmica, na forma $f(x) = ax^a$, onde α é o **expoente característico**.

Os exemplos são muitos e podem ser encontrados nas mais diversas áreas do conhecimento. Desde as relações entre o peso do cérebro e o peso do organismo dos seres vivos, passando pela Lei Metabólica ou Lei dos $\frac{3}{4}$ – relação entre o consumo calórico e o peso dos consumidores – as relações ou leis de expoente característico podem ser encontradas em praticamente todos os campos de aplicação.

Como $log (f(x)) = log(a) + \alpha log(x)$ a representação gráfica de uma lei logarítmica num gráfico $log - log$ faz-se através de uma recta, cujo declive é determinado pelo valor do expoente característico.

O seu interesse prende-se principalmente com a impressionante uniformidade expressa na lei. Não só se tem uma lei com uma forma específica e invariante para o conjunto de fenómenos em causa, como também se tem, na maioria dos casos, um valor específico (comum) para o expoente caracterísitco.

Porém mais do que a evidência empírica, a descoberta destas leis permite conjecturar sobre a existência de mecanismos universais regendo todos os envolvidos na lei. Por exemplo, diante da uniformidade da lei dos $\frac{3}{4}$ nos animais e plantas, começa-se por conjecturar sobre a existência de um mecanismo físico universal regendo todos os seres vivos. A seguir, a investigação aprofundada do assunto dá conta de um conjunto doutras relações, cujo encadeamento leva à confirmação da conjectura.

No que toca o estudo dos sistemas complexos, existe um caso particular de lei logarítmica, conhecido por lei de potências ou **lei de Escala** (ou ainda por **ausência de escala**) cujo interesse é notório. As leis de escala são um caso particular das leis logarítmicas, dado que nas primeiras:

- a relação entre x e $f(x)$ é inversa, ou seja, x e $f(x)$ são inversamente proporcionais e
- $f(x)$ representa o número de ocorrências de elementos com uma determinada propriedade (x) encontrados numa população

Ou seja, as leis de potência, dão conta de propriedades de uma distribuição.

Uma distribuição em lei de potência, como $f(x) = ax^{-\lambda}$ onde λ é designado o expoente característico, diz-nos que o número de elementos cujo valor da propriedade é igual ou superior a x, é proporcional a $x^{-\lambda}$, para uma constante λ positiva.

Quando isto acontece, tem-se que o número de ordem dos elementos, quando ordenados pelo valor da propriedade, é inversamente proporcional ao valor da propriedade.

Quando o expoente característico vale um ($\lambda = 1$), trata-se de uma das mais conhecidas leis de potência, a **Lei de Zipf** (Zipf, G. 1949) que foi inicialmente proposta para aplicação à frequência de ocorrência das palavras em textos redigidos em inglês.

2. Sistemas Complexos | 31

Tabela 2.1: Lei de Zipf sobre a população das cidades americanas ($a = 10^7$) – adaptado de (A. Bogomolny, http).

Ordem (x)	Cidade	População	$f \approx ax^{-1}$
1	NewYork	7322564	10000000
7	Detroit	1027974	1428571
13	Baltimore	736014	769231
19	Washington D.C.	606900	526316
25	New Orleans	496938	400000
31	Kansas City	434829	322581
37	Virginia Beach	393089	270270
49	Toledo	332943	204082
85	Hialeah Fla.	188008	117647
97	Bakersfield Ca	174820	103093

A universalidade expressa pelas leis de potência tem despertado grande interesse na área dos sistemas complexos. Sendo por natureza uma área interdisciplinar, é particularmente interessante que se encontrem expoentes característicos iguais ou muito próximos em fenómenos tão diversos quanto a distribuição das flutuações das cotações dos preços das acções de variados mercados financeiros como em (Bonanno, G. 2003), (Bonanno, G. 2004), (Sornette, D. 2002), (Sornette, D. 2005), (Mantegna, R. 1996), (Stanley, E. 2000a), (Stanley, E. 2000b), (Stanley, E. 2000c), (Stanley, E. 2003), (Marsili, M. 2002) e (Gopikrishnan, P. 2001), como o número de ligações associadas aos *sites* da internet como em (Barabási, A. 2001) ou ainda a já referida distribuição de palavras em textos através da Lei de Zipf.

As leis de potência são conhecidas em Economia desde o trabalho de Pareto (Pareto, V. 1897) acerca da distribuição de riqueza encontrada em diferentes países e regiões. Pareto estudou a distribuição da quantidade de riqueza por número de indivíduos numa sociedade e encontrou um expoente característico igual a $\frac{3}{2}$. As leis de potência têm servido à caracterização da distribuição de populações ao longo de um determinado território. Vem daí o contributo de P. Krugman (Krugman, P. 1996) sobre a auto-organização em Economia. Entre os exemplos escolhidos para tal está uma lei de potência na distribuição do tamanho (em termos espaciais) das cidades americanas. Krugman argumenta que a emergência de propriedades estruturantes (nos sistemas com capacidade de auto-organização) é há muito conhecida em Economia. Segundo este autor, já Adam Smith, ao recorrer à ideia da *mão invisível*, aludia à existência de propriedades emergentes nas economias. Esta ideia pretenderia salientar que a inexistência de uma entidade coordenadora do interesse comum não impediria que a interacção entre os agentes económicos resultasse numa determinada ordem ou forma de (auto) organização que promovesse a satisfação conjunta de interesses públicos e privados.

Outro autor de referência a ocupar-se das leis de potência em Economia é Herbert Simon. Num artigo de 1958 na *American Economic Review* (Simon, H. 1958), o autor debruça-se sobre as distribuições em forma de lei de potência encontradas em dados empíricos sobre o tamanho das empresas americanas. O artigo analisa os mecanismos subjacentes à criação deste tipo de distribuição e as suas consequências para a política económica.

Embora a observação de uma lei de potência associada à distribuição de quaisquer das propriedades de num sistema, não permita, por si só, caracterizar a existência de um sistema complexo, contribui para tal de duas maneiras independentes: as leis de potência servem à descrição de uma propriedade universal (no sentido em que podem ser verificadas numa multiplicidade de circunstâncias e independentemente da especificidade de cada sistema) e acontece, no caso de sistemas físicos, as leis de potência estarem associadas a algumas **transições de fase**.

Livres de escala

Pode-se perguntar de onde é que vem a relevância das leis de potência quando comparadas com as outras leis logarítmicas e qual é a proveniência do termo *ausência de escala*.

Acontece que nas distribuições normais ou Gaussianas, a escala corresponde ao valor médio ou valor esperado (ou típico) das observações. Isto significa que a informação sobre este valor é bastante útil para quem queira informar-se sobre o observado. Significa também que, a probabilidade de se encontrar numa distribuição normal grandes desvios em relação à média decresce exponencialmente com um factor de escala igual ao desvio padrão.

Ao contrário, nas distribuições em lei de potência, a informação sobre o valor médio tem pouca utilidade. Mais ainda, a probabilidade de se encontrar na distribuição grandes desvios em relacao à média não decresce de acordo com uma escala característica. É por isto que se diz que estas distribuiões são **livres de escala**. Como consequência do decréscimo logarítmico (bem mais lento que o exponencial), tem-se que a ocorrência de grandes desvios é provável nos fenómenos com distribuições em lei de potência.

A referência (Clauset, A. 2009) dá conta, através da análise de vinte e quatro casos empíricos, da relevância das distribuições em lei de potência encontradas em fenómenos tão diversos como as distribuições das populações das cidades, das intensidades dos terremotos, das palavras no romance *Moby Dick* de Herman Melville e do número de mortos em batalhas ocorridas entre 1816-1980, entre outros.

Uma das leis de potência mais antigas e mais conhecidas é a **Lei de Lotka** que dá conta da distribuição do número de publicações científicas por autores agrupados de acordo com a sua produtividade (número de artigos publicados). Esta lei, cuja principal contribuição recai sobre o estudo da produtividade de trabalhos científicos, mostra uma distribuição em lei de potências com expoente característico igual a 2 (Newman, M. 2006).

Como no caso da Lei Metabólica, a caracterização da existência de uma lei a partir de dados empíricos deve levar à investigação sobre os eventuais mecanismos subjacentes à existência da lei. No caso das distribuições livres de escala, sabe-se desde o trabalho pioneiro de Simon acerca do crescimento das empresas americanas, que muito do que determina as distribuições livres de escala assenta sobre um mecanismo conhecido por **ligação preferencial** (*preferential attachment*).

Sendo também conhecido pelas expressões *A popularidade é atractiva* (Dorogovtsev, S. 2003) e o *Efeito Mateus*[1], trata-se do resultado do exercício de um critério de escolha condicionado pelas escolhas acumuladas, tal como acontece quando ao se escolher, por exemplo, um co-autor ou um colaborador, escolhe-se predominantemente aqueles sobre os quais já recaíu a maior quantidade de escolhas. Pode ser visto como um processo indirecto de imitação: imitam-se as escolhas já efectuadas, com base no conhecimento do seu efeito sobre o escolhido.

Já se referiu que as distribuições em lei de potência sobressaem, entre outros motivos (tais como os que foram até aqui referidos), por consistirem numa alternativa às distribuições Gaussianas (ou normais).

As distribuições Gaussianas têm também um papel importante na avaliação da complexidade dos sistemas devido à importância do *Teorema do Limite Central*.

2.1.3 *Distribuições e variáveis Gaussianas*

Sabe-se que uma variável Gaussiana escalar (X) é uma variável aleatória com densidade de probabilidade

---

[1] Da passagem bíblica *àquele que tem, mais será dado, e em abundância, mas a quem não tem, até aquilo que tem lhe será retirado.*

$$\rho(x) = \frac{1}{\sqrt{2\pi}} e^{\frac{-x^2}{2}} \qquad (2.1)$$

com factor de normalização $\frac{1}{\sqrt{2\pi}}$ porque

$$\int_{-\infty}^{\infty} \rho(x)dx = 1 \quad com \quad E[X] = 0 \quad e \quad E[X^2] = 1 \qquad (2.2)$$

Pode-se também considerar uma variável Gaussiana com média $E[X]=\mu$ e variância $E[X^2] = E[(X-\mu)^2] = \sigma^2$ que passa então a ter a função de densidade de probabilidade

$$\rho(x) = \frac{1}{\sqrt{2\pi\sigma^2}} e^{\frac{-(x-\mu)^2}{2\sigma^2}} \qquad (2.3)$$

A importância das variáveis Gaussianas é uma consequência do *Teorema do Limite Central*, segundo o qual, se

$$S_n = X_1 + X_2 + \dots + X_n \qquad (2.4)$$

onde $X_1, X_2, \dots, X_n$ são variáveis aleatórias independentes com a mesma função de distribuição, com média μ e variância finita $\sigma^2 < \infty$.

Então

$$P(\frac{S_n - n\mu}{\sqrt{n}} < x) \longrightarrow \int_{-\infty}^{x} \frac{1}{\sqrt{2\pi\sigma^2}} e^{\frac{-x^2}{2}} dx \qquad (2.5)$$

Ou seja, quando uma grande quantidade de eventos aleatórios independentes contribuem para um determinado resultado, este apresentará uma distribuição Gaussiana.

Independentemente do tipo de distribuições encontradas no sistema em estudo, uma boa parte do que se investiga na área

36 | Introdução à Economia Computacional

da Complexidade tem por base a descoberta de correlações entre variáveis. As correlações podem ser medidas no tempo ou, mantendo o tempo constante, medir-se a variação conjunta de duas distribuições.

Se duas distribuições aleatórias X_a e X_b com valores expectáveis $\overline{X}_a = E[X_a]$ e $\overline{X}_b = E[X_b]$ forem descorrelacionadas, a sua covariância apresenta valor nulo, ou seja

$$C_{a,b} = E[(X_a - \overline{X}_a)(X_b - \overline{X}_b)] = 0 \tag{2.6}$$

Sabe-se que variáveis independentes são não correlacionadas mas que o contrário não é necessáriamente verdade. A excepção são as variáveis Gaussianas. Ou seja, para as variáveis Gaussianas a não correlação implica independência.

2.1.4 Evolução temporal e o movimento Browniano

Quando se quer investigar correlações no tempo, são os processos (ou os movimentos) a servirem de objecto de investigação. Quando as correlações têm valor significativo, fala-se da existência de memória, de dependência longa, da existência de ciclos ou de padrões temporais.

Os processos também são estudados quanto à sua gaussianidade e o Movimento Browniano é o processo Gaussiano mais simples dentre os processos de difusão (ver Probabilidades e Processos de Markov).

O movimento Browniano é um processo aleatório simples, tendo sido assim designado a partir da observação do movimento de grãos de pólen na água, pelo botânico escocês Robert Brown (1773-1858).

Este movimento é o resultado de minúsculas colisões dos grãos de pólen com as moléculas de água. Sendo as colisões desordenadas, cada grão é empurrado por todos os lados, o que poderia sugerir que o efeito das diversas colisões fosse anulado.

No entanto, dadas as pequenas dimensões do grão em movimento, o resultado é a ausência de compensação perfeita do efeito das colisões. Ou seja, sempre que mais moléculas empurram num sentido que no sentido oposto, o saldo de empurrões para um determinado lado é positivo e o grão desloca-se para este lado.

Na descrição matemática de um processo Browniano, consideram-se os _incrementos_ ocorridos em cada tempo t, sendo o processo Browniano B a soma $B = B(t_2) - B(t_1)$ dos incrementos ocorridos entre os tempos t_1 e t_2, com $B(0) = 0, t_1 > 0$ e $t_2 > t_1$.

Sendo B a soma dum grande número de variávies _i.i.d._ de média zero, é natural supor que o número de colisões seja proporcional a $t_2 - t_1$; e que, pelo Teorema do Limite Central, B seja Gaussiano com variância proporcional ao intervalo temporal $(t_2 - t_1)$.

As trajectórias do Movimento Browniano não são diferenciáveis e o valor médio do quadrado do incremento (ΔB) ou seja, a variância do incremento é proporcional ao tempo decorrido. Assim sendo, o valor esperado do valor absoluto do incremento é proporcional a raíz quadrada do valor do intervalo temporal

$$E[|\Delta B|] \approx \sqrt{(\Delta t)} \qquad (2.7)$$

logo

$$\frac{E[|\Delta B|]}{\Delta t} \approx \frac{1}{\sqrt{(\Delta t)}} \qquad (2.8)$$

O movimento Browniano tem <u>variação total</u> (T) infinita

$$T(B) = sup \sum_{k=0}^{n-1}(|B(t_{k+1}) - B(t_k)|) \qquad (2.9)$$

E tem <u>variação quadrática</u> (Q) finita [2] [3]

---

[2] O processo B pode ser normalizado de modo a que a variância seja exactamente $t_2 - t_1$.

[3] Uma apresentação mais pormenorizada e mais completa pode ser encontrada em (Vilela Mendes, R. http).

$$Q(B) = \sum_{k=0}^{n-1} ((B(t_{k+1}) - B(t_k))^2)$$ (2.10)

Quando se consideram dois processos B_1 e B_2, sendo $B_1 = B(t_2) - B(t_1)$ com $t_2 > t_1$ e $B_2 = B(t_3) - B(t_2)$ com $t_3 > t_2$, sabe-se que B_1 e B_2 são independentes com variâncias $t_2 - t_1$ e $t_3 - t_2$.

Porque o incremento $B(t+s) - B(t)$ é Gaussiano com variância s, a densidade de probabilidade de estar em x no tempo $t+s$, sabendo que no tempo t se estava em y, é dada por

$$G(y, x, s) = \frac{1}{\sqrt{2\pi s}} e^{\frac{-(x-y)^2}{2s}}$$ (2.11)

Tendo em conta que o coeficiente $\dfrac{1}{\sqrt{2\pi s}}$ foi obtido por normalização[4] para que $\displaystyle\int_{0}^{\infty} G(y, x, s) dx = 1$.

É possível então avançar para o cálculo da covariância $E[B(t) B(s)]$ entre $B(t)$ e $B(s)$ que correponde ao mínimo de $\{t, s\}$.

Se $s > t$ pode-se escrever $B(s) = B(t) + \Delta B$ sendo ΔB independente de $B(t)$. Então:

$$\begin{aligned} E[B(t)B(s)] &= E[B(t)(B(t) + \Delta B)] \\ &= E[B(t)B(t)] \\ &= t \end{aligned}$$ (2.12)

Se $t > s$, a mesma argumentação leva a que $E[B(t)B(s)] = s$. E assim sendo:

$$E[B(t)B(s)] = min(t, s)$$ (2.13)

---

[4] Por ter incrementos independentes o movimento Browniano é um processo de Markov.

Este resultado é particularmente importante para a obtenção dos valores característicos do expoente de Hurst, da compreensão do conceito de auto-semelhança e, com ele, o de dimensão fractal.

2.1.5 Auto-semelhança e expoente de Hurst

Diz-se que um objecto é auto-semelhante quando cada uma das suas partes, depois de convenientemente amplificada permanece idêntica ao objecto original. Esta propriedade pode repetir--se sucessivamente até escalas extremamente pequenas.

Formalmente, um processo $\{X(t)\}$, $t \geq 0$ é auto-semelhante se para todo o a existe um b tal que:

$$\{X(at)\} = \{bX(t)\} \ com \ b = a^H \tag{2.14}$$

Este processo diz-se H- auto-semelhante (ou H - $a.s.$) e ao H chama-se *expoente de Hurst.*

Um processo tem <u>incrementos estacionários</u> se forem independentes do tempo todas as distribuições de

$$\{X(t + h) - X(t), \ t \geq 0\} \tag{2.15}$$

O movimento Browniano é auto-semelhante, tem incrementos estacionários e, como já vimos, tem covariância

$$E[X(t)X(s)] = min(t,s) = \frac{1}{2}(t + s - |t - s|) \tag{2.16}$$

Haverá outros processos auto-semelhantes e com incrementos estacionários?

Sim, de facto, o processo mais simples deste tipo é um processo Gaussiano chamado **Movimento Browniano Fraccionário**, $B_H(t)$, o qual se define de modo a ter média nula $E[B_H(t)] = 0$.

O Movimento Browniano Fraccionário é o único processo Gaussiano H - $a.s.$ com incrementos estacionários, do qual o movimento Browniano é um caso particular. E é através do valor do expoente de Hurst que se caracteriza esta particularidade.

Quando $\{X(t + h) - X(t),\ t \geq 0\}$ tem valores reais, incrementos estacionários, variância finita e é H - $a.s.$, então a covariância entre os incrementos $X(t)$ e $X(s)$ será:[5]

$$E[X(t)X(s)] = \frac{1}{2}(t^{2H} + s^{2H} - |t - s|^{2H})E[X(1)^2] \qquad (2.17)$$

como já vimos que para o movimento Browniano a co-variância

$$E[X(t)X(s)] = min(t,s) = \frac{1}{2}(t + s - |t - s|) \qquad (2.18)$$

Então, no caso do movimento Browniano, $H = \frac{1}{2}$.

O que é que indicam então outros valores do expoente de Hurst?

Com base no valor do expoente de Hurst pode-se distinguir três tipos de memória (ou de dependências): a chamada **dependência longa** ou **persistência**, a **anti-persistência** e a **ausência de correlação**. Diz-se que um processo é persistente quando existe correlação positiva entre os valores dos incrementos medidos em tempos diferentes, e anti-persistente quando esta mesma correlação é negativa.

Para caracterizar estas três situações, começa-se por considerar $\{X(t - h) - X(t),\ t \geq 0\}$ H - $a.s.$ com incrementos estacionários, $0 < H < 1$ e variância finita, de maneira a definir o incremento

---

[5] A demonstração desta generalização pode ser encontrada na referência (Vilela Mendes, R. http).

$$\varepsilon(n) = X(n+1) - X(n) \qquad (2.19)$$

e o valor da covariância $r(n)$ entre os incrementos $\varepsilon(0)$ e $\varepsilon(n)$

$$r(n) = E[\varepsilon(0)\varepsilon(n)] = \frac{1}{2}((n+1)^{2H} + (n-1)^{2H} - 2n^{2H})E[X^2(1)] \qquad (2.20)$$

Assim sendo, quando $H = \dfrac{1}{2}$ temos que $r(n) = 0$.

Se, pelo contrário, $H \neq \dfrac{1}{2}$ então quando $n \to \infty$

$$r(n) = 2H(2H-1)n^{2H-2}E[X^2(1)] \qquad (2.21)$$

Sabendo que se $0 < H < \dfrac{1}{2}$ então $\displaystyle\sum_{n-0}^{\infty} |r(n)| < \infty$ e que no caso contrário, em que $\dfrac{1}{2} < H < 1$, temos que $\displaystyle\sum_{n=0}^{\infty} |r(n)| = \infty$.

Sabe-se ainda que quanto mais próximo da unidade estiver o valor de H mais forte é a correlação positiva, ou seja, maior é a dependência temporal, neste caso diz-se que o processo tem memória longa. Inversamente, quanto mais próximo de zero estiver o valor de H, mais inversamente correlacionados são os incrementos, sendo o valor $\dfrac{1}{2}$ característico da falta de qualquer correlação.

Tem-se então que para o movimento Browniano fraccionário:

$$0 < H < \tfrac{1}{2} \quad \textstyle\sum_{n=0}^{\infty} |r(n)| < \infty \qquad \text{anti-persistência}$$

$$H = \tfrac{1}{2} \quad \text{movimento Browniano} \quad \text{não correlação} \qquad (2.22)$$

$$\tfrac{1}{2} < H < 1 \quad \textstyle\sum_{n=0}^{\infty} |r(n)| = \infty \qquad \text{memória longa}$$

Nas séries temporais com as variações dos preços das acções do mercado financeiro, ser persistente significa apresentar flutuações consecutivas com o mesmo andamento, de subida ou de descida. Ser anti-persistente, significa o oposto, ou seja, que uma flutuação apresenta um movimento inverso ao da flutuação anteriror.

Embora a auto-semelhança seja dos conceitos com mais popularidade na área dos sistemas complexos (devido à sua participação na descrição dos objectos fractais), ela pode ou não ser considerada uma marca da complexidade, dependendo do conceito de complexidade estar associado à existência de regularidades ou à quantidade de informação necessária à descrição completa do sistema.

Na Figura 2.3 apresenta-se o expoente de Hurst calculado para as rendibilidades diárias (variações logarítmica dos preços das acções) de um conjunto de mais de 400 companhias presentes no índice S&P500. As marcas representadas por (+) indicam os valores obtidos com as rendibilidades nas séries entre 1997 e 2006, enquanto as marcas (.) representam os valores obtidos para o período de 1973 e 1996. A marca (o) corresponde aos resultados obtidos para um conjunto de valores permutados no tempo, ou seja, sem correlação.

Figura 2.3: Expoente de Hurst para a rendibilidade dos preços das comphanias do S&P500: (+) entre 1997 e 2006; (.) de 1973 a 2006 e (o) para dados permutados.

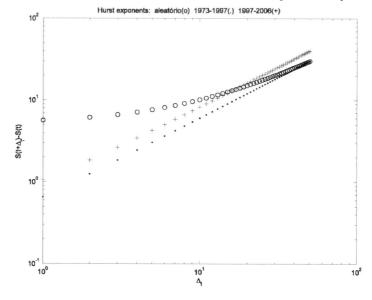

Wolpert e Macready (Wolpert, D. 2000) argumentam que, deve ser a **auto-dissemelhança** que, ao quantificar a informação adicional necessária para descrever o sistema numa nova escala, melhor captura a sua complexidade.

A repetição da mesma estrutura usando escalas cada vez menores dá aos sistemas auto-semelhantes uma riqueza infinita de detalhe. Deste ponto de vista, a descrição completa do sistema exigiria uma resolução infinita e portanto uma quantidade infinita de informação.

Ao mesmo tempo, os objectos auto-semelhantes, são construídos a partir de uma regra muito simples o que implica que a sua descrição pode ser bastante comprimida (Vilela Mendes, R. 1998a).

Mais adiante, na apresentação de um conjunto de medidas da complexidade e da sua associação ao comprimento das descrições dos sistemas, ver-se-á que a auto-semelhança contribui sobretudo para a compressão da informação e assim sendo, para a menor **complexidade algorítmica** dos sistemas auto-semelhantes.

2.1.6 *Fractais*

O conceito de auto-semelhança é fundamental para a definição da **dimensão fractal**. Também o é o conceito de escala. No caso dos fractais, a dimensão existe mas não é inteira e a noção de escala serve para designar diferentes níveis (ou graus) de resolução.

Os fractais estão presentes em muitos fenómenos naturais, tais como os padrões geológicos e geográficos (medidas de costas, de fronteiras, etc.), nas reacções químicas e na actividade eléctrica de algumas funções biológicas, como por exemplo, a actividade eléctrica do batimento cardíaco. Existem pelo menos três maneiras de calcular a dimensão fractal de um objecto:

1. o método da contagem de caixas (*box-counting*),

2. o cálculo da dimensão por relacionamento entre escalas (*Scaling Relationship*) e a

3. a determinação da dimensão de auto-semelhança.

Dimensão de auto-semelhança

O cálculo da dimensão de auto-semelhança pressupõe que se é capaz de observar o objecto (cuja dimensão está a ser determinada), em pelo menos mais de uma resolução. E que a passagem de uma resolução à resolução seguinte consiste na divisão da primeira em partes iguais.

Segundo este método, a determinação de dimensão (d) corresponde ao quociente entre o número de novas peças na nova resolução (N) e o número de divisões efectuadas (p).

$$d = \frac{log(N)}{log(p)} \qquad (2.23)$$

A Figura 2.4 ilustra as diversas resoluções para o conjunto de Cantor.

Figura 2.4: O conjunto de Cantor

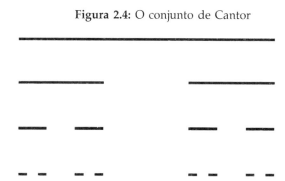

Neste exemplo, a dimensão fractal do conjunto vale $d = \frac{log(2)}{log(3)} = 0.63$, uma vez que em cada etapa (nova resolução), o conjunto anterior é dividido em três partes ($p = 3$), sendo apenas duas as partes remanescentes $N = 2$. Assim sendo, a dimensão deste conjunto situa-se entre a dimensão um (da recta) e a dimensão zero (do ponto).

Dimensão fractal pela contagem de caixas

O cálculo da dimensão fractal pela contagem de caixas requer que inicialmente se cubra o objecto observado com um quadrado de lado igual à unidade, para a seguir, a cada novo passo (b), voltar a cobrir o objecto com sucessivas divisões binárias do quadrado inicial, de forma que no passo b o lado do quadrado meça $\frac{1}{2^b}$. Conta-se então o número de quadrados necessários para cobrir o objecto (N). Ao fim de um número suficiente de passos, determina-se o quociente entre as variações logarítmicas do número de quadrados necessários (N) e o número de divisões binárias (b)

$$d = \frac{\Delta log(N)}{\Delta log(b)} \qquad (2.24)$$

A Figura 2.5 mostra um exemplo do cálculo da dimensão fractal pela contagem de caixas.

Figura 2.5: Dimensão Fractal pelo método de *Box Counting*

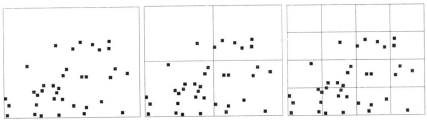

Neste exemplo, a dimensão fractal do conjunto vale $d = \frac{log(11) - log(4)}{log(2) - log(1)} \approx 1.45$, situando-se entre a dimensão da recta e a dimensão do plano.

Dimensão fractal por relacionamento entre escalas

O cálculo da dimensão fractal pelo relacionamento entre escalas (*Scaling Relationship*) é o mais frequentemente utilizado quando se parte de dados experimentais.

Sabe-se que o número de elementos $N(r)$ contados na resolução r é proporcional a dimensão d em que é feita a medida, na forma $N(r) = \dfrac{1}{r^d}$. Ao mesmo tempo, sabe-se que uma propriedade $Q(r)$ (por exemplo, o comprimento de uma fronteira) medida na resolução r é proporcional a dimensão b na qual a medida é efectuada (no caso da fronteira, $b = 1$), sendo: $Q(r) \propto N(r)r^b$. Tem-se então que $Q(r) \propto r^{b-d}$. Como os dados experimentais fornecem valores de $Q(r)$ para cada r e b, calcula-se a dimensão

$$d = b - \frac{log(Q(r))}{log(r)} \tag{2.25}$$

No caso da medida da costa britânica, obteve-se experimentalmente $d = 1.25$. As dimensões fractais das medidas de costa ou de fronteira encontram-se situadas entre 1.2 e 1.3 (Vilela Mendes, R. 1998a).

2.1.7 Medidas da complexidade

Como já tem sido referido, as medidas da complexidade pressupõem a existência de um observador externo com interesse e alguma capacidade de comprimir a informação sobre o sistema observado.

Quando se diz que o observador tem interesse em comprimir a informação sobre o sistema, pressupõe-se que o fará com base na existência de um conjunto de <u>regularidades</u> do sistema. No caso extremo em que estas regularides não existem (ou não são encontradas) diz-se que a informação sobre o sistema foi gerada ao acaso (é aleatória) ou é incomprimível.

Portanto as medidas da complexidade centram-se na quantificação do que é determinista e do que é aleatório, sabendo que a componente aleatória tem descrição impossível de comprimir (dado que não possui uma lei de geração de um conjunto de regularidades).

A Complexidade Computacional pode ser empregue para medir dois aspectos distintos: a Complexidade Espacial e a Complexidade Temporal. A primeira mede o número de bits de memória necessários para resolver um problema (ou efectuar uma computação) pelo programa mais curto. A segunda mede o tempo necessário para efectuar um determinado cálculo (ou computação) pelo programa mais rápido. Em qualquer caso, admite-se a utilização de um computador universal de maneira que o cálculo não dependa do computador utilizado.

A medida da **Complexidade Bruta**, ainda sem fazer referência explícita às componentes regular e aleatória, corresponde ao comprimento da mais pequena mensagem usada por um observador para descrever o sistema.

A medida da **Complexidade Algorítmica** ou do Conteúdo Algorítmico da Informação (*Algorithmic Information Content*, G. Chaitin, 1976) corresponde ao comprimento da mais concisa descrição do sistema (em bits).

Complexidade algorítmica

A medida da Complexidade Algorítmica é máxima para uma sequência aleatória e mínima para um sistema absolutamente regular. Sabe-se no entanto, que apesar da noção de complexidade algorítmica ser bastante importante, esta não é efectivamente computável. Isto porque, dada uma sequência infinita, de origem desconhecida, nunca se pode estimar dum modo fiável a sua complexidade algorítmica porque nunca se pode saber se de facto encontramos a sua descrição mais curta. Este problema é conhecido como o *Problema da Incomputabilidade*: não se pode provar que uma dada descrição do sistema é a mais concisa possível.

Segundo esta medida, o ruído do vento é mais complexo que um qualquer fenómeno no qual haja um mínimo de estrutura (ou de regularidade)[6]. Esta é portanto uma medida de aleatóriedade dos sistemas.

Para medir a Complexidade Algorítmica de um sistema, consideramos S a sequência binária que descreve o sistema. Seja então $M_N(S)$ o comprimento do menor programa que, num certo computador padrão, é capaz de reproduzir os primeiros N símbolos da sequência S. Note-se que em $M_N(S)$ se inclui o tamanho do programa e o tamanho dos dados iniciais, ou seja, o que é necessário dar ao programa para gerar a sequência S. Define-se então complexidade algorítmica como o limite (Vilela Mendes, R. 1998a):

$$C(S) = \lim_{N \to \infty} \frac{M_N(S)}{N} \qquad (2.26)$$

Para que esta noção seja independente do computador particular em que é definida, é essencial tomar o limite $N \to \infty$. Como qualquer computador pode ser simulado num computador universal por um simulador de comprimento finito, o limite $N \to \infty$ não depende do computador usado. A noção não poderia ser definida, dum modo único, para sequências finitas.

No comprimento $M_N(S)$ do menor programa, podemos distinguir duas partes

$$M_N(S) = c_1(N) + c_2 N \qquad (2.27)$$

em que $c_1(N)$ é o comprimento do programa e $c_2 N$ o comprimento dos dados. Assim sendo, $c_2 N$ é a parte da informação que não é explicada pelo programa. Portanto, em relação ao modelo que o programa representa, $c_2 N$ é a componente aleatória do sistema.

---

[6] Diz-se então que o ruído do vento é mais complexo que uma sinfonia de Beethoven.

Em geral acontece que $\dfrac{c_1(N)}{N} \rightarrow 0$ quando $N \rightarrow \infty$ e, assim sendo, apenas a componente aleatória contribui para a quantificação da complexidade algorítmica. Por este motivo, em muitos casos, a complexidade algorítmica das órbitas típicas dum sistema dinâmico coincide com a Entropia de Kolmogorov-Sinai. As medidas da Entropia desempenham um papel relevante nalgumas medidas da Complexidade. Por se aplicarem sobretudo aos sistemas dinâmicos estas são tratadas na secção 2.2.

Complexidade efectiva

A medida da complexidade que melhor descreve a participação conjunta das componentes regular e aleatória é a de **Complexidade Efectiva**, a qual corresponde ao comprimento da mais concisa descrição das regularidades do problema. O resultado desta medida é mínimo tanto para uma sequência aleatória como para uma sequência regular. Ou seja, segundo a Complexidade Efectiva, um sistema é tanto mais complexo quanto mais distante estiver de ambos os extremos, do acaso absoluto e do absolutamente regular (Gell-Mann, M. 1994).

Tomando novamente $M_N(S)$ constituída por duas partes, em que $c_1(N)$ é o comprimento das regularidades e $c_2 N$ o comprimento da parte desconhecida e agora supondo que $c_1(N) + c_2 N = 1$, ou seja, que estes dois comprimentos totalizam o comprimento do sistema, pode-se definir a Complexidade Efectiva como

$$E_N(S) = 1 - |c_1(N) - c_2 N| \tag{2.28}$$

Figura 2.6: A Complexidade Efectiva

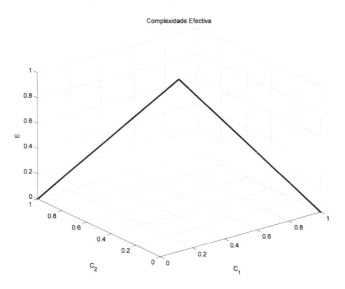

Figura 2.7: A Complexidade Efectiva

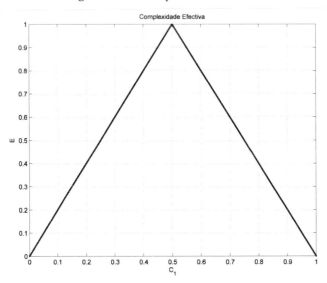

Esta definição implica que $E_N(S)$ varia em função de $c_1(N)$ e $c_2(N)$ como no gráfico da Figura 2.6. Ou de forma mais suscinta, já que $c_1(N) = 1 - c_2(N)$, como no gráfico da Figura 2.7. Em ambos os gráficos, o valor de E_N é máximo para os valores médios de $c_1(N)$ e (consequentemente) de $c_2(N)$. A complexidade segundo esta medida está associada à participação conjunta das componentes regular e aleatótia.

Na referência (Araújo, T. 1999b) define-se uma medida semelhante designada **Complexidade Hierárquica** e que mede a quantidade de ligações verticais e horizontais definidas entre os elementos duma estrutura organizada em hierarquia. As ligações horizontais definem-se como as que ligam os elementos de um mesmo nível da hierarquia, enquanto as ligações verticais são as estabelecidas pela própria estrutura em árvore. O interesse pela aplicação desta medida fica naturalmente condicionado pela possibilidade de diferenciar os dois tipos de ligação.

Diversas outras medidas da complexidade têm sido propostas. Aquelas que utilizam o conceito de Entropia serão descritas nas próximas secções.

2.1.8 Entropias

Nesta secção apresentam-se as medidas da entropia de Shannon e da entropia de Renyi. Outras medidas de entropia, tais como a Entropia de Kolmogorov-Sinai e a Entropia dos Expoentes Condicionais, são apresentadas na secção sobre Sistemas Dinâmicos (secção 2.2).

A Entropia de Shannon

A entropia de Shannon é uma medida de informação, ou mais especificamente, é uma medida da incerteza acerca da ocorrência de um evento: quanto maior a incerteza maior a entropia. A informação, por sua vez, é a medida do conhecimento que se adquire com a ocorrência de um acontecimento quando previamente só se conhecia a sua probabilidade (Vilela Mendes, R. 1998a).

Considerando N acontecimentos indexados por uma memória binária de comprimento b, tem-se que $N = 2^b$, ou seja, o número de bits necessários à descrição dos acontecimentos corresponde a $b = log_2(N)$.

Se considerarmos os acontecimentos agregados em classes $N = \sum_i (N_i)$, então a probabilidade da classe i é $p_i = \dfrac{N_i}{N}$. Seja então b_i a informação recebida quando nos dizem que o acontecimento pertence à classe i.

Neste caso, $b_i + log_2(N_i) = log_2(N)$, isto é, a informação recebida mais o número de bits que ainda falta especificar deve ser igual à incerteza inicial. Daqui conclui-se que

$$b_i = -log(\frac{N_i}{N}) = -log(p_i) \tag{2.29}$$

Assim sendo, o valor médio da informação associada aos acontecimentos é igual a $I(p) = \sum_{i=1}^{N}(p_i log(p_i))$. E o valor da incerteza é a **entropia de Shannon**

$$H = -I(p) = -\sum_{i=1}^{N}(p_i log(p_i)) \tag{2.30}$$

Quando designamos p_i a probabilidade de ocorrência do evento i, então o valor da entropia (H) é máximo para distribuições uniformes e é nulo (mínimo) para distribuições em que toda a probabilidade incide sobre um único evento.

Como é uma medida de probabilidade, então

$$\sum_{i=1}^{N} p_i = 1 \tag{2.31}$$

Dadas por exemplo, as distribuições de probabilidade A e B da tabela abaixo, tem-se que H_A vale zero e H_B é máxima e igual a $log_2(6)$. Na primeira distribuição, toda a probabilidade de ocorrência recai sobre um único evento (p_1), não havendo portanto qualquer incerteza nesta situação. Na segunda distribuição, tem-se um outro extremo para o valor da entropia, quando a incerteza é máxima, todos os eventos são igualmente prováveis e portanto a entropia vale $log_2(6)$.

Tabela 2.2: Entropia de Shannon para duas distribuições muito simples, cujas entropias de Shannon têm valores extremos, mínimo e máximo, respectivamente.

	p_1	p_2	p_3	p_4	p_5	p_6
A	1	0	0	0	0	0
B	1/6	1/6	1/6	1/6	1/6	1/6

Entropia de Renyi

Embora a entropia de Shannon seja a mais conhecida das medidas de entropia, a **entropia de Renyi** consiste numa generalização da primeira, ou seja, a entropia de Shannon é um caso particular da entropia de Renyi.

Dada uma distribuição de probabilidade

$$\{p_1, p_2, ..., p_m\}$$

a entropia de Renyi de ordem corresponde a

$$H_\alpha(p_1, p_2, ..., p_m) = \frac{1}{1-\alpha} log \Sigma_{i=1}^m (p_i^\alpha)$$

onde α é um inteiro positivo diferente da unidade. Esta medida, sendo uma generalização da entropia de Shannon, fornece-lhe os limites inferior ($\alpha > 1$) e superior ($\alpha < 1$). Quando $\alpha \to 1$, as duas entropias coincidem.

O facto de se contabilizar cada probabilidade p_i usando uma potência de p_i, permite valorizar a influência, quer das probabilidades grandes, quer das probabilidades pequenas. Quando $\alpha > 1$ as probabilidades altas da distribuição são valorizadas relativamente às baixas. No caso contrário, em que $\alpha < 1$ valorizam-se as probabilidades mais baixas.

Qual é a relação entre **Entropia** e **Complexidade**? Embora as medidas da entropia de Shannon e de Renyi não sejam medidas da complexidade, são um instrumento poderoso quando se tem informação incompleta sobre o sistema. Mais adiante, ver-se-á que há uma relação natural entre outra medida de entropia – a entropia de Kolmogorov-Sinai – e a imprevisibilidade dos sistemas dinâmicos, ou seja, a medida que permite caracterizar o comportamento imprevisível (caótico) de um sistema complexo.

2.1.9 *Excesso de entropia*

A medida do excesso de entropia proposta por J. Cruchfield (Cruchfield, J. 1994) não se aplica a uma sequência isolada mas a uma distribuição probabilística de sequências caracterizada por um valor da entropia de Shannon.

Se a probabilidade de observar o bloco $s_1 s_2 s_3 ... s_N$ de comprimento N é igual a $p_N(s_1...s_N)$, então a soma sobre todos os blocos de comprimento N

$$H(N) = -\sum_{s_i} p_N(s_1...s_N) \log p_N(s_1...s_N) \qquad (2.32)$$

dá a entropia (a incerteza) média de um bloco de comprimento N. Desta forma, a incerteza média por elemento da sequência corresponde à entropia de Shannon

$$h_s = \lim_{N \to \infty} \frac{1}{N} H(N) \qquad (2.33)$$

Ao ter-se em conta que as sequências são formadas tanto por regras deterministas como por componentes aleatórias, então, a nossa capacidade de extrair informação sobre a componente determinista será tanto maior quanto maiores forem os blocos examinados. Se aumentarmos esta capacidade, mais perto estaremos da quantificação da incerteza por símbolo. A diferença $\frac{1}{N}H(N) - h_s$ representa a informação que é preciso adicionar à informação sobre os blocos de dimensão N de forma a quantificar a verdadeira entropia de Shannon. O excesso de entropia é então definido como

$$\sum_{N=1}^{\infty}(\frac{1}{N}H(N) - h_s) \qquad (2.34)$$

Quando se consideram sequências de símbolos duplamente infinitas, o excesso de entropia corresponde à medida da **informação mútua** entre as duas metades semi-infinitas da sequência. Neste caso, o excesso de entropia mede a quantidade de informação que uma metade da sequência tem sobre a outra metade. Assim sendo, fornece informação sobre a estrutura da sequência, medindo a quantidade de correlação existente entre as duas metades da mesma.

2.2 Breve introdução aos sistemas dinâmicos

Um sistema dinâmico consiste num conjunto de estados e, no caso dos sistemas dinâmicos deterministas, de uma regra que determina o estado presente em função do estado passado. É possível encontrar exemplos de sistemas dinâmicos em todo o lado, desde o funcionamento do corpo humano, aos comportamentos do mercado financeiro e do sistema solar.

Uma vez que em todas as ciências se procura prever o futuro com base no conhecimento passado, é natural que o estudo dos sistemas dinâmicos abranja muitos desenvolvimentos. É com base nas propriedades dos sistemas dinâmicos e nos formalismos desenvolvidos para o seu estudo que se pode caracterizar a imprevisibilidade dos sistemas complexos. Outra característica dos sistemas dinâmicos directamente relacionada com o estudo da complexidade é a aparente (e enganadora) semelhança entre a evolução temporal de um sistema determinista e a de um outro cuja natureza é aleatória.

O esquema da Tabela 2.3 mostra uma possível classificação dos tipos de sistemas dinâmicos. Com os termos em negrito pretende-se sublinhar a existência de uma aparente semelhança entre sistemas bastante distintos (e distantes) nesta estrutura: os sistemas **caóticos** e os sistemas gerados ao acaso ou **aleatórios**.

Tabela 2.3: Os Sistemas Dinâmicos

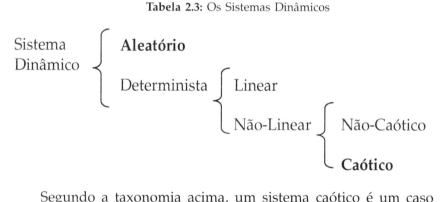

Segundo a taxonomia acima, um sistema caótico é um caso de sistema não linear e determinista. O facto de não ser possível prever o seu comportamento decorre da sua não-linearidade e é esta a propriedade que, contrariando a ideia informal de determinismo, é em parte responsável pela sua imprevisibilidade.

Na descrição matemática de um sistema dinâmico considera-se o par (X, φ), onde X é um espaço métrico com métrica d, designado o **espaço de fase** e φ é uma aplicação contínua de X em X. Diz-se que φ é a lei de evolução do sistema no tempo (t). Quando φ é tomada no conjunto dos inteiros temos um sistema dinâmico *discreto*.

Nos sistemas dinâmicos discretos, consideram-se as **iteradas** de um **mapa** $f : X \subseteq R^n \to X$ e designa-se por

$$f^n(x) = f(f^{n-1}(x)) = f(f(...f(x)))$$ (2.35)

a enésima iterada do mapa f no ponto $x \in X$.

O termo mapa é empregue sempre que num sistema dinâmico discreto, a aplicação φ é contínua de X em X. Neste contexto, uma **órbita** de um ponto $x \in X$ é a sequência infinita definida por $\{f^n(x)\}$, $n \in N$. A **trajectória** de um sistema dinâmico designa o caminho percorrido pelas sucessivas iteradas de uma órbita do sistema, sendo por isso, o termo trajectória frequentemente utilizado como sinónimo de órbita.

Sabe-se que uma órbita é **periódica** se volta à sua posição inicial

$$f^t(x) = f^{t+T}(x)$$ (2.36)

sendo T o **período principal**. Para $T = 1$ tem-se um **ponto fixo**, o qual correponde a solução de $f(x) = x$. Neste caso, se todos os pontos suficientemente próximos de p são atraídos para p, então p é um **atractor**. Quando, no caso oposto, todos os pontos suficientemente próximos de p são repelídos de p, então p é um **repulsor**. Note-se que um ponto periódico de f é um ponto fixo para f^k.

Um dos exemplos mais comuns de um sistema dinâmico simples com comportamento imprevisível é a função $f(x) = 2x$ (*mod*.1), ou ainda

$$f(x) = \begin{cases} 2x & se \quad 0 \leq x < \dfrac{1}{2} \\[2mm] 2x - 1 & se \quad \dfrac{1}{2} \leq x < 1 \end{cases}$$ (2.37)

Figura 2.8: Órbita e trajectória de f.

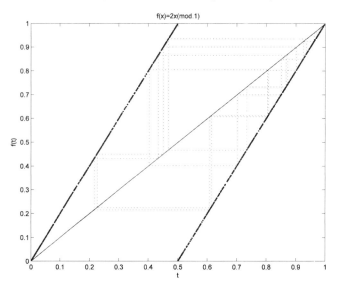

A figura 2.8 mostra o espaço de fase, a órbita e a trajectória de f.

Muitos sistemas dinâmicos podem ter o seu comportamento dependente de parâmetros, os chamados, <u>parâmetros de controle</u>. Se assim for, o sistema passa a ser estudado não só em função do tempo mas também em função do(s) valor(es) do(s) parâmetro(s) de controle, num certo espaço paramétrico $E = (X, T, \varphi_\alpha)$. Se, por exemplo, a função $f(x) = 2x$ $(mod.1)$ for parametrizada passando a

$$f(x) = \alpha x \quad (mod.1) \qquad (2.38)$$

pode-se estudar a evolução do comportamento qualitativo desta função para diferentes valores de α.

A parametrização permite estudar o aparecimento de comportamentos imprevisíveis nos sistemas dinâmicos enquanto consequência da modificação do valor de um dos seus parâmetros de controle.

Entre as muitas noções existentes na área dos sistemas dinâmicos, a noção de ponto fixo é uma das mais simples e a que melhor captura a ideia de equilíbrio. Se um ponto fixo é estável, o sistema permanecerá no estado correspondente mesmo que sofra pequenas perturbações. Ao contrário, se uma variação arbitrariamente pequena ($\Delta\alpha$) de um parâmetro (α) do sistema resultar numa mudança na natureza de um ponto fixo, tem-se uma **bifurcação**. Assim sendo, pode-se definir bifurcação num sistema dinâmico como uma mudança na natureza de um ponto fixo, devida à mudança do valor de um parâmetro do sistema.

A família de funções mais frequentemente utilizada para mostrar o efeito das bifurcações é a função logística $g_\alpha(x) = \alpha x(1-x)$ cujo comportamento é apresentado nos gráficos da Figura 2.9. O ponto fixo existente para pequenos valores de α dá lugar ao aparecimento de uma órbita periódica de período 2 no ponto de bifurcação correspondente a $\alpha = 3$. Para $\alpha = 4$ deixa de haver atractor.

Figura 2.9: Órbitas e trajectórias de $g_2(x)$, $g_3(x)$ e $g_4(x)$

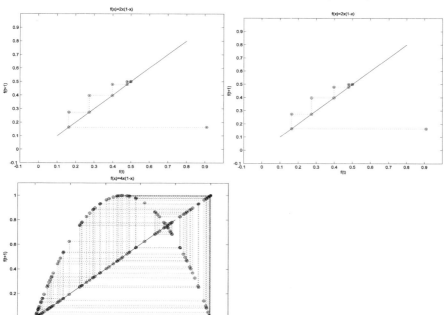

60 | Introdução à Economia Computacional

Figura 2.10: Órbitas e trajectórias de $f_{-1}(x)$, $f_{-\frac{1}{4}}(x)$ e $f_{\frac{1}{2}}(x)$

de $f_{-1}(x)$, $f_{-\frac{1}{4}}(x)$ e $f_{\frac{1}{2}}(x)$

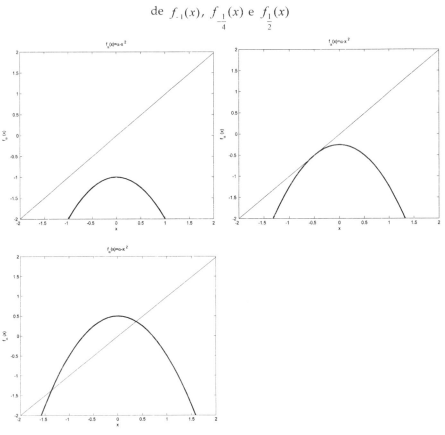

Quando um determinado valor paramétrico é responsável pela modificação da estabilidade (aparecimento, alteração da periodicidade ou desaparecimento) de um ponto fixo, diz-se tratar-se de um **valor de bifurcação**.

Um exemplo semelhante ao anterior é o da família de funções quadráticas $f_\alpha(x) = \alpha - x^2$. Neste caso, quando $\alpha < -\frac{1}{4}$ não existem pontos fixos, quando $\alpha = -\frac{1}{4}$ o gráfico de f_α é tangente à recta $f(x) = x$, havendo exactamente um ponto fixo em $x = -\frac{1}{2}$.

2. Sistemas Complexos | 61

Para cada $\alpha > -\dfrac{1}{4}$ tem-se dois pontos fixos para f_α, tal como apresentado na Figura 2.10. Este exemplo mostra uma bifurcação do tipo **sela-nó**. Este tipo de bifurcação é responsável pelo aparecimento de pontos fixos. O segundo tipo mais usual de bifurcação é o de bifurcação de **forquilha**, a qual é responsável pela perda de estabilidade do ponto fixo e pelo aparecimento de uma nova órbita com dois pontos fixos estáveis.

Ainda que os conceitos de ponto fixo, atractor e bifurcação sejam bastante úteis na caracterização do comportamento dos sistemas dinâmicos, existe uma característica determinante cuja identificação dependende de um outro conceito, o de **dependência sensível das condições iniciais**. Esta característica está na base de um dos mais populares exemplos de comportamento imprevisível, conhecido por **Efeito Borboleta**, o qual numa das suas versões iniciais, dá conta da possibilidade do bater das asas de uma borboleta no Alasca provocar uma tempesdade na Flórida.

Pode-se observar este efeito numa função tão simples como $f(x) = 2x \; (mod.1)$. As duas linhas da Tabela 2.4 mostram os resultados numéricos do efeito da dependência sensível das condições iniciais em $f(x)$ após nove iterações. Os valores apresentados na primeira linha foram obtidos a partir da condição inicial $x_0 = 0.9003$. Os resultados na segunda linha são consequência duma pequena perturbação de $\Delta x_0 = 0.006$ na condição inicial $x_0 = 0.9003$. Observa-se que após nove iteradas, os valores de $f(x)$ com e sem a perturbação na condição inicial são bastante diferentes.

Tabela 2.4: Dependência sensível das condições iniciais em $f(x) = 2x \; (mod. 1)$ e condições inicias distantes de apenas $\Delta x_0 = 0.006$

x_0	f_1	f_2	f_3	f_4	f_5	...	f_9
0.9003	0.8007	0.6015	0.2030	0.4060	0.8121	...	0.9941
0.9009	0.8019	0.6039	0.2078	0.4156	0.8313	...	0.3014

Devido à rápida divergência das trajectórias, a perturbação da condição inicial é amplificada fazendo com que o movimento, mesmo que determinista, seja praticamente imprevisível para além de um período de tempo muito curto.

No caso das tentativas de previsão metereológica, a informação incompleta acerca dos diversos factores que participam na determinação do clima, actua como uma perturbação na condição inicial do modelo, sendo portanto amplificada pela dinâmica não linear das equações correspondentes.

2.2.1 *Dependência sensível das condições iniciais*

Do ponto de vista formal, diz-se que uma aplicação $f : X \to X$ apresenta dependência sensível das condições iniciais se existe $r > 0$ tal que para qualquer $x \in X$ e qualquer $\varepsilon > 0$ existe um ponto $y \in X$ com $d(x,y) < \varepsilon$ e $k \geq 0$ tal que

$$d(f^k(x), f^k(y)) \geq r \qquad (2.39)$$

Quando se conhece a lei dinâmica de evolução do sistema determinista, o cálculo da dependência sensível faz-se através das derivadas da expressão da lei. Caso contrário, quando se parte de um conjunto de dados experimentais, a caracterização deste efeito requer que se reconstrua a dinâmica do sistema num espaço geométrico conveniente. Em ambos os casos, a descrição quantitativa deste efeito é feita através dos **Expoentes de Lyapunov**. Como se verá mais adiante, é através dos expoentes de Lyapunov que se identifica o comportamento caótico nos sistemas dinâmicos.

Até aqui tem-se recorrido a uma caracterização das propriedades dos sistemas dinâmicos numa *perspectiva geométrica*. No entanto, quando o sistema em estudo está representado num número elevado de dimensões e mais ainda, quando o seu comportamento é caótico, será mais conveniente passar a uma *caracterização probabilística* do sistema em questão.

Dois sistemas dinâmicos podem apresentar trajectórias bastante semelhantes e terem naturezas muito diferentes. O recurso à informação estatística pode fornecer uma base a partir da qual se estuda a probabilidade do aparecimento de diferentes tipos de comportamento. Este é o campo da *Teoria Ergódica*.

A teoria ergódica, a qual tem por base o conceito de *medida invariante*, é uma área com muitos desenvolvimentos. Nesta secção apresentam-se os conceitos essenciais necessários à definição de alguns invariantes ergódicos, entre os quais o mais importante será o expoente de Lyapunov.

2.2.2 Invariantes ergódicos

Um sistema dinâmico evolui sobre o suporte de uma medida μ que é invariante sob efeito da dinâmica do sistema.

Um parâmetro ergódico $I_F(\mu)$ que caracteriza a medida (μ) existe sempre que existe o limite:

$$I_F(\mu) = lim_{T \to \infty} \frac{1}{T} \Sigma_{n=1}^{T} F(f^n(x_0))$$

que corresponde ao valor médio no tempo do invariante (F). Os expoentes de Lyapunov (λ_i) são *invariantes ergódicos*, ou seja, são um exemplo de F. Outros exemplos são: a Entropia de Kolmogorov-Sinai, os Expoentes Condicionais, a Entropia dos Expoentes Condicionais, o índice de Estrutura e a Medida da Auto-organização Dinâmica, como a seguir se verá.

Expoentes de Lyapunov

O expoente de Lyapunov é dado pelo limite

$$\lambda_i = lim_{t \to \infty} \frac{1}{t} log(\frac{\Delta(t)}{\Delta(0)}) \tag{2.40}$$

onde $\Delta(0)$ corresponde à perturbação na condição inicial e $\Delta(t)$ o crescimento exponencial da perturbação no limite das pequenas perturbações ($\Delta(0) \to 0$).

Sendo uma média ao longo da trajectória, o expoente de Lyapunov depende sobretudo dos valores da taxa de expansão nas regiões onde a trajectória permanece mais tempo. O que se obtém com o limite da equação anterior é a maior taxa de expansão, para uma perturbação genérica das condições iniciais. Assim sendo o expoente de Lyapunov é uma grandeza associada à distribuição probabilística das trajectórias de um sistema dinâmico.

O expoente de Lyapunov define a taxa média de expansão das trajectórias de um sistema dinâmico. Esta taxa traduz a perda de informação sobre o estado inicial do sistema e é por esta via que a complexidade algorítmica das órbitas típicas dum sistema dinâmico coincide com a Entropia de Kolmogorov-Sinai.

Os expoentes de Lyapunov representam a alteração a fazer no presente para obter uma determinada alteração do futuro. Quando têm valor negativo indicam contracções no efeito final das perturbações. Assim sendo, há capacidade de determinação do resultado final, qualquer que seja a perturbação, não há incerteza, o futuro é absolutamente conhecido, tal como em geral se espera de um sistema determinista.

Quando se considera um sistema dinâmico definido em n dimensões, é possível considerar, em cada ponto da trajectória, em vez da expansão numa única direcção, a matriz completa das divergências locais. A partir daí e tomando o valor médio do produto dessas matrizes ao longo da trajectória e diagonalizando a matriz resultante obtém-se um *espectro de expoentes de Lyapunov*

$$\lambda_1 > \lambda_2 > \lambda_3 > ... > \lambda_{n-1} \qquad (2.41)$$

Um sistema é **caótico** quando pelo menos um dos seus expoentes de Lyapunov é positivo, quando o erro na condição inicial é amplificado ao longo do tempo e na direcção que aquele expoente representa.

Num sistema dinâmico com dependência sensível das condições iniciais, o número de expoentes de Lyapunov positivos corresponde ao número de direcções de expansões independentes, sendo a rapidez das divergências determinada pelo valor absoluto daqueles expoentes.

Quando os expoentes de Lyapunov são positivos, a divergência das órbitas ao longo do tempo vai gerando cada vez mais informação sobre o valor exacto da condição inicial. É pois de esperar que haja uma relação quantitativa entre expoentes de Lyapunov positivos e entropia de Kolmogorov-Sinai.

No caso mais simples dum sistema dinâmico definido numa única dimensão, a densidade dos pontos encontrados dentro de um pequeno intervalo em volta de $f(x)$ corresponde à soma das densidades dos pontos que no mapa de f levaram à $f(x)$ ponderadas com o declive (a derivada) de f, ou seja $\dfrac{\delta f}{\delta x}$ nesses pontos. Assim sendo, o valor absoluto do declive corresponde à taxa de propagação das trajectórias, fazendo com que um pequeno erro na informação que se tem sobre a perturbação δx seja amplificado por um factor igual a derivada $\dfrac{\delta f}{\delta x}$.

Considerando o caso de uma única dimensão, a taxa de amplificação da função $f:[0,1] \to [0,1]$ num ponto específico x corresponde a $log(|\dfrac{\delta f}{\delta x}|)$ e assim sendo, a taxa média de crescimento do erro é dada por

$$\lambda = \int_0^1 log(|\frac{\delta f}{\delta x}|)\rho(dx) \tag{2.42}$$

onde ρ é uma medida invariante sob efeito da dinâmica do sistema.

Quando o sistema está definido em n dimensões, a divergência das órbitas é dada pela soma de todos os λ positivos.

$$h = \Sigma^n_{\lambda_i > 0}(\lambda_i) \tag{2.43}$$

É natural que a soma seja feita apenas sobre os expoentes de Lyapunov positivos porque só estes fazem divergir as órbitas, aumentando a diversidade dos comportamentos dinâmicos no espaço de estados do sistema.

Entropia de Kolmogorov-Sinai

A partir de um círculo de raio ε definido em R^m e de uma transformação f, é possível observar a deformação duma circunferência num elipsóide, tal como mostra a Figura 2.11. Para os eixos do elipsóide tem-se a expansão

$$\varepsilon_i \to \varepsilon_i \exp(\lambda_i n)$$

De tal forma que, depois de um certo tempo, seja possível distinguir sobre os eixos dois pontos os quais eram indistinguíveis antes da transformação. Diz-se que nesta circunstância há criação de informação. Considerando que a medida invariante ρ é propagada uniformemente sobre a circunferência, então a taxa média de criação de informação corresponde a λ_i.

Figura 2.11: A transformação f (adaptado de (Ruelle, D. 1989)

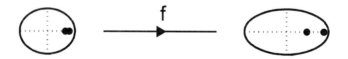

Sabe-se que se a medida invariante (ρ) é absolutamente contínua em relação à medida de Lebesgue, então verifica-se a igualdade

$$h(\rho) = \Sigma_i (\lambda_i) \quad \lambda_i > 0 \qquad (2.44)$$

Portanto a entropia de Kolmogorov-Sinai fornece o valor médio da taxa de produção de informação por unidade de tempo, correspondendo à quantidade de informação (de entrada) necessária à produção de um resultado específico com precisão.

Expoentes condicionais e entropia dos expoentes condicionais

Os expoentes condicionais consistem em mais um exemplo de invariante ergódico. O seu interesse recai sobretudo na separação da dinâmica intrínseca de cada componente do sistema da sua dinâmica global.

Para calcular a entropia dos expoentes condicionais de um sistema, com m dimensões e cuja lei dinâmica é dada por f, começa-se por efectuar uma partição do sistema em blocos de dimensão k e outros de dimensão $m\text{-}k$. Em seguida calcula-se a entropia associada a cada um dos blocos. Para o cálculo da entropia consideram-se os valores próprios (λ_k^+ e λ_{m-k}^+) associados a cada bloco, ou seja, os valores próprios dos blocos $k \times k$ e $(m\text{-}k) \times (m\text{-}k)$ do Jacobiano da função f. A entropia é então calculada para todos os blocos de forma a fornecer a taxa de produção de informação associada a cada componente (bloco) do sistema,

$$h^+ = \Sigma_{j=1}^{k}(\lambda_j^+) \quad \lambda_j^+ > 0 \qquad (2.45)$$

Este procedimento permite então comparar o valor da entropia do sistema global com o valor da mesma grandeza calculada para os seus componentes.

Pode-se através deste indicador calcular por exemplo, o quão fidedigna é a informação pelas estruturas locais (representadas pelos blocos) acerca da dinâmica global do sistema.

Índice de estrutura

Um outro invariante ergódico que possibilita a caracterização de uma dinâmica de separação é o índice de estrutura

$$S = \Sigma_{i=1}^{N}(\frac{\lambda_0}{\lambda_i} - 1) \quad \lambda_0 > \lambda_1 > ... > \lambda_{N-1} > 0 \qquad (2.46)$$

Neste índice, o valor de λ_0 corresponde ao valor do maior expoente de Lyapunov de um sistema com N dimensões, enquanto cada λ_i corresponde aos restantes $N-1$ expoentes de Lyapunov. O valor deste índice irá divergir sempre que um expoente de Lyapunov positivo se aproximar de zero, indicando com isso a emergência de correlações de longo alcance (no tempo) (Vilela Mendes, R. 1998a). Com este índice pode-se caracterizar as dimensões do sistema que vão perdendo expressão na medida que a sua variação deixa de ser imprevisível, deixando de haver produção de informação na dimensão correspondente.

O índice S caracteriza a redução efectiva da dimensão do sistema, o que corresponde a um empobrecimento da dinâmica global. Sempre que um expoente de Lyapunov positivo se aproxima de zero a dinâmica transversal associada ao expoente torna-se absolutamente rígida e sincronizada com o conjunto, desaparecendo qualquer liberdade nesta direcção.

Medida da auto-organização Dinâmica

O cálculo da **Medida de Auto-organização Dinâmica** também começa por considerar o sistema dinâmico (com m elementos) como constituído por blocos.

Consideram-se então dois diferentes blocos, de k e $m-k$ elementos. Para os blocos assim definidos, calculam-se os respectivos expoentes condicionais.

Designando por h_k e h_{m-k} as somas dos expoentes condicionais assim calculados, obtém-se a diferença $h_k + h_{m-k} - h$, onde h é a entropia calculada para o sistema global. Esta medida é uma grandeza dinâmica com um significado análogo ao da informação mútua em teoria da informação.

Somando as quantidades para todas as possíveis decomposições em k e $m-k$ partes, obtém-se uma medida da auto-organização dinâmica,

$$I(S, \Sigma, \mu) = \Sigma_{k=1}^{N} (h_k(\mu) + h_{m-k}(\mu) - h(\mu)) \qquad (2.47)$$

Esta medida mede o efeito do acoplamento entre as partes S^k e S^{m-k} do sistema com m graus de liberdade. Assim sendo, esta medida de auto-organização representa a diferença dinâmica entre o sistema global e a simples justaposição das suas partes sem interacções mútuas.

Em conclusão:

1. o maior expoente de Lyapunov (λ_i) proporciona uma definição rigorosa de caos.

2. a entropia de Kolmogorov-Sinai (h) caracteriza a complexidade dinâmica das órbitas do sistema

3. a Auto-organização consiste numa relação dinâmica entre o todo a as suas partes, ocorrendo quando a informação local é muito diferente do comportamento global, a Entropia dos Expoentes Condicionais (h^+) quantifica esta relação.

4. a Entropia dos Expoentes Condicionais (h^+) é uma medida da liberdade aparente (ou da aparente taxa de produção informação), que cada agente pode inferir a partir do conhecimento da dinâmica local.

5. o Índice de Estrutura (S) permite medir a perda de graus de liberdade característicos das diferentes dimensões do sistema dinâmico e com isso, o aparecimento de correlações de longo alcance nas referidas dimensões.

6. a Medida da Auto-organização Dinâmica (I) mede a diferença entre a informação produzida pelo sistema global e a proveniente da simples justaposição das suas partes sem interacções mútuas.

70 | Introdução à Economia Computacional

Os expoentes condicionais foram introduzidos por Pecora e Carroll (Pecora, 1990) no estudo da sincronização em sistemas dinâmicos. A Entropia dos Expoentes Condicionais, o Índice de Estrutura e a Medida da Auto-organização Dinâmica foram introduzidos por Vilela Mendes, R. (Vilela Mendes, R. 2000) tendo sido utilizados no estudo da Criação de Estruturas e da Auto--organização.

2.3 Probabilidades e processos de Markov

Nesta secção apresentam-se algumas noções básicas sobre probabilidades, processos e cadeias de Markov. As cadeias de Markov são essenciais na modelação de processos a partir de probabilidades empíricas[7].

Dado um espaço de probabilidade Ω, diz-se que ω é um acontecimento elementar com $\omega \in \Omega$ e que A é um acontecimento de Ω ($A \subset \Omega$). Diz-se ainda que $X(\omega)$ é uma variável aleatória e que a probabilidade de ocorrência de ω é

$$P(\omega) \geq 0 \text{ com } \sum_{\omega \in \Omega} P(\omega) = 1$$

Sabendo que $P(\omega)$ é a fracção dos acontecimentos ω num grande número de ensaios, então $P(\omega)$ corresponde ao conhecimento subjectivo da ocorrência de ω, sendo

$$P(A) = \sum_{\omega \in A} P(\omega) \tag{2.48}$$

Os espaços de probabilidade podem ser contáveis ou incontáveis.

---

[7] São aplicadas à reconstrução de **processos de mercado** no Capítulo 3.

Operações de conjunto

Partindo dos acontecimentos A e B, subconjuntos de Ω, as operações de conjunto aplicam-se também aos acontecimentos $A \cap B$, $A \cup B$, $A \subseteq B$, A^c (complemento de A) e $\varnothing$, podendo ser resumidas em:

1. $P(\varnothing) = 0$
2. $P(\Omega) = 1$
3. $P(A) \leq P(B)$ se $A \subseteq B$
4. $P(A \cup B) = P(A) + P(B)$ se $P(A \cap B) = 0$

E podem-se acrescentar os seguintes factos básicos:

- O complemento de $(\varnothing)$ é Ω
- A e B são disjuntos se $A \cap B = \varnothing$
- Se $P(\alpha) \neq 0$ para todo o $\alpha \in \Omega$, então $P(A \cap B) = 0$ se e só se A e B forem disjuntos.
- Por último, $P(A) + P(A^c) = P(\Omega) = 1$.

Probabilidade condicional

A noção de probabilidade condicional é bastante útil e constitui a base dos processos de Markov. Escreve-se $P(A \mid B)$ quando se quer indicar a probabilidade de A quando se conhece a probabilidade de B, sabendo que

$$P(A \mid B) = \frac{P(A \cap B)}{P(B)}$$

A regra de Bayes permite então calcular $P(A \cap B)$ quando são conhecidos $P(A \mid B)$ e $P(B)$.

$$P(A \cap B) = P(A \mid B)P(B)$$

Sabe-se que se os acontecimentos A e B são independentes se $P(A \mid B) = P(A)$, isto é

$$P(A \cap B) = P(A)P(B)$$

Sabe-se ainda que condicionar em B e depois em C é o mesmo que condicionar em B e C (em $B \cap C$), ou seja

$$P(\omega|B|C) = P(\omega|C|B)$$

No espaço de todos os acontecimentos possíveis haverá alguns em relação aos quais conhecemos a sua probabilidade e outros para os quais isso não é possível. Essa informação incompleta formaliza-se definindo a *álgebra F* dos conjuntos mensuráveis, o qual deve satisfazer as seguintes condições:

1. $A \in F$ implica $A^c \in F$
2. Se $A \in F$ e $B \in F$ então $A \cup B \in F$ e $A \cap B \in F$
3. $\varnothing \in F$ e $\Omega \in F$

Um exemplo de uma álgebra F é ilustrado pela situação em que se lança uma moeda ao ar quatro vezes seguidas e anota-se o resultado através de zeros e uns, correspondendo às saídas de cara e coroa, respectivamente. Supondo então que a álgebra F se refere apenas aos dois primeiros lançamentos, um acontecimento em F seria, por exemplo, aquele em que estes dois lançamentos resultaram em duas caras, ou seja, {00} = {0000, 0001, 0010, 0011}. Neste caso, um acontecimento *não* pertencente a F seria A = {1111, 1110, 1101, 1011, 0111}.

Processo estocástico

Um processo estocástico é uma colecção de variáveis aleatórias $\{X_t, t \in T\}$ definidas no mesmo espaço de probabilidade (Ω, F, P). Um processo estocástico diz-se de tempo **discreto** quando $T = \{0, \pm1, \pm2, ...\}$ e de tempo **contínuo** quando $T = \{t : -c < t < +c\}$.

No caso em que o conjunto de estados é numerável ou finito o processo estocástico é um processo discreto e se o conjunto de estados for infinito não numerável tem-se um processo contínuo.

O conjunto S consiste no espaço de estados $(s_1, ..., s_m)$ do sistema e $X(t)$ (ou X_t) no estado do sistema no tempo t.

Neste contexto, a trajectória do sistema corresponde a

$$X = (X_0, X_1, ..., X_T) = (X(0), X(1), ..., X(T)) \qquad (2.49)$$

As trajectórias são os acontecimentos α e o espaço de probabilidade Ω é o espaço das trajectórias.

Se considerarmos um período limitado no tempo, o conjunto dos sucessivos valores de uma trajectória dá origem a uma <u>série temporal</u>. Ao se descrever um processo estocástico em termos probabilísticos, especifica-se uma função de distribuição das variáveis aleatórias $X(t_1), ..., X(t_n)$ para todos os n inteiros. Dois processos estocásticos $\{X_t, t \in T\}$ e $\{Y_t, t \in T\}$ são *identicamente distribuídos* se tiverem a mesma família de funções de distribuição de dimensão finita. Dois processos dizem-se *independentes* se qualquer que seja o inteiro n e os pontos $t_1, t_2, ... > t_n$, os vectores $X(t_1), X(t_2), ... X(t_n)$ e $Y(t_1), Y(t_2), ... Y(t_n)$ forem independentes.

Um processo estocástico cujas características de aleatoriedade não se alteram ao longo do tempo é um **processo estacionário**. Na secção 2.1.5 já se viu que um processo tem *incrementos estacionários* se forem independentes do tempo todas as distribuições de

$$\{X(t + h) - X(t), t \geq 0\} \qquad (2.50)$$

E que tanto o movimento Browniano, como o movimento Browniano fraccionário são exemplos de processos com *incrementos independentes* e, assim sendo, são **processos de Markov**. Um processo de Markov é caracterizado pelo facto da probabilidade do sistema assumir um comportamento no futuro depender apenas do comportamento presente.

Os processos de Markov podem ser classificados quanto à natureza do parâmetro e simultaneamente, quanto à natureza dos estados. Esta classificação dá origem às quatro diferentes situações (Müller, D. 2005):

1. Quando o **espaço de estados** é discreto
   (a) **Cadeia** de Markov a tempo discreto
   (b) **Cadeia** de Markov a tempo contínuo
2. Quando o **espaço de estados** é contínuo
   (a) **Processo** de Markov a tempo discreto
   (b) **Processo** de Markov a tempo contínuo, ou **Processo de Difusão**[8]

Cadeias de Markov

Uma cadeia de Markov é um dos processos estocásticos mais simples, no qual se representam os estados (a tempo discreto) do sistema e as probabilidades de transição entre os estados, sendo que esta depende apenas do estado em que se está.

A informação colhida pela observação da cadeia de Markov até ao tempo é uma *Álgebra* F_t. A propriedade markoviana diz que $X(t)$, ou seja, o estado do sistema no tempo t consiste em toda a informação útil para prever o seu futuro comportamento, isto é:

$$P(X_{t+1} = k \mid X_t = j) = P(X_{t+1} = k \mid X_t = j, X_{t-1} = i,...) \qquad (2.51)$$

Probabilidade de transição

Diz-se que uma cadeia de Markov é estacionária se as probabilidades P_{jk} não dependem de t, sabendo que $\Sigma_k P_{jk}=1$.

Como a probabilidade de transição de j para k é dada por

$$P_{jk} = P(X(t+1) = k \mid X(t) = j) = P(j \rightarrow k) \qquad (2.52)$$

---

[8] Enquanto exemplo de um processo de difusão, viu-se na secção 2.1.4 que o movimento Browniano é o processo Gaussiano mais simples dos processos de difusão.

Para se avaliar a probabilidade das trajectórias, considera-se $f_0 = P(X(0)) = j$ e $P(X(1)) = k$ quando $X(0) = j$ e tem-se que

$$P(X(1) = k \mid X(0) = j).P(X(0) = j) = f_0(j)P_{jk} \qquad (2.53)$$

E para dois passos no tempo,

$$P(X(2) = i \mid X(1) = k, X(0) = j).P(X(1) = k, X(0) = j)$$

$$P(X(2) = i \mid X(1) = k).P(X(1) = k, X(0) = j) = f_0(j)P_{jk}P_{ki}$$

Ou seja, as probabilidades das trajectórias são obtidas por sucessivas multiplicações das $\{P_{jk}\}$.

Na representação das probabilidades de transição entre estados adopta-se com frequência a forma matricial, em que a matriz de transição é $P = P(j \to k)$. Neste contexto, uma **matriz estocástica** é uma matriz de transição: $P = \{P_{jk} = P(j \to k)\}$ em que os elementos são não-negativos e as linhas somam um

$$P_{jk}^s = P(X_{t+s} = k \mid X_t = j) \qquad (2.54)$$

onde P_{jk}^s é o elemento (i,j) da potência s de P (ou seja, de P^s).

No próximo capítulo, as cadeias de Markov são aplicadas à reconstrução de um processo a partir de dados empíricos de um mercado financeiro, incluindo uma proposta do que se chamou de **Abordagem de Markov de ordem menor ou igual a k** (Vilela Mendes, R. 2002).

2.4 As Áreas de fronteira

2.4.1 *A Econofísica*

O termo **Econofísica** designa uma área de investigação na qual se privilegia a aplicação de métodos e técnicas utilizadas em

76 | Introdução à Economia Computacional

Física sobre dados da Economia. É portanto uma área interdisciplinar[9], de base empírica ou experimental e na qual são aplicadas, maioritariamente, as técnicas da Física estatística.

O termo Econofísica, por si só, não especifica que campo da Física se pretende aplicar a uma ciência social como a Economia. Será sobretudo a Física dos sistemas complexos, pois é aí que se encontram as tentativas de previsão de comportamentos de sistemas com dependência sensível das condições iniciais (e portanto imprevisíveis) e os sistemas com capacidade de auto-organização do ponto de vista dinâmico.

Muitos dos exemplos até aqui referidos são parte do que se investiga em Econofísica: a caracterização de padrões de crescimento das empresas ou de organização por sectores de actividades; a maneira como as cidades se organizam em distritos, o aparecimento de leis de potência na distribuição do tamanho das cidades e a formação de ciclo económicos, tratados por P. Krugman e por H. Simon não constituem excepção.

Dado tratar-se de uma abordagem empírica, no domínio dos exemplos investigados, deve ser possível dispor de uma grande quantidade de informação. Assim sendo, os mercados financeiros são o principal campo de aplicação da Econofísica.

Neste domínio, os trabalhos incidem em geral sobre uma de entre duas vertentes: a descoberta (ou a melhor caracterização) de **factos estilizados** a partir de dados empíricos do mercado e o desenvolvimento de **modelos de agentes**, com os quais se simula o comportamento de mercados artificiais, cujos resultados são nalguns casos comparados com os dados empíricos dos mercados reais. Nesta segunda vertente onde se encontra a generalidade dos trabalhos de Doyne Farmer (Farmer, J. 2002); (Farmer, J. 2003) e de J. Bouchaud (Bouchaud, J. 2002), trata-se, principalmente, das funções geradoras de preços de instrumentos do mercado (*market impact functions*) e das suas consequências sobre o

---

[9] De acordo com a taxonomia proposta na referência (Japiassu, 1976), trata-se neste caso da interdisciplinaridade unificadora.

comportamento dos agentes. Na primeira vertente, a atenção recai sobre as flutuações dos instrumentos de mercado e sobre a caracterização de factos estilizados, a partir dos quais é discutida a **hipótese da eficiência do mercado** financeiro (*Market Efficient Hipothesis*), nas suas diferentes formas (fraca, semiforte e forte). A hipótese do mercado eficiente é, como se sabe, uma hipótese bastante debatida. Neste livro, ela é discutida nos Capítulos 3 e 4.

2.4.2 *A Neuroeconomia*

A Neuroeconomia surge de mais uma contribuição interdisciplinar, desta vez entre a Economia e as Neurociências. Os avanços no conhecimento dos mecanismos e da estrutura cerebral permitem identificar regiões responsáveis ou participantes na indução de estados emocionais. Com base nesta possibilidade, investiga-se o papel das emoções nos processos de tomada de decisão pelos indivíduos. António Damásio e colaboradores têm dado a conhecer diversas contribuições à Neuroeconomia. Num trabalho de 1997 (Bechara, A. 1997), são reunidas as descobertas de Damásio e da sua equipa sobre a capacidade humana de decidir instintivamente. Neste trabalho, os autores referem que sistemas neuronais diferentes daqueles utilizados no raciocínio (com uso de conhecimento declarativo) podem enviesar os processos de escolha baseados na razão e ter primazia na tomada de decisões ou na escolha de estratégias (supostamente racionais) pelos indivíduos.

O que sobressai dos resultados é a possibilidade deste enviesamento levar à adopção de um comportamento vantajoso para o indivíduo, ainda que o mesmo não conheça as estratégias mais vantajosas no contexto em questão. Uma apresentação pormenorizada dos resultados mais recentes em Neuroeconomia pode ser encontrada nas referências (Zak, P. 2004), (Camerer, C. 2005) e (Camerer, C. 2006). A generalidade dos resultados analisados provêm de experiências nas quais se pretendeu medir a actividade cerebral participante em experiências envolvendo a aquisição de recompensas, a aprendizagem e a escolha sob o risco e sob informação ambígua. Neste contexto, Camerer argumenta que a Neuroeconomia é um ramo da Economia Comportamental (*neuro-economics.org*).

Sempre que as decisões envolvem agentes económicos, os processos de tomada de decisão são explicados como sendo desempenhados por duas categorias de agentes: os *homoeconomicus* e os *homoreciprocans*. O primeiro é o símbolo mais fiel do agente económico neoclássico; o qual pretende dispor de informação perfeita e completa, à procura de situações de equilíbrio e de racionalidade ilimitada. O segundo, admite o altruísmo, participa em processos onde a cooperação e a competição não se excluem e admite alterações no ambiente envolvente, às quais responde através de mecanismos de adaptação.

Quando as contribuições vêm da Biologia, os mecanismos mais frequentemente reivindicados são os da selecção natural. Supõe-se que a selecção natural favorece o indivíduo egoísta que procure maximizar os seus próprios recursos à custa de outros. Mas muitos sistemas biológicos, e especialmente as sociedades humanas, são organizados em torno das interacções altruístas, nas quais a cooperação tem um papel importante (Gintis, H. 2004). A evolução da cooperação em sociedades de agentes é investigada com recurso à modelação de vários tipos e graus de **reciprocidade**: directa, indirecta, fraca ou forte.

A noção de **reciprocidade forte** (ou da punição altruísta) captura o traço humano que leva um indivíduo a punir os violadores das normas sociais, ainda que tal implique um custo para si próprio. A **reciprocidade indirecta**, por sua vez, está associada à ideia de que a recompensa (o inverso da punição) por uma acção altruísta de um agente, possa resultar de uma atitude de qualquer outro agente da sociedade e não apenas do agente directamente beneficiado com o altruísmo do primeiro.

As **abordagens de rede** são fundamentais no estudo dos processos de decisão de uma colectividade. Mais ainda quando esses processos envolvem agentes reciprocantes, pois, assim sendo, os mecanismos de cooperação e de competição, os quais podem ser representados pelas características das ligações entre os agentes, são melhor observados através dos coeficientes de rede, tais como as medidas de distância global ou os coeficientes de conectividade local, como é o caso do **coeficiente de agregação** (de *clustering*).

Por último, a Neuroeconomia parece combinar dois traços importantes: desloca-se o foco do binómio <u>racional</u> *versus* <u>emocional</u>, admitindo que ambos os aspectos tomam parte nos processos de decisão económica e salienta-se a separação entre o que é consciente (embora sem pretensões de racionalidade ilimitada) e o que poderá não utilizar conhecimento declarativo e ao mesmo tempo participar na perspectiva e nas decisões de cada agente do sistema.

3.

Reconstrução de Processos

Ao contrário de outras ciências, em Economia e, em particular em macroeconomia, não é em geral possível preparar experiências laboratoriais bem controladas de forma a estabelecer relações de causa e efeito. E ainda menos repetir experiências nas mesmas condições das anteriores, para testar modelos ou conjecturas. Deste modo, a informação experimental na maior parte dos ramos da Economia limita-se à observação de casos únicos e num horizonte temporal bastante alargado.

Como, ao longo do tempo, as condições culturais e tecnológicas se alteram consideravelmente, a comparação de casos semelhantes, que é usada noutras ciências, torna-se também bastante difícil. Para ter a possibilidade de testar modelos e teorias de uma forma fiável, uma das alternativas consiste em concentrarmo-nos num conjunto de fenómenos para os quais exista uma vasta base de dados e uma dinâmica suficientemente rica e variada. Os mercados financeiros (ou mais especificamente, os mercados de acções) constituem talvez o instrumento de eleição para este propósito.

Os meios computacionais de recolha e armazenamento de dados têm disponibilizado uma grande quantidade de informação sobre os mercados financeiros, conhecem-se cotações de preços de companhias e de índices variados, com frequências diversas e ao longo de períodos de tempo muito extensos.

A base empírica sobre a qual assenta boa parte da investigação em mercados financeiros tem alimentado a caracterização de um conjunto de **factos estilizados**, dentre os quais os mais conhecidos (Cont, R. 2001) são:

- leis de potência nas distribuições das **rendibilidades** (*returns*),
- correlações entre as rendibilidades de diferentes companhias (*cross-correlations*),
- dependências não-lineares nas rendibilidades dos preços de uma companhia e
- **memória na volatilidade dos preços** das companhias.

Algumas destas propriedades são verificadas em mercados diferentes, com variadas frequências de observação e para diversos instrumentos do mercado (preços, rendibilidades, preços de opções). A caracterização de factos estilizados consiste numa primeira indicação da <u>existência de estrutura</u> nos mercados financeiros.

Por outro lado, a **hipótese da eficiência do mercado** financeiro (*Market Efficient Hipothesis* – MEH), nas suas diferentes formas (fraca, semiforte e forte) assenta numa suposta <u>falta de estrutura</u>. A ser verdadeira, os mercados financeiros apresentariam um comportamento semelhante ao de um processo estocástico onde perdas e ganhos se anulariam, não havendo lugar para a identificação de qualquer estrutura que não fosse a estrutura característica dum processo gerado ao acaso.

Sabe-se que, segundo a MEH, o mercado incorpora no preço dos activos financeiros toda a informação disponível até o instante presente, de tal forma que qualquer tentativa de previsão do seu comportamento seria infundada e mal sucedida. No entanto, esta suposta falta de estrutura é contrariada pela evidência empírica demonstrada nos factos estilizados, que como vimos, dão conta da existência de padrões, quer no tempo – de por exemplo, memória na volatilidade dos preços das acções de uma companhia – quer de padrões no espaço – quando se identificam correlações entre os preços das acções de diferentes companhias.

Neste capítulo, reconstróem-se alguns processos de mercado a partir das suas probabilidades empíricas e argumenta-se que *se os processos de mercado fossem de facto eficientes não haveria diferença significativa na previsão gerada a partir de probabilidades empíricas* ou de dados aleatórios.

Entretanto, antes de se passar ao cálculo das probabilidades empíricas, a caracterização de alguns factos estilizados é apresentada neste capítulo enquanto mais um resultado a apoiar a presença de estrutura no mercado financeiro.

3.1 Processos de base empírica

Como em todas as ciências, os dados na sua forma original não são trabalháveis, isto é, contêm a informação numa forma difícil de interpretar. Portanto o primeiro passo é o de, com um mínimo de hipóteses teóricas, tentar organizar os dados sob uma forma matematicamente assimilável. Esta é a fase da chamada *codificação ou contracção da informação*, a qual precede o trabalho de *interpretação* e de *construção teórica*. No caso dos mercados esta segunda fase corresponde essencialmente à <u>reconstrução do processo</u>, no sentido da análise estocástica.

Caracterização estatística

Tendo em conta que a medida de um determinado fenómeno é registada numa sequência de valores de uma variável X

$$...X_{-2}X_{-1}X_0X_1X_2... \tag{3.1}$$

que assume valores no espaço Y. Chamamos Y **espaço de estados** e o espaço de sequências Y^Z chamamo-lo **espaço de trajectórias** (ver Capítulo 2 em Breve Introdução aos Sistemas Dinâmicos).

As propriedades estatísticas do fenómeno em questão podem então ser estudadas em 3 diferentes níveis:

1. através dos valores esperados dos observáveis;

84 | Introdução à Economia Computacional

2. através das medidas de probabilidades do **espaço de estados** Y;
3. através das medidas de probabilidades do **espaço de trajectórias** Y^Z.

Obtém-se deste modo três diferentes caracterizações do fenómeno em estudo, as quais correspondem a descrições estatísticas sucessivamente mais finas, aqui designadas por indicadores estatísticos de nível 1, 2 e 3, respectivamente.

A partir de uma amostra finita, consegue-se assim uma versão finita dos valores esperados, das medidas de probabilidades do espaço de estados e das medidas de probabilidades do espaço de trajectórias. Estes três indicadores são designados: médias parciais, medidas empíricas (ou função de distribuição) de probabilidade empírica e medidas do processo empírico, respectivamente.

As medidas de nível um e dois são as mais comuns na análise de um processo estocástico. No entanto, diferentes processos podem estar associados aos mesmos valores esperados ou às mesmas funções de distribuição de probabilidades. Assim sendo, uma melhor compreensão dos processos de mercado requer uma análise dos indicadores de nível 3.

Alguns importantes desenvolvimentos na caracterização de processos de base empírica têm sido obtidos do estudo da turbulência em processos hidrodinâmicos, tal como apresentado na referência (Lima, R. 1997).

Em particular, tem sido verificado que a última fase da reconstrução destes processos, aquela em que se calculam os indicadores de nível 3, inclui dois passos principais.

O primeiro passo é a identificação **da gramática** do processo, ou seja das transições permitidas no espaço de estados, ou o sub--espaço no espaço de trajectórias ao qual correspondem as órbitas do sistema.

O segundo passo é a identificação **da medida**, no que toca a frequência de ocorrência de cada órbita numa amostra típica do comportamento do sistema. Embora independentes, estes dois passos encontram-se relacionados no que diz respeito aos indicadores estatísticos.

Entretanto, é preciso levar a cabo o pré-processamento da informação a fim de organizar os dados sob uma forma matematicamente assimilável.

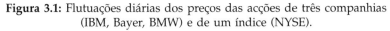

Figura 3.1: Flutuações diárias dos preços das acções de três companhias (IBM, Bayer, BMW) e de um índice (NYSE).

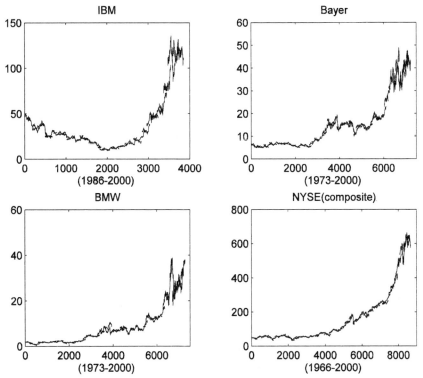

3.1.1 Pré-processamento dos dados

O início do estudo de um processo estocástico deve recair sobre a verificação da **estacionaridade do processo** e sobre a tipicidade da amostra.

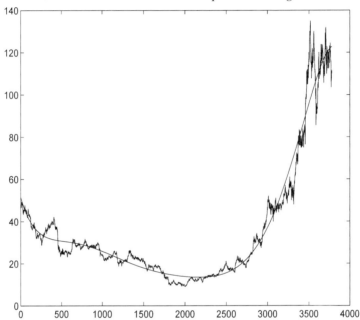

Figura 3.2: Ajustamento da série de preços da IBM (dados diários 1986-2000) a um polinómio de grau 7.

Estacionaridade dos processos

As cotações do mercado financeiro são processos naturalmente não **estacionários**. Flutuam, têm tendências que dependem do estado geral da economia, da quantidade de capital presente no mercado, de decisões políticas e de expectativas diversas. Entretanto, supomos que se todos esses factores forem sendo tidos em conta na análise dos dados, haverá ainda alguns invariantes que servirão à caracterização do peculiar comportamento humano refletido nas cotações do mercado financeiro.

Os Dados

Os dados empíricos com que se vai trabalhar na reconstrução de processos de mercado consistem inicialmente nos preços diários ($p(t)$) de três diferentes companhias (IBM, Bayer e BMW) e do índice NYSE (*New York Stock Exchange*). Para cada companhia dispõem-se de dados diários para um período igual a 27 anos no caso da Bayer e da BMW (de 1973 a 2000), para 14 anos no caso da IBM (de 1986 a 2000) e para 34 anos (de 1966 a 2000) no caso do NYSE.

Na segunda fase da reconstrução do processo, utilizar-se-á a chamada rendibilidade dos preços ($r(t)$), a qual consiste na diferença diária dos logarítmos dos preços

$$r(t+1) = \log p(t+1) + \log p(t) \qquad (3.2)$$

Também no que se refere às rendibilidades diárias, utilizam-se os dados das três companhias (IBM, Bayer e BMW) e do índice NYSE para os períodos de tempo já referidos.

3.1.2 *Questões principais*

A partir das séries temporais com valores das rendibilidades diárias das 3 companhias e do índice NYSE, pretende-se contribuir para o esclarecimento das seguintes questões:

1. O quanto diferem os processos reconstruídos a partir das probabilidades empíricas daqueles que se reconstróem a partir de valores (probabilísticos) gerados ao acaso?
2. De que maneira varia a qualidade da reconstrução quando:
   - para uma determinada companhia, se utilizam as rendibilidades do passado para reconstruir o futuro ou vice-versa?
   - se utilizam as rendibilidades de uma companhia para prever o comportamento de outra companhia?
3. Encontram-se factos de estilo nas rendibilidades destas companhias? Como é que os valores característicos destes factos se comparam com os valores correspondentes encontrados na reconstrução de processos hidrodinâmicos?

A 3.1 mostra o tipo de dados com que se vai trabalhar na reconstrução de processos de mercado: os preços diários ($p(t)$) de três diferentes companhias (IBM, Bayer e BMW) e do índice NYSE. Nos quatro gráficos apresentados na Figura 3.1 observa-se que a falta de estacionaridade é notória.

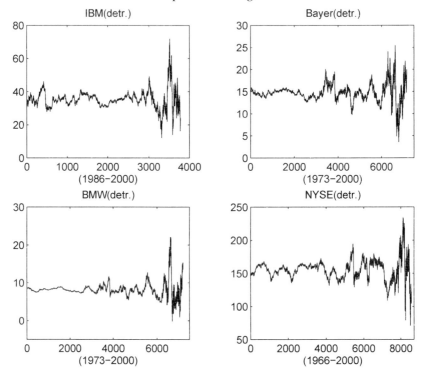

Figura 3.3: Eliminação da tendência através de ajustamento a um polinómio de grau 7.

O primeiro passo do pré-processamento dos dados será portanto <u>eliminar a tendência</u>. Fazemo-lo através de um ajustamento a polinómio $q(t)$. O gráfico da Figura 3.2 apresenta um exemplo de um ajustamento a um polinómio de grau 7. A escolha do grau do polinómio foi feita a partir da observação dos resultados (do ajustamento) para graus inferiores, tendo sido o de grau 7, o que melhor pareceu ajustar-se à curva $p(t)$.

3. Reconstrução de Processos | 89

Os gráficos apresentados na Figura 3.3 mostram o resultado depois do ajustamento ao polinómio ($q(t)$) de grau 7. Como se pode observar, a série encontra-se ainda longe da estacionaridade, dado que as flutuações mais recentes têm ainda um peso demasiado acentuado. Assim sendo, o passo seguinte será a normalização da série usando <$p(t)$>, onde <.> refere o valor médio da amostra.

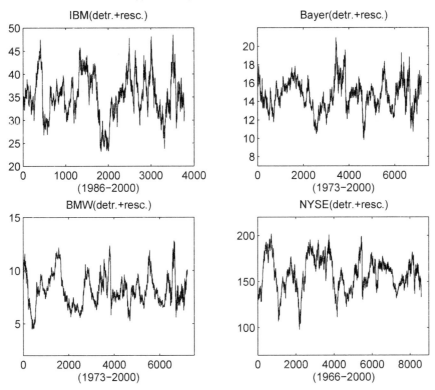

Figura 3.4: Eliminação da tendência e normalização com o valor médio da amostra.

Os quatro gráficos na Figura 3.4 mostram cada uma das séries ($x(t)$) depois de ajustadas ao polinómio ($q(t)$) e de normalizadas com o valor médio da amostra (<$p(t)$>), de acordo com a equação 3.3.

$$x(t) = p(t)\frac{<p(t)>}{q(t)} \qquad (3.3)$$

Os procedimentos de eliminação da tendência e de normalização são fundamentais, uma vez que estamos a analisar diferenças de preços respeitantes a um longo intervalo temporal. Quando se utilizam séries de diferenças dos logarítmos dos preços de um dia (no caso em que se utiliza as rendibilidades diárias em vez dos preços), os procedimentos de eliminação da tendência e de normalização deixam de ser necessários.

No caso das séries de preços, a eliminação da tendência e a sua normalização, dá lugar a uma razoável uniformização da amplitude das flutuações dos preços, tal como se observa nos gráficos da Figura 3.4.

Figura 3.5: A volatilidade dos preços medida numa janela de dez dias e volatilidade assimptótica comparadas para dados normalizados e não normalizados.

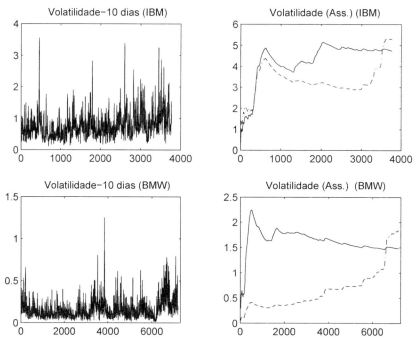

Entretanto, este processo não é estacionário localmente, como mostra a Figura 3.5, onde as duas imagens da esquerda, apresentam o desvio padrão calculado com uma janela móvel de dez dias. Nas imagens à direita, compara-se o desvio padrão acumulado depois de se tirar a tendência e nas seguintes situações: antes de se fazer a normalização (linha tracejada) e depois de ser feita a normalização (linha compacta). Nota-se que apenas os dados normalizados têm a chance de constituir um processo estacionário.

Mais adiante, far-se-á mais um teste à estacionaridade das séries, através da codificação dos dados com um alfabeto de 3 (e de 5) símbolos. Neste teste, ver-se-á que não se encontra diferença significativa entre a primeira e a segunda metade da amostra, quando os valores da **entropia** por blocos de 3 (e de 5) símbolos, são calculados para cada uma das partes da amostra.

Na próxima secção calculam-se os indicadores de nível 1 e 2, ou seja, as quantidades relacionadas com as médias e com as distribuições de probabilidades. A análise de nível 3 será desenvolvida posteriormente.

3.2 Indicadores estatísticos de nível 1 e 2

A principal variável usada na construção dos indicadores estatísticos é a diferença dos logarítmos dos preços

$$r(t, n) = \log p\,(t + n) - \log p\,(t) \tag{3.4}$$

designadas rendibilidades de n^- dias.

A 3.6 mostra o comportamento de $r(t,1)$, ou seja, das rentabilidades diárias.

Figura 3.6: Exemplo do comportamento das rentabilidades diárias dos preços de uma companhia.

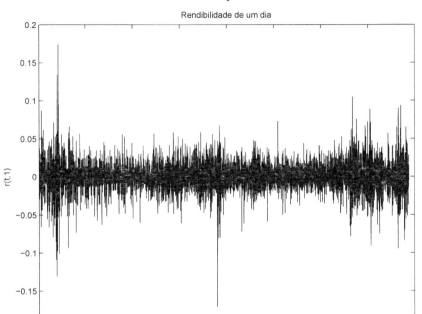

3.2.1 Factos estilizados no mercado financeiro

Quando se consideram as rentabilidades (r(t,n)) calculadas sobre diferentes intervalos de tempo (diferentes valores de n), existem três principais indicadores a calcular:

1. O máximo (sobre t) de r(t,n)

$$\delta(n) = \max_t \{r(t,n)\} \qquad (3.5)$$

2. Os momentos de ordem q da distribuição de $|r(t,n)|$

$$S_q(n) = \langle |r(t,n)|^q \rangle \qquad (3.6)$$

3. O expoente de escalonamento $\chi(q)$ tal que

$$S_q(n) \approx n^{\chi(q)} \tag{3.7}$$

Se dentro de um certo intervalo, os momentos satisfazem a Equação (3.7), então o expoente de escalonamento $\chi(q)$ é mais um importante indicador de nível 2.

As figuras 3.7, 3.8 e 3.9 mostram os resultados obtidos para os indicadores estatísticos de nível 1 e 2.

Figura 3.7: Valor máximo de para as diferenças logarítmicas dos preços.

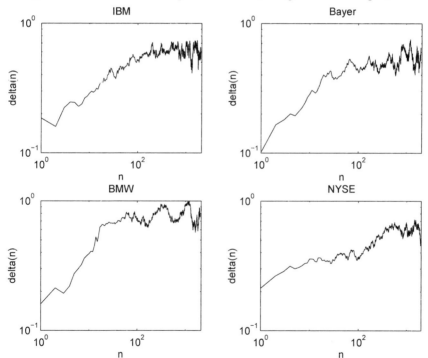

A Figura 3.7 apresenta o comportamento do primeiro indicador, ou seja, a relação entre o valor máximo $\delta(n)$ de $r(t,n)$ e o valor de n.

Tendo em conta o tamanho da amostra, é bastante natural que haja grandes flutuações quer em $\xi(n)$, para grandes valores de n, quer em $S_q(n)$, para grandes valores de q.

Quanto ao segundo indicador, a Figura 3.8 mostra a relação entre $S_q(n)$ e o valor absoluto de $r(t,n)$ em função de n e para diferentes valores de q, ou seja, para momentos de ordem 1 até 8. Nesta figura, as oito curvas correspondem, de cima para baixo, aos momentos de ordem 1 a 8 (de $q = 1$ a $q = 8$). No intervalo de $n = 2$ a $n = 60$ os momentos $S_q(n)$ seguem, aproximadamente, a lei de escala da Equação 3.7. Do comportamento deste indicador extraímos o expoente característico $\chi(q)$, como se vê na Figura 3.9.

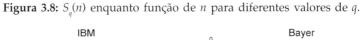

Figura 3.8: $S_q(n)$ enquanto função de n para diferentes valores de q.

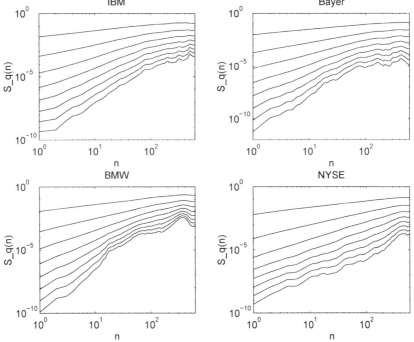

Figura 3.9: O expoente característico $\chi(q)$.

Figura 3.10: Correlações nas rendibilidades de um dia.

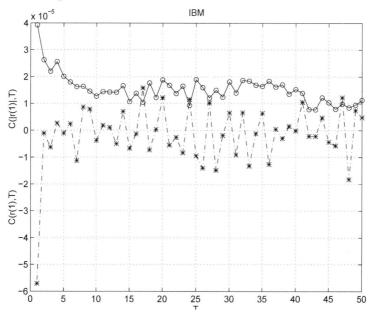

Figura 3.11: Dinâmica do espaço de fase das rendibilidades de um dia.

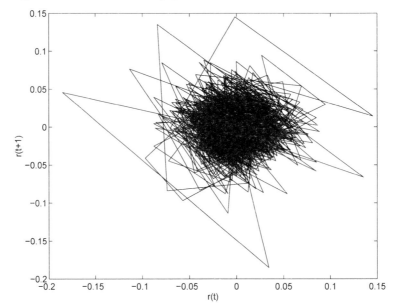

As principais conclusões da análise destes indicadores são as seguintes:

a) $\delta(n)$ é log-côncava, ou seja, $\log\delta(n)$ é côncava enquanto função de $\log n$, sendo também crescente e, com melhor estatística, seria provavelmente assimptoticamente constante para grandes valores de $r(t,n)$;

b) $S_q(n)$ é também log-côncava em n, mostrando uma aproximação a uma lei de escala num intervalo limitado;

c) A lei de escala $\chi(q)$ é uma função côncava e crescente de q;

d) Em todos os casos, o valor de $\chi(1)$ calculado na região de $(n = 2$ a $n = 60)$ está bastante próximo de $\frac{1}{2}$, mostrando um sinal essencialmente não correlacionado para $n \geq 2$ (ver Capítulo 2, em A Evolução Temporal e o Movimento Browniano, acerca da relação entre a variância e o tempo decorrido);

e) As propriedades de escala do índice NYSE apresentam algumas diferenças quando comparadas com as outras amostras. Entretanto, este efeito é apenas aparente para $q \geq 5$, onde se faz sentir a falta de estatística decorrente do tamanho das amostras.

Desta análise tambem obtemos resultados interessantes no que respeita as diferenças e as semelhanças com os resultados obtidos no estudo da turbulência. As propriedades de (a) a (c) são semelhantes, embora os valores numéricos obtidos sejam diferentes. Por exemplo, para as séries da turbulência $\chi(1) = \dfrac{1}{3}$.

Dependências não-lineares nas rendibilidades

No início deste capítulo viu-se que a base empírica sobre a qual assenta boa parte da investigação em mercados financeiros tem alimentado a caracterização de um conjunto de factos estilizados. Estes incluem a identificação de correlações tais como a função de correlação das rendibilidades de um dia para diferentes deslocamentos no tempo (valores de T) e a mesma função aplicada ao valor absoluto das rendibilidades. Em ambos os casos, quando as correlações têm valor significativo, diz-se haver memória na evolução temporal das rendibilidades (ou do valor absoluto das rendibilidades).

A correlação no tempo é medida com

$$C\left(r(1), T\right) = \langle r\left(t + T, 1\right) r\left(t, 1\right) \rangle \tag{3.8}$$

e

$$C\left(|r(1)|, T\right) = \langle |r\left(t + T, 1\right)| \, |r\left(t, 1\right)| \rangle \tag{3.9}$$

conforme sejam calculadas para o valor das rendibilidades ou para o valor absoluto das mesmas, respectivamente.

O gráfico da Figura 3.10 apresenta o comportamento das funções de correlação. Observa-se que para $T \geq 2$ as rendibilidades não estão correlacionadas. Contrariamente, o mesmo cálculo efectuado para os valores absolutos das rendibilidades, apresenta valores de correlação não negligenciáveis durante um grande período (pelo menos até $T = 10$). Tal significa que embora as rendibilidades não estejam linearmente correlacionadas, uma função não linear das mesmas (o seu valor absoluto) permanece correlacionada por um grande período temporal.

Nota-se a dominância estatística das pequenas flutuações (de memória curta) mesmo para os valores absolutos do processo $|r(t)|$, onde se verificam correlações de longo alcance.

O comportamento dos indicadores estatísticos $\delta(n)$, $S_q(n)$ e $\chi(q)$ já tem implicações importantes nos indicadores de nível 3, nomeademante, na estrutura da gramática do processo. De facto, se não houvesse restrições nas transições permitidas, $\delta(n)$ e $S_q(n)$ seriam independentes de n e de $\chi(q) = 0$ para todo q.

Em particular, a propriedade (a), ou seja, o facto de $\log \delta(n)$ ser côncava enquanto função de $\log n$, implica que se o processo é uma **cadeia de Markov**, as transições de estado permitidas na matriz de transição devem permanecer num domínio estritamente convexo em torno da diagonal desta matriz.

O gráfico da Figura 3.11 apresenta a dinâmica das rendibilidades de um dia $r(t,1) - r(t+1,1)$. Vemos que os dados se concentram na sua grande maioria em redor da região central da figura, com apenas pequenos casos de desvio do centro. Esta estrutura terá grande influência nos resultados apresentados na próxima secção.

Antes de se passar à codificação do processo e aos indicadores estatísticos de nível 3, apresenta-se na Tabela 3.1 um esquema descritivo dos intrumentos empregues na reconstrução de processos a partir das probabilidades empíricas.

Tabela 3.1: Etapas e indicadores do processo empírico

Pré-processamento	Indicadores de Nível 1 e 2	Indicadores de Nível 3
Eliminação da Tendência	Valor $max\,(r(t,n))$	
Normalização	Momentos $S_q(n)$	
	Expoente $S_q \approx n^{\chi(q)}$	Identificação Gramática
	Correlações $r(t,n)$ e $\|r(t,n)\|$	Identificação da Medida
	Medidas da Distribuição	Medidas do Processo Empírico
	Probabilidade no Espaço de Estados	Probabilidade no Espaço das Trajectórias

3.3 Gramática e medida do processo

Nesta secção concentramo-nos nas medidas de probabilidades do espaço de trajectórias (Y^Z). Esta tarefa tem início com a identificação da *gramática* do processo, ou seja das <u>transições permitidas</u> no espaço de estados, ou o sub-espaço no espaço de trajectórias ao qual correspondem as órbitas do sistema. Segue-se a identificação da *medida*, no que toca a <u>frequência de ocorrência</u> de cada órbita numa amostra típica do comportamento do sistema.

3.3.1 Codificação do processo

Faz-se a codificação do sistema dinâmico usando um alfabeto finito Σ. Ao fazê-lo, o espaço Ω das órbitas do sistema consiste nas sequências infinitas

$$\omega = i_1 i_2 \cdots i_k \cdots \qquad\qquad i_k \in \Sigma$$

e com a lei dinâmica do sistema correspondendo a um deslocamento (*shift*) nas sequências de símbolos

$$\sigma\omega = i_2 \cdots i_k \cdots \tag{3.10}$$

Dependendo da lei dinâmica do sistema assim codificado, nem todas as sequências serão permitidas. O conjunto de sequências permitidas no espaço das órbitas (Ω) define a sua gramática. O conjunto de todas as sequências, que coincidem nos primeiros símbolos é designado n- bloco, sendo repreentado por $[i_1 i_2 ... i_n]$.

A medida da probabilidade dos blocos é a principal ferramenta utilizada para caracterizar as propriedades dinâmicas, consistindo em parte da informação que pode ser inferida a partir dos dados empíricos.

Passos da codificação

1. Tomam-se as rendibilidades de um dia
$$r(t) = \log p(t+1) - \log p(t) \tag{3.11}$$

2. Calculam-se a média $\overline{r(t)}$ e o desvio padrão

$$\sigma = \sqrt{\left(r^2(t) - \overline{r(t)}^2 \right)}$$

3. Escolhe-se um alfabeto com, por exemplo, 3 símbolos $\Sigma = \{0,1,2\}$ para codificar os valores das rendibilidades ($r(t)$)

4. Faz-se corresponder

$$
\begin{aligned}
\left(r(t) - \overline{r(t)} \right) > \sigma &\Leftrightarrow 2 \\
\sigma \geq \left(r(t) - \overline{r(t)} \right) > -\sigma &\Leftrightarrow 1 \\
-\sigma \geq \left(r(t) - \overline{r(t)} \right) &\Leftrightarrow 0
\end{aligned}
\tag{3.12}
$$

de forma que a série codificada seja $[a_1 a_2 ... a_n]$ onde $\forall i$ $a_i \in \{0,1,2\}$.

Depois da série codificada, chamemos a_0 o estado presente e a_1 o estado imediatamente anterior. A construção da matriz de transição (de Markov) onde se representa a probabilidade de passagem ao estado a_0 a partir do estado a_1 requer que se encontrem os blocos $[a_0 a_1]$ e as frequências $\mu^*[a_0 \mid a_1]$, para que se calculem as probabilidades condicionais.

Assim sendo,

$$P^*(a_0|a_1) = \frac{\mu^*([a_0|a_1])}{\mu^*([a_0])} P^*(a_0) \tag{3.13}$$

No caso do exemplo em que o alfabeto é $\Sigma = \{0,1,2\}$, calcula-se $P^*(0)=\mu^*(0)/n$ $P^*(1)=\mu^*(1)/n$ e $P^*(2)=\mu^*(2)/n$. E as probasbilidades dos blocos de dois símbolos,

$$
\begin{aligned}
P^*([00]) &= \tfrac{\mu^*([00])}{n} = \tfrac{\mu^*([00])}{\mu^*([0])} P^*(0) \\
P^*([01]) &= \tfrac{\mu^*([01])}{n} = \tfrac{\mu^*([01])}{\mu^*([0])} P^*(0) \\
P^*([02]) &= \tfrac{\mu^*([02])}{n} = \tfrac{\mu^*([02])}{\mu^*([0])} P^*(0) \\
&\cdots \\
P^*([22]) &= \tfrac{\mu^*([22])}{n} = \tfrac{\mu^*([22])}{\mu^*([2])} P^*(2)
\end{aligned}
\tag{3.14}
$$

que são representadas numa matriz de Markov

$$
M = \begin{pmatrix}
P^*([00]) & P^*([01]) & P^*([02]) \\
\cdots & P^*([11]) & P^*([12]) \\
\cdots & \cdots & P^*([22])
\end{pmatrix}
\tag{3.15}
$$

É então possível reconstruir o processo a partir da matriz de Markov (M). Para a construção desta matriz, toma-se, por exemplo, a segunda metade da série $r(t)$ codificada em $a(t)$. Em seguida, a primeira metade da série $[a^*_1 a^*_2 ... a^*_{n/2}]$ será empregue para inferir o estado presente (a_0) a partir da probabilidade empírica

$P^*[a_0 a_1]$ e de cada estado passado (a^*_1) observado. Compara-se então o sucessor a^*_0 de cada a^*_1 observado com o resultado inferido a_0.

Para cada não coincidência entre o inferido (a_0) e o observado (a^*_0) acumula-se o valor da diferença $[a^*_0 - a_0]$ de forma a calcular o valor médio do erro

$$e = \langle |a^*_0 - a_0| \rangle \tag{3.16}$$

sendo a média obtida sobre diversas simulações da reconstrução.

Pelo facto de se utilizarem resultados probabilísticos, convém que a reconstrução do processo tenha por base o resultado de um número elevado de simulações. É então possível quantificar a qualidade da reconstrução do processo a partir das probabilidades empíricas. A Tabela 3.2 mostra os resultados obtidos para as três séries (IBM, BAYER e BMW). Em todos os casos apresentam-se os valores médios do erro, com a média obtida sobre 500 diferentes simulações.

Tabela 3.2: Valores médios do erro (Eq.3.16) para os casos reconstruídos a partir de dados reais (e(T)) e a partir de dados aleatórios $(e(T_R))$

	$e(T)$	$e(T_R)$
IBM	0.43	0.75
Bayer	0.41	0.74
BMW	0.36	0.74

Na secção que se segue estende-se a aplicação da noção de **cadeia de Markov** a um sistema representado em mais de uma dimensão.

3.4 Abordagem de Markov de ordem $\leq k$

A passagem a uma **abordagem de Markov de ordem** $\leq k$ pressupõe que se utilizem blocos de dimensão maior que um para identificar as probabilidades de transição. Para tal, encontram-se os blocos $[a_1 a_2...a_k]$ e as frequências $\mu^*[a_1 a_2...a_k]$ dos blocos sucessivamente maiores (em k).

Assim como no caso dos blocos de ordem 1, em que a probabilidade de transição de a_1 para a_0 é dada por

$$P_{a_0|a_1} = P(a_1 \to a_0)$$

para se avaliar a probabilidade das trajectórias $[a_1 a_2...a_k]$, consideram-se blocos de tamanho sucessivamente maior e calcula-se

$$P_{a_0|a_1 a_2 a_3 \cdots a_k} = P(a_k a_{k-1} a_{k-2} \cdots a_1 \to a_0)$$

De forma genérica, no cálculo as probabilidades empíricas tomam-se os blocos $(a_1...a_k)$ de ordem k e utiliza-se a k – probabilidade empírica para inferir o próximo estado a_0

$$P^*(a_0|a_1 \cdots i_k) = \frac{\mu^*([a_0|a_1 \cdots i_k])}{\mu^*([a_0|a_1 \cdots a_{k-1}])} P^*(a_0|a_1 \cdots a_{k-1}) \quad (3.17)$$

Neste contexto, sabe-se que apenas as probabilidades que correspondem aos blocos $a_1...a_k$ presentes nos dados estarão disponíveis e que para grandes valores de k, muitos blocos estarão ausentes.

Dados os constrangimentos estatísticos da amostra, no caso do alfabeto de b símbolos, os resultados só são fiáveis enquanto b^k é inferior ao tamanho da amostra (n), no caso deste primeiro exemplo em que $b = 3$ e $n \approx 8000$, não há fiabilidade estatística para blocos de tamanho maior que oito ($k > 8$). Como se verá a seguir, mesmo os blocos de ordem seis e sete estão pouco representados na amostra.

Figura 3.12: O número de k–blocos possíveis e o número de k–blocos presentes.

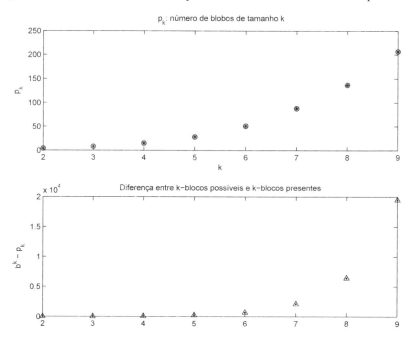

A Figura 3.12 mostra no primeiro gráfico, o número (p_k) de k – blocos presentes numa das séries codificadas, contendo aproximadamente 8000 observações ($n \approx 8000$). O segundo gráfico desta figura mostra a diferença entre o número de k – blocos possíveis e de k – blocos presentes, em função de k e para a mesma série.

Nova codificação do processo

A falta de representatividade estatística é agravada quando se decide empregar uma nova codificação do processo, desta vez utilizando um alfabeto de cinco símbolos, $\Sigma = \{0,1,2,3,4\}$, a partição $\{\frac{-\sigma}{3}, -\sigma, \sigma, \frac{\sigma}{3}\}$ e a codificação

$$\left(r(t) - \overline{r(t)}\right) > \sigma \quad \Longleftrightarrow \quad 4$$
$$\sigma \geq \left(r(t) - \overline{r(t)}\right) > \tfrac{\sigma}{3} \quad \Longleftrightarrow \quad 3$$
$$\tfrac{\sigma}{3} \geq \left(r(t) - \overline{r(t)}\right) > -\tfrac{\sigma}{3} \quad \Longleftrightarrow \quad 2 \qquad (3.18)$$
$$-\tfrac{\sigma}{3} \geq \left(r(t) - \overline{r(t)}\right) > -\sigma \quad \Longleftrightarrow \quad 1$$
$$-\sigma \geq \left(r(t) - \overline{r(t)}\right) \quad \Longleftrightarrow \quad 0$$

Embora a passagem ao alfabeto de cinco símbolos agrave a falta de representatividade estatística dos blocos de tamanho maior, esta permite uma análise mais fina da dinâmica do processo de mercado e uma consequente tentativa de melhoria da qualidade da reconstrução.

A dificuldade introduzida com a adopção do alfabeto de cinco símbolos sugere que se observe o número de $k-$ blocos presentes na amostra, apresentado na Figura 3.13.

Observa-se que, para o exemplo escolhido, a partir de $k = 5$ começa a haver um número significativo de blocos que não aparecem nos dados empíricos. Esta limitação nos dados a partir dos quais se constróem as probabilidades condicionais tem consequências importantes na reconstrução do processo.

Como se verá a seguir, quando as probabilidades condicionais são calculadas para uma amostra limtada, será mais conveniente uma abordagem de Markov alternativa onde a falta de representatividade estatística dos blocos maiores possa ser tratada de forma adequada.

A abordagem que se segue foi introduzida para análise das séries do mercado financeiro (Vilela Mendes, R. 2002), chamamo-la uma **abordagem de Markov de ordem $\leq$ k**, podendo ser descrita nos seguintes passos:

1. As probabilidades empíricas $P^*(a_0 \mid a_1 \dots a_m)$ são calculadas para os blocos de ordem $m+1$ até m_{Max}. Como já referido, apenas as probabilidades que correspondem aos blocos

$a_1...a_m$ presentes nos dados estarão disponíveis e para grandes valores de *m*, muitos blocos estarão ausentes.

2. Para as simulações com uma aproximação de ordem *k*, tomam-se os blocos $(a_1...a_k)$ de ordem *k* e utiliza-se a *k*– probabilidade empírica para inferir o próximo estado a_0. Se aquele bloco não está presente nos dados utilizados para a construção das probabilidades empíricas, então, toma-se o bloco $a_1...a_{k-1}$ de tamanho *k*– 1 e utiliza-se as probabilidades empíricas de ordem *k*– 1. Se necessário, este procedimento é repetido, voltando a considerar blocos de tamanho sucessivamente menor, até que as probabilidades empíricas sejam encontradas.

Figura 3.13: O número de blocos possíveis e presentes para o alfabeto de cinco símbolos.

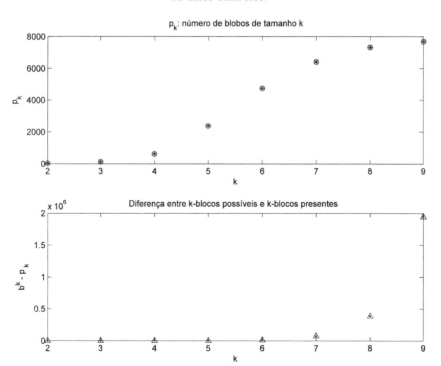

3. Para cada ordem k, o sucessor a_0 de cada bloco $(a_1...a_k)$ é comparado com a previsão de a_0^* obtida através das probabilidades condicionais correspondentes $P^*(a_0|a_1...a_k)$, sendo o erro contabilizado de acordo com a Equação 3.16.

3.5 Resultados

A Figura 3.14 mostra os resultados obtidos para as três companhias (IBM, BAYER e BMW) com o alfabeto de 3 símbolos. Nestes resultados utilizou-se a primeira metade da série para prever a segunda (o passado para prever o futuro) e de seguida o inverso. Em todos os casos apresentam-se os valores médios do erro, sendo a média obtida para 100 simulações.

Figura 3.14: O passado prevendo o futuro (o) e o futuro prevendo o passado (*), alfabeto de 3 símbolos.

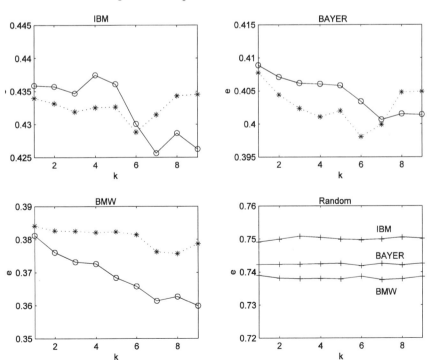

108 | Introdução à Economia Computacional

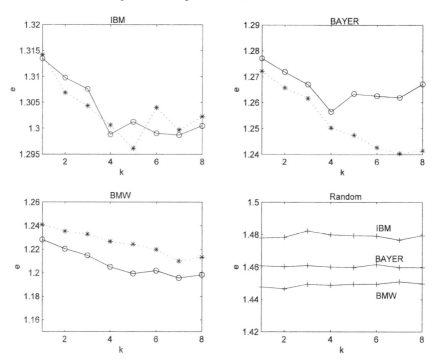

Figura 3.15: O passado prevendo o futuro (o) e o futuro prevendo o passado (*), alfabeto de 5 símbolos.

Os dois gráficos da esquerda e o gráfico superior da direita mostram os resultados obtidos com a utilização da primeira metade da amostra para prever a segunda metade, para cada uma das companhias indicadas. Os pontos marcados com (o) correspondem à utilização do passado para prever o futuro e os pontos (*) correspondem à situação inversa. Finalmente, o último gráfico mostra os mesmos resultados obtidos para uma situação na qual a_0 é gerada ao acaso.

Comparando os resultados obtidos para os alfabetos de 3 e de 5 símbolos, observa-se uma melhor previsão para o primeiro caso e sobretudo para os blocos de tamanho maior. Este resultado é interessante dado que a persistência da melhoria na previsão para os blocos maiores evidencia a presença de uma componente de memória de longo alcance.

Dos resultados apresentados até aqui, conclui-se o seguinte:
1. As previsões com recurso às probabilidades empíricas são melhores que as obtidas ao acaso (resultados da tabela 3.2).
2. Mesmo assim, as principais melhorias verificam-se para $k = 1$.
3. Depois da aplicação da abordagem de Markov $\leq k$, uma pequena mas consistente melhoria é verificada para $k = 4$ ou $k = 5$.
4. Não há melhoria significativa para blocos maiores, o que é consistente com a falta de estatística para os blocos de tamanho maior.

Em termos gerais, viu-se que os indicadores estatísticos apresentaram valores distintos no caso da turbulência e dos mercados financeiros. Em particular, o valor do expoente de escalonamento $\chi(q)$ – na relação entre as rendibilidades de n dias e o momento de ordem q – apresenta valores específicos quando calculado para os mercados.

Também se viu que a generalidade do processo constituído pelas flutuações do mercado parece ser um processo de memória curta, com uma pequena componente de longo alcance. Esta pequena componente – identificada pelos blocos de maior tamanho – revela-se, no entanto, de grande importância, estando associada aos grandes desvios do processo.

Dependendo da quantidade de dados disponíveis para a inferência das probabilidades empíricas, há um valor máximo que deve ser usado na reconstrução dos processos. Este valor (k_m) deve ser obtido através do cálculo do número de blocos possíveis $(p(k))$ para cada tamanho de amostra.

No que se refere à semelhança de comportamentos das companhias estudadas, optamos por utilizar as probabilidades empíricas obtidas do comportamento de uma companhia para prever o comportamento de outra. Em todos os casos, a melhoria na previsão está concentrada nos blocos de tamanho um ($k = 1$). Isto significa que todas as companhias se comportam de maneira semelhante no que se refere às flutuações de um dia.

Entretanto, as componentes de memória longa parecem depender de cada companhia específica. Nos casos estudados, parece não haver qualquer correlação de longo alcance entre a IBM e as outras duas companhias. O mesmo acontece quando as probabilidade empíricas da BMW e da Bayer são utilizadas para prever o comportamento da IBM. Entretanto, há alguma correlação de longo alcance entre a BMW e a Bayer, sugerindo que para as componentes de memória curta, as companhias apresentam bastante semelhança, enquanto para as componentes de memória longa, os mercados a que as companhias pertencem (neste caso o mercado alemão) podem constituir um factor a ter em conta.

3.6 Resumo do capítulo

Em Economia, o estudo de processos de base empírica, muito tem beneficiado da existência de uma extensa base de dados com o registo do comportamento dos mercados financeiros.

A partir dos dados empíricos, a caracterização de um conjunto de factos de estilo tem servido de base ao debate da ideia de falta de estrutura nos mercados financeiros, tal como esta é veiculada com a hipótese da eficiência do mercado (MEH). A eventual falta de estrutura é contrariada pela evidência empírica demonstrada nos factos estilizados.

Neste capítulo, caracterizamos alguns factos estilizados do mercado financeiro e fizemo-lo em 3 etapas: numa primeira etapa eliminamos a tendência e normalizamos os dados diários dos preços das acções de 4 companhias e de um índice do mercado americano. Na segunda etapa passámos ao cálculo dos indicadores estatísticos de nível 1 e 2, ou seja, foram calculadas as probabilidades no espaço de estados dos processos de mercado representados pelos dados empíricos de cada companhia (e do índice). Na terceira e última etapa, calculamos os indicadores de nível 3, ou seja: as probabilidades no espaço das trajectórias dos referidos processos. Estes indicadores consistiram na gramática e na medida de cada processo, fornecendo uma base para que os mesmos pudessem ser reconstruídos a partir das probabilidades empíricas.

Ao avançarmos para a reconstrução dos processos a partir das probabilidades empíricas contribuimos com mais uma evidência da presença de estrutura nos mercados. Mais do que um simples facto de estilo, uma vez identificadas a gramática e a medida dos processos, estas sustentam as reconstruções, que posteriormente e por comparação com o que se obtém a partir dos dados aleatórios, serve de evidência à existência de estrutura nos mercados. Se os processos de mercado fossem de facto eficientes não haveria diferença significativa na previsão gerada a partir de probabilidades empíricas ou de dados aleatórios.

Tendo sido estas ferramentas estatísticas originalmente desenvolvidas para o estudo da turbulência dos fluidos, vimos que as mesmas podem ser aplicadas a outros processos estocásticos. No entanto, deve-se salientar que os indicadores estatísticos apresentaram valores distintos em cada caso.

Por último, terminada a fase de interpretação e de construção teórica que consistiu na reconstrução do processo de cada companhia, é possível passar a uma proposta de reconstrução de espaços ou reconstrução geométrica do comportamento dos mercados a partir da caracterização da evolução conjunta das rendibilidades dos preços de diversas companhias.

Referência principal:

(Vilela Mendes, R. 2002) R. Vilela Mendes, T. Araújo e R. Lima, A process-reconstruction analysis of market fluctuation, Int. J. of Theoretical and Applied Finance, 797.

4.

Reconstrução de Espaços

Como referido no capítulo anterior, alguns autores, examinando as correlações estatísticas entre diversos factos económicos (alterações da produção industrial, taxa de juros, inflação, etc.) e destes com os rendimentos dos mercados, tentaram identificar indicadores económicos e factores de mercado que dum modo corrente pudessem ser usados como variáveis nas leis económicas. Porém, a identificação de tais indicadores e factores é controversa, assim como a sua base teórica.

Por outro lado, tenta-se também estabelecer leis económicas evolutivas para sectores particulares da Economia. E ainda neste caso, muitas dúvidas se levantam em relação à validade e à universalidade de tais leis; até mesmo porque a diversificação e a agregação dos grupos económicos tornam difícil uma separação clara dos agentes económicos por sectores.

Em resumo, não só as leis económicas são de difícil construção, como a própria escolha das variáveis relevantes é problemática.

Neste capítulo veremos como, passada a fase da chamada codificação ou contracção da informação – que no capítulo anterior correspondeu à *Reconstrução de Processos* – é possível passar ao trabalho de interpretação e construção teórica.

4.1 Geometria do Mercado Financeiro

No caso dos mercados, uma vez os dados organizados e ainda numa fase em que as hipóteses teóricas são mínimas, há que ver que tipo de informação estrutural se pode extrair dos dados quando se tem em conta, simultaneamente, um conjunto de companhias (ou agentes), ao invés das companhias individuais consideradas no capítulo anterior. Esta é a fase da reconstrução de espaços económicos a partir dos dados de mercado.

Alguns **factos estilizados** nos mercados financeiros dão conta da existência de dependências não-lineares entre as **rendibilidades** (*returns*) de diferentes companhias. A partir das correlações entre as flutuações das rendibilidades dos preços das acções, é possível estabelecer uma noção bem definida de distância entre as companhias e dar assim o primeiro passo para uma abordagem geométrica do mercado.

Viu-se no capítulo anterior que a identificação de correlações persistentes entre diversos instrumentos do mercado pode levar à definição de estruturas de mercado a partir dos factos estilizados com origem naquelas correlações. O propósito de descobrir no mercado uma estrutura proveniente dos dados empíricos, pode também ter início com a reconstrução geométrica do mercado.

4.1.1 *Questões principais*

Como se verá a seguir, a medida da variação das rendibilidades diárias entre cada par de companhias permite definir uma medida de distância euclidiana entre as mesmas, tendo em conta a sua evolução temporal simultânea. Uma vez estabelecida uma métrica, é então possível reconstruir um espaço geométrico onde cada uma das x companhias é representada por um ponto, ou seja, por um conjunto de coordenadas em $x-1$ dimensões.

Neste contexto, pergunta-se:

1. Qual é o número mínimo de dimensões da variedade geométrica capaz de representar todas as empresas consideradas?
2. Terá esta variedade geométrica uma forma característica?
3. Existirão modificações na forma quando da aproximação de uma crise do mercado?
4. As modificações estarão orientadas pelos sectores aos quais pertencem as companhias?
5. Podem as **abordagens de rede** contribuir significativamente para a compreensão da natureza das crises?

E as questões suscitadas nesta última etapa:

5.1 Como passar de uma **rede completa** de mercado para uma **rede esparsa**?

5.2 Quais são os **coeficientes topológicos** mais convenientes para caracterizar a dinâmica do mercado?

5.3 O que é que revelam os **coeficientes de agregação** (de *clustering*) e de **residualidade** ao longo do tempo?

5.4 Como é que estas medidas se comportam durante as crises?

Estas últimas questões são também abordadas neste capítulo embora a sua discussão requeira a utilização de conceitos específicos, cujo tratamento é apresentado em pormenor nos capítulos sobre Redes (Capítulos 5 e 6).

Os Dados

Aplica-se o método proposto à reconstrução do espaço de mercado utilizando, em cada caso, os seguintes conjuntos de dados diários[10]:

- 34 companhias participantes do índice Dow Jones ao longo de 10 anos

---

[10] Dados disponíveis em http://label2.ist.utl.pt/Cotacoes/index.

- 70 companhias participantes do índice S&P500 ao longo de 10 anos
- 249 companhias participantes do índice S&P500 ao longo de 30 anos
- 253 companhias participantes do índice S&P500 ao longo de 35 anos
- 424 companhias participantes do índice S&P500 ao longo de 10 anos

4.2 O método

De volta à ideia de que não só as leis económicas são de difícil construção, como a própria escolha das variáveis relevantes é problemática; o nosso ponto de vista é que deve ser possível, extrair dos dados propriamente ditos, senão as variáveis económicas, pelo menos as <u>relações geométricas</u> entre elas.

O método pode ser resumido nos seguintes termos:

- Consideram-se as séries temporais com os dados diários das rendibilidades de um conjunto de companhias do mercado.
- A partir das rendibilidades e utilizando uma métrica apropriada, calculam-se as distâncias entre as companhias.

O problema fica então reduzido a um problema de embebimento, onde se pergunta: dado um conjunto de distâncias entre pontos, qual é *a menor variedade geométrica* que contém todos os pontos?

4.2.1 *A métrica*

Mantegna e Stanley (Mantegna, R. 2000) consideraram as rendibilidades de diferentes companhias

$$r(t,n)=\log p(t + n) - \log p(t) \tag{4.1}$$

e propuseram uma medida de distância a partir dos coeficientes de correlação entre as rendibilidades de cada par de companhias. Esta medida permite calcular a distância

$$d_{kl} = \sqrt{2(1 - C_{kl})} \tag{4.2}$$

entre as companhias tendo em conta a sua evolução temporal simultânea, medida pelo coeficiente de correlação entre ambas (C_{kl}).

Nas aplicações aqui apresentadas e tal como na generalidade do capítulo anterior, utilizamos sempre as rendibilidades de um dia ($n = 1$), passando por isto a designa-las apenas por $r(t)$.

Vale a pena notar que, qualquer que seja o valor de n na Eq.(4.1), a evolução temporal de cada companhia (k) pode ser representada num vector $\vec{r}(k)$, de comprimento n, que corresponde ao número de observações no tempo.

4.2.2 Os passos do método

O método é constituído pelos seguintes passos:
1. A partir dos vectores $\vec{r}(k)$, define-se um novo vector

$$\vec{\rho}(k) = \frac{\vec{r}(k) - \langle \vec{r}(k) \rangle}{\sqrt{n \left(\langle \vec{r}^2(k) \rangle - \langle \vec{r}(k) \rangle^2 \right)}} \tag{4.3}$$

onde n corresponde ao tamanho dos vetores $\vec{r}(k)$.
2. Com os vetores $\vec{\rho}$ define-se a *distância* entre as companhias k e l

$$d_{kl} = \| \vec{\rho}(k) - \vec{\rho}(l) \| = \sqrt{2(1 - C_{kl})} \tag{4.4}$$

C_{kl} sendo o coeficiente de correlação entre as rendibilidades

$$C_{kl} = \frac{\langle \vec{r}(k)\,\vec{r}(l)\rangle - \langle \vec{r}(k)\rangle\,\langle \vec{r}(l)\rangle}{\sqrt{\left(\langle \vec{r}^{\,2}(k)\rangle - \langle \vec{r}(k)\rangle^2\right)\left(\langle \vec{r}^{\,2}(l)\rangle - \langle \vec{r}(l)\rangle^2\right)}} \qquad (4.5)$$

3. A partir da matriz de distâncias entre as N companhias, calculam-se as coordenadas de cada companhia num espaço euclidiano de dimensão $N\text{-}1$. Sendo as coordenadas do vector $\vec{x_k}$ em R_{N-1} dadas por:

$$\overleftarrow{x_1} = \{0\}$$

$$\overleftarrow{x_2} = \{d_{1,2},0\}$$

$$\overleftarrow{x_3} = \{\frac{d_{1,3}^2 + x_{2,1}^2 - d_{2,3}^2}{2x_{2,1}}, \sqrt{d_{1,3}^2 - x_{3,1}^2},0\}$$

$$\overleftarrow{x_4} = \{\frac{d_{1,4}^2 + x_{2,1}^2 - d_{2,4}^2}{2x_{2,1}}, \frac{d_{2,4}^2 + x_{3,2}^2 - d_{3,4}^2 + (x_{4,1} - x_{3,1}^2) - (x_{4,1} - x_{2,1}^2)}{2x_{3,2}}, \sqrt{d_{1,4}^2 - x_{4,1}^2 - x_{4,2}^2},0\}$$

$$\overleftarrow{x_5} = \{\frac{d_{1,5}^2 + x_{2,1}^2 - d_{2,5}^2}{2x_{2,1}}, \frac{d_{2,5}^2 + x_{3,2}^2 - d_{3,5}^2 + (x_{5,1} - x_{3,1}^2) - (x_{5,1} - x_{2,1}^2)}{2x_{3,2}}, ..., \sqrt{d_{1,5}^2 - x_{5,1}^2 - x_{5,2}^2}$$

...

Generalizando, quando $i > 2$ e $j > i\text{-}1$, a coordenada $x_i(j)$ é dada por:

$$x_i(j) = \frac{d_{i,j}^2 + x_{j+1,j}^2 - d_{i,j+1}^2 + \Sigma_{z=1}^{j-1}(x_i(z) - x_{j+1}^2(z)) - \Sigma_{z=1}^{j-1}(x_i(z) - x_j^2(z))}{2x_{j+1,j}}$$

No caso em que $j = i\text{-}1$

$$x_i(j) = x_i(i-1) = \sqrt{d_{i,1}^2 - \Sigma_1^{i-2}(x_{i,j}^2)}$$

4. Aos pontos com coordenadas assim calculadas associam-se pesos (ou massas) $\{m_i\}$ utilizando para tal os valores

da **capitalização** de cada companhia. O **centro de massa** $\vec{R}$ é calculado,

$$\vec{R} = \frac{\sum_k m_k \, \vec{x}(k)}{\sum_k m_k} \qquad (4.6)$$

e as coordenadas reduzidas ao centro de massa

$$\vec{y}(k) = \vec{x}(k) - \vec{R} \qquad (4.7)$$

5. Calcula-se então a matriz T

$$T_{ij} = \sum_k m_k y_i(k) y_j(k) \qquad (4.8)$$

que é diagonalizada, sendo $\{\lambda_i, \vec{e}_i\}$ os valores e os vetores próprios correspondentes. Os vectores próprios $\vec{e}_i$ definem as direcções características, sendo as coordenadas de cada companhia em cada direcção, obtidas pela projecção

$$z_i(k) = \vec{y}(k) \bullet \vec{e}_i \qquad (4.9)$$

6. Os mesmos passos são aplicados a um conjunto de dados não correlacionados, obtidos por permutação dos dados originais ou por geração de dados aleatórios com a mesma média e variância dos dados originais.
7. Os valores próprios obtidos em (6) são então comparados com os calculados em (5). As direcções para as quais os valores próprios são significativamente diferentes são identificadas como as **direcções efectivas** do espaço de mercado.

O número de valores próprios resultantes do passo (7) é identificado como a **dimensão efectiva** deste espaço de mercado.

120 | Introdução à Economia Computacional

Nesta nossa análise do mercado, os dados empíricos constituem a base do modelo, sendo a estrutura resultante da aplicação do mesmo independente de qualquer outra característica.

4.2.3 A Dimensão efectiva e a contrução de Portfólios

Nos modelos de optimização de portfólios, é habitual distinguir-se entre a contribuição sistemática e a contribuição não sistemática (específica) para o cálculo do risco associado ao portfólio. A primeira está associada às correlações entre as companhias consideradas no portfólio, enquanto a segunda está associada às variâncias individuais das rendibilidades de cada companhia.

Com o nosso modelo, vimos que parte das contribuições provenientes das correlações é indistinguível dos dados aleatórios. Assim sendo, a estrutura do mercado está contida num subespaço de apenas d dimensões. Tal facto sugere juntar à definição da noção de dimensão efectiva do mercado a de co-variância sistemática.

Chamamos $\vec{z}(k)^{(d)}$ a restrição das k companhias ao sub-espaço V_d e $d_{kl}^{(d)}$ as distâncias restrictas a este sub-espaço. Assim, usando a Equação 4.10 pode-se definir a noção de **co-variância sistemática**

$$\sigma_{kl}^{(d)} = \mu_k \sqrt{\sigma_{kk} - \overline{r}_k^2} \mu_l \sqrt{\sigma_{ll} - \overline{r}_l^2} \left(1 - \frac{1}{2} \left(d_{kl}^{(d)} \right)^2 \right) \qquad (4.10)$$

onde $\mu_k = |\vec{z}(k)^{(d)}| / |\vec{z}(k)|$, $\overline{r}_k = \langle \vec{r}(k) \rangle$ e $\sigma_{kk} = \langle \vec{r}(k) \vec{r}(k) \rangle$.

Na optimização de um portfólio (p) constituído por diferentes quantidades das rendibilidades ($r(k)$) de cada stock, a rendibilidade do portfólio corresponde a

$$r_p = \sum_k W_k r(k) \qquad (4.11)$$

e a função a ser minimizada será

$$\sum_{k \neq l} \sigma_{kl}^{(d)} W_k W_l + \sum_k \sigma_{kk} W_k^2 \qquad (4.12)$$

idêntica a do **problema clássico de Markowitz**, mas com co-variância sistemática restricta ao sub-espaço V_d.

Esta análise também pode sustentar a escolha do número de termos na construção de um modelo de factores, sendo agora os factores determinados pelo número de dimensões efectivas do espaço de mercado[11].

4.3 Os primeiros exemplos

Neste primeiro exemplo, consideramos as seguintes 34 grandes companhias presentes no índice *Dow Jones Industrial Average* (DJIA) entre os anos de 1990 e 2000:

Alcoa (AA), Honeywell (HON), American Express (AXP), AT&T (T), Boeing (BA), Caterpillar (CAT), Chevron (CHV), Coca-Cola (KO), Dupont Nemours (DD), Eastman Kodak (EK), Exxon (XON), General Electric (GE), Goodyear (GT), IBM (IBM), International Paper (IP), McDonalds (MCD), Merck (MRK), Minnesota Mining (MMM), General Motors (GM), Philip Morris (MO), Procter & Gamble (PG), Sears (S), Texaco (TX), United Technologies (UTX), Citigroup (C), Hewlett-Packard (HWP), Home Depot (HD), Intel (INTC), J. P. Morgan Chase (JPM), Johnson & Johnson (JNJ), Microsoft (MSFT), SBC Communications (SBC), Wal-Mart (WMT) e Walt Disney (DIS).

Estas serão referidas pelos seus *tick symbols* enquanto utilizamos dados diários no período que vai de Setembro de 1990 até Agosto de 2000. Utilizando este conjunto de dados para definir

---

[11] O trabalho apresentado na referência (Vilela Mendes, R. 2003) aplica o conceito de dimensão efectiva à construção de um portfólio.

os vectores $\vec{\rho}(k)$ associados a cada companhia, o método foi aplicado aos dados reais, a dados permutados no tempo e a dados gerados ao acaso com a mesma média e variância dos dados reais. Em todos os casos, os cálculos foram feitos com e sem ponderação com as capitalizações (m_k) das companhias. A distribuição ordenada dos valores próprios (λ_i) é apresentada na Figura 4.1.

Figura 4.1: Os valores próprios calculados para os dados reais, para dados reais permutados no tempo e para dados aleatórios. Resultados com (*) e sem (o) ponderação com a capitalização de cada stock. Amostra de 34 stocks ($N = 34$) do índice Dow Jones, série de aproximadamente 2500 observações ($n \approx 2500$), de Setembro de 1990 a Agosto de 2000.

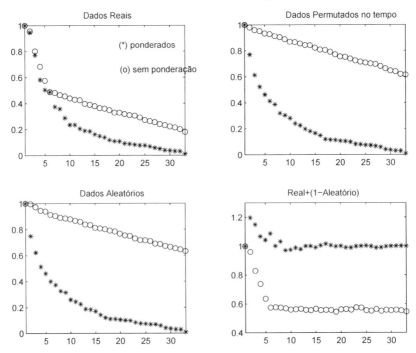

Figura 4.2: Projecção dos stocks ao longo das primeiras 4 dimensões, $N = 34$ e $n \approx 2500$.

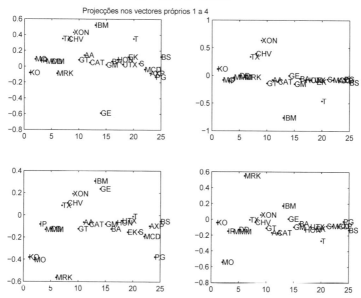

Figura 4.3: Projecção dos stocks ao longo das dimensões 5 a 8, $N = 34$ e $n \approx 2500$.

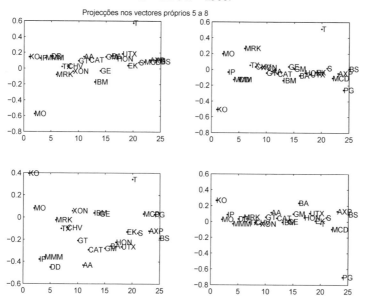

Figura 4.4: Os sub-espaços correspondentes a 3 períodos cronologicamente sucessivos, $N = 34$ e $n \approx 830$. em cada sub-espaço.

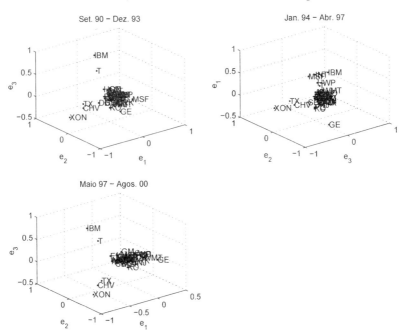

Observando o decaimento dos valores próprios, nota-se que a estrutura (sistemática) do mercado fica contida nas primeiras cinco dimensões. Ou seja, as cinco dimensões descrevem a estrutura da parte determinista das correlações, enquanto o restante das dimensões pode ser considerado como sendo gerado por flutuações aleatórias.

Nesse mercado, aquelas cinco dimensões definem as variáveis económicas *empiricamente construídas*.

Para dar uma ideia qualitativa da estrutura das dimensões características, as Figura 4.2 e 4.3 apresentam as projecções das companhias ao longo das direcções associadas aos primeiros oito vectores próprios. No eixo das abcissas, as companhias estão ordenadas de acordo com o *standard industrial code* de cada uma.

Observa-se que algumas companhias pertencentes a um mesmo sector (como por exemplo as petrolíferas) têm projecções semelhantes nas primeiras dimensões. Entretanto, o papel dos sectores em cada uma das direcções principais não parece ser relevante. É importante salientar que ter projecções semelhantes numa mesma dimensão efectiva não implica uma relação de proximidade entre companhias. Algumas anti-correlações interessantes podem ser observadas nas Figura 4.2 e 4.3. Este aspecto deve ser considerado na construção de portfólios, uma vez que a diversificação pretendida nestes contextos é alcançada com a escolha de stocks nada ou pouco correlacionados.

A fim de testar a estabilidade da estrutura obtida a partir dos dados empíricos, dividimos os dados em três partes cronologicamente sucessivas, cada uma delas correspondendo portanto à aplicação do modelo a aproximadamente 800 observações ($n \approx 800$). Na Figura 4.4 apresentam-se os sub-espaços nas três primeiras dimensões.

Observa-se que o comportamento das distribuições dos vectores próprios é semelhante. Excluindo algumas pequenas flutuações estatísticas, os espaços reconstruídos mostram um razoável grau de estabilidade. A ordem dos valores próprios é alterada no tempo mas a sua distribuição, em geral, permanece a mesma. A alteração na ordem dos valores próprios pode estar associada à importância de alguns grupos de companhias em diferentes períodos de recessão ou de expansão.

É também de notar a relativa estabilidade das projecções de cada companhia ao longo das dimensões. É como se a dimensão efectiva do espaço se mantivesse inalterada mas com um *efeito de pulsação* na forma do elipsóide.

Nestas representações a três dimensões e mesmo para o caso de apenas 34 stocks, já se observa alguma influência do sector de actividade de cada companhia na sua localização espacial. Na Figura 4.4 e em qualquer dos três períodos, vê-se que as companhias petrolíferas: Exxon Mobil, Texaco e Chevrolet (XON, TX e CHV) encontram-se próximas umas das outras e afastadas das restantes companhias. O papel dos sectores aos quais as companhias pertencem será discutido mais adiante e a partir de um conjunto de stocks com mais de 400 elementos.

Para testar a dependência da dimensão efectiva em relação ao número de companhias, adicionamos ao conjunto inicial mais trinta e seis elementos, presentes no índice S&P500 também entre 1990 e 2000, nomeadamente:

ABT, MHP, MEL, NYT, NKE, OXY, PEP, PFE, PHA, CBE, ADBE, APA, ASH, AAPL, BAC, BK, BAX, BDK, CL, XRX, DCN, DAL, DG, SYY, F, G, HAL, EOG, HLT, RBK, SGP, SLB, UNP, UIS, WHR, GDW.

A aplicação do método ao conjunto de 70 companhias deu origem ao aumento do número da dimensão efectiva, passando esta de 5 para 6. Vale a pena notar este interessante aumento de apenas uma dimensão quando dobramos o número de companhias. Nos próximos exemplos, explorar-se-á a reconstrução de espaços de mercado com conjuntos sucessivamente maiores de elementos e usando diferentes janelas temporais.

4.4 Novos exemplos

Passamos agora a aplicar o método proposto ao mercado do S&P500 e utilizando até 30 anos de dados diários.

As Figuras 4.5 e 4.6 mostram o decaimento dos valores próprios para os espaços resconstruídos a partir de:

- 249 companhias e com uma janela temporal de 30 anos ($N = 249$ e $n \approx 7500$)
- 253 companhias e com uma janela temporal de 20 anos ($N = 253$ e $n \approx 5000$)
- 424 companhias e com uma janela temporal de 10 anos ($N = 424$ e $n \approx 2500$)

Figura 4.5: Os primeiros 25 valores próprios para o caso de 249 stocks ($N = 249$) e com uma janela temporal de aproximadamente 7500 dias ($n \approx 7500$).

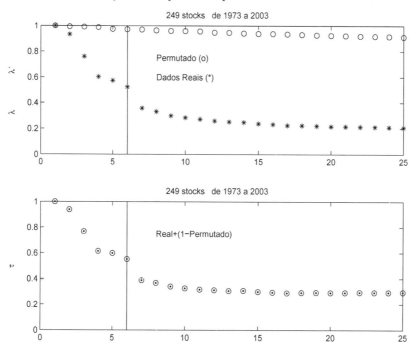

Tal como no exemplo anterior, verifica-se nestes novos casos que parte da contribuição proveniente das correlações entre as companhias é indistinguível daquela que pode ser obtida a partir de dados aleatórios ou dos dados originais depois de permutados no tempo, ou seja, depois de anulado o mecanismo responsável pelas correlações.

Observa-se ainda que, de acordo com o decaimento dos valores próprios, a parte correspondente à informação sistemática presente nas correlações entre as rendibilidades das companhias corresponde a uma estrutura geométrica bem definida e cuja representação, em todos os novos casos, cabe em apenas seis dimensões.

Assim sendo, e ainda que ao passar-se de 34 para 70 companhias tenha havido o acréscimo de uma dimensão efectiva no espaço de mercado, a aplicação do método a conjuntos sucessivamente maiores indica que não são necessárias mais dimensões para representar a variedade geométrica gerada a partir dos dados de até 424 companhias.

Respondida a primeira das questões principais, prosseguimos com a consideração de eventuais modificações na forma do espaço de mercado.

Figura 4.6: Os primeiros 30 valores próprios para os casos em que $N = 253$ ou $N = 424$ stocks, com $n \approx 5000$ e $n \approx 2500$, respectivamente.

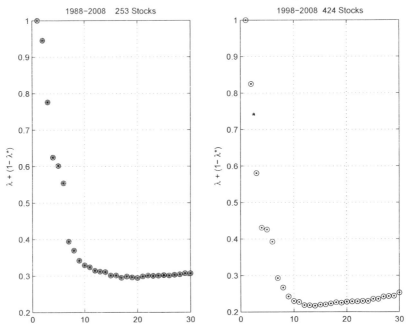

4.4.1 Caracterização da forma

Ao tentarmos identificar a existência de uma forma característica dos espaços de mercado, observamos que, ao contrário do que é obtido a partir de dados permutados no tempo (ou gerados aleatoriamente), a forma dos elipsóides que representam o espaços de mercado da Figura 4.4, construídos para 3 períodos de aproximadamente 3 anos cada um, pouco se assemelha à de uma esfera, apresentando proemiências, as quais são mais acentuadas nalgumas direcções principais.

O mesmo pode ser observado no elipsóide da Figura 4.7, que resultou da reconstrução do espaço de mercado a partir dos dados de 424 companhias do S&P500 e com uma janela temporal de 10 anos ($n \approx 2500$).

Figura 4.7: O espaço de mercado do S&P500 (com $N = 424$ e $n \approx 2500$) representado nas primeiras 3 dimensões (no sentido dos ponteiros do relógio, os eixos correspondem ao primeiro λ_1, ao segundo λ_2 e ao terceiro λ_3 vector próprio, respectivamente).

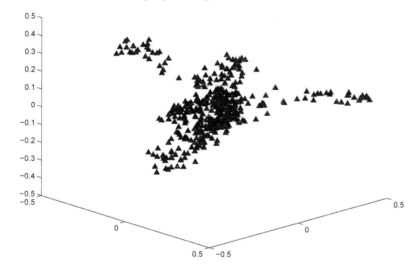

Outros exemplos podem ser observados na Figura 4.8 onde foram utilizadas na reconstrução de cada sub-espaço séries com o registo de apenas um ano de observações ($n \approx 250$).

Nota-se na Figura 4.8 que a forma dos elipsóides correspondentes aos anos mais críticos (2001 e 2007) encontra-se ainda mais afastada da forma esférica – característica dos espaços gerados a partir de dados aleatórios – ao contrário do que acontece quando os dados correspondem a um ano de comportamento usual, como 1992.

Na Figura 4.8, a utilização de apenas um ano ($n \approx 250$) de observações tem por objectivo dar início à procura de uma eventual relação entre a <u>forma</u> do elipsóide e a <u>ocorrência de crises</u> no mercado durante o tempo de observação.

Figura 4.8: O espaço de mercado (com N=253) representado a 3 dimensões e reconstruído a partir de janelas temporais de apenas um ano ($n \approx 250$), para um caso aleatório e para os anos de 1992, 2001 e 2007.

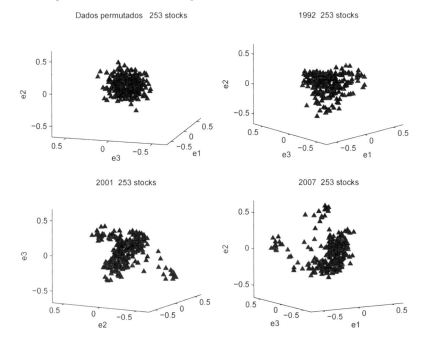

Já vimos que na representação a 3 dimensões das 34 companhias do índice Dow Jones (o primeiro exemplo) foi possível identificar alguma proximidade entre companhias pertencentes ao mesmo sector de actividade. Resta verificar se outras características, desta vez associadas à cronologia dos mercados, podem influenciar as posições das companhias nos espaços de mercado.

Deste variado conjunto de exemplos é notório o aparecimento de proeminências nalgumas das primeiras 3 dimensões sempre que o espaço de mercado é reconstruído a partir de anos turbulentos. A forma dos espaços de mercado parece portanto depender das características do intervalo temporal considerado na reconstrução do elipsóise.

Nova escala para a janela temporal

O propósito de prosseguir na procura de uma possível modificação da forma do elipsóide que representa o espaço de mercado sugere uma redução bastante mais acentuada (uma mudança de escala) no tamanho da janela temporal utilizada na construção dos espaços.

Figura 4.9: Os primeiros seis valores próprios calculados em diferentes datas e comparados com os correspondentes valores obtidos a partir de dados permutados no tempo, para o caso com 249 stocks ($N = 249$) e sempre com uma janela temporal de 16 dias ($n = 16$).

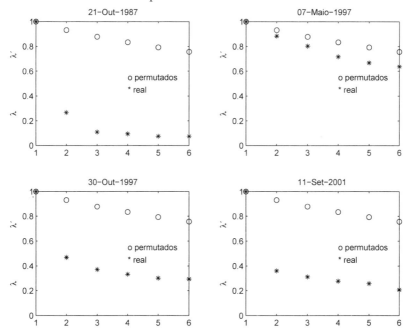

Na história dos mercados financeiros, a ocorrência de eventos importantes (crises) está, em geral, associada a uma data específica e delimitada por um número de dias reduzido. Assim sendo, convém reduzir a janela utilizada na reconstrução do espaço a fim de permitir que corresponda a um intervalo temporal bem mais restrito do que nos exemplos anteriores.

Para tal, a reconstrução de espaços de mercado passa a ser feita para cada dia do intervalo temporal e com uma janela (móvel) que abrange os quinze dias seguintes ao primeiro dia da janela ($n = 16$). A decisão sobre o valor de n resultou da ponderação de dois factores: por um lado, uma janela demasiado pequena implicaria na perda da qualidade estatística dos resultados (muitas flutuações); por outro lado, o alargamento da janela implicaria na consideração de intervalos temporais difícies de fazer corresponder a uma única crise ou de evitar a diluição dos efeitos da crise pelos dias de comportamento usual.

Os gráficos apresentados na Figura 4.9 mostram o comportamento dos valores próprios no caso com 249 stocks e uma janela temporal de 16 dias. Observa-se que, nos períodos de comportamento habitual (como em Maio de 1997), o decaimento dos valores próprios pouco difere do caso aleatório. No entanto, os seis primeiros valores próprios comportam-se de forma bastante diferenciada do aleatório nos períodos de crise, como aconteceu nos meses de Outubro de 1987 e de 1997 e em Setembro de 2001.

Para quantificar as modificações deste tipo, recorremos à definição de um **índice de estrutura**, cujo valor apresentará, nos períodos de crise, grandes alterações em relação ao que se passa nos períodos de comportamento habitual. Este índice consiste numa adaptação do Índice de Estrutura apresentado no Capítulo 2 em Invariantes Ergódicos.

Um índice de estrutura

Uma vez que os primeiros seis valores próprios definem a dimensão efectiva do espaço de mercado, calcula-se S como

4. Reconstrução de Espaços | 133

$$S_t = \Sigma_{i=1}^{6}(\frac{\lambda_t'(i)}{\lambda_t(i)}-1) \quad (4.13)$$

onde $\lambda_t(1),\lambda_t(2),...,\lambda_t(6)$ são os maiores valores próprios obtidos a partir dos dados reais e $\lambda_t'(1),\lambda_t'(2),...,\lambda_t'(6)$ são os maiores valores próprios obtidos a partir dos dados permutados no tempo. No cálculo de S, tanto λ_t como λ_t' são obtidos com o mesmo intervalo temporal e para o mesmo número de companhias.

Figura 4.10: O índice S aplicado aos primeiros 30 anos, para o caso com 249 stocks (N = 249) e sempre com uma janela temporal móvel de 16 dias (n = 16).

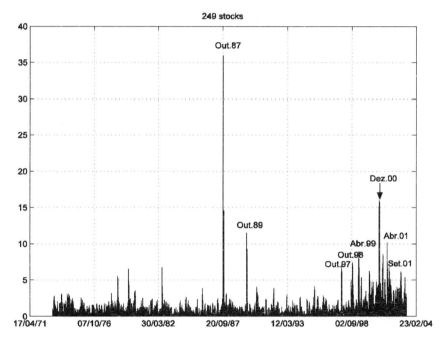

Figura 4.11: O índice S aplicado a 20 anos, para o caso com 253 stocks (N = 253) e com uma janela temporal de 16 dias (n = 16).

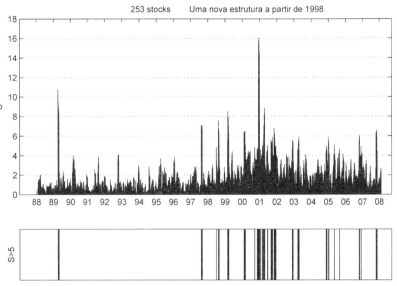

Com este índice de estrutura (S) pretendemos quantificar a diferença entre os valores próprios associados às dimensões efectivas do espaço de mercado e os mesmos obtidos para o caso aleatório. A ideia é que os primeiros representam a dinâmica colectiva do sistema, enquanto os últimos representam a contribuição da componente não correlacionada do sistema, ou seja, das dinâmicas individuais.

Embora a dinâmica da criação de estruturas seja habitualmente quantificada através de outros indicadores (como os **expoentes de Lyapunov**, por exemplo), pretende-se com o índice S capturar as alterações dinâmicas associadas às direcções principais (ou dimensões efectivas) do objecto geométrico gerado a partir das correlações entre as flutuações simultâneas das companhias.

As modificações no valor de S quando da aproximação de uma crise permitiram identificar, numa primeira abordagem, oito eventos reconhecidamente críticos na cronologia do comportamento do mercado financeiro. Estes eventos encontram-se assinalados na Figura 4.10.

1. Outubro 1987, *Black Monday*
2. Outubro 1989, Crise nos EEUU
3. Outubro 1997, Crise Asiática
4. Outubro 1998, Crise Russa
5. Abril 1999, Crise Japonesa
6. Dezembro 2000/Janeiro 2001, Crise Argentina e Turca
7. Abril 2001, Início de uma recessão mundial
8. Setembro 2001, Ataque às torres gémeas.

Mais adiante, utilizando 20 anos de dados diários (de 1988 a 2008), uma janela temporal de 16 dias e um conjunto de 424 companhias, foi possível caracterizar a ocorrência de outras quatro crises:

1. Abril 2000, Crise do NASDAQ
2. Julho 2003, Insavão do Iraque
3. Agosto 2007, Crise do *Subprime-1*
4. Janeiro 2008, Crise do *Subprime-2*

Porém, nesta fase, o mais importante foi a observação da ocorrência de uma <u>mudança da estrutura</u> do mercado, que é bem visível na Figura 4.11. A parte inferior da figura mostra os dias em que o valor de S ultrapassou as cinco unidades, dando uma indicação da frequência aumentada de um valor elevado deste indicador a partir de 1998-99.

É notória a ocorrência de uma acentuada mudança na estrutura do espaço de mercado a partir de 1998-99. Desde o início da nova década e até as recentes crises do *subprime* (em 2007 e 2008), o valor do índice S mantém-se permanentemente elevado, indicando que a nova forma do mercado é uma característica que deixa de estar associada apenas a curtos períodos de crise para passar a ser <u>a estrutura dominante</u> desde o final da última década.

Uma vez efectuada a <u>reconstrução geométrica</u> dos espaços de mercado, deve então ser possível passar a uma <u>descrição topológica</u> destes mesmos espaços. Esta permitirá encontrar os

136 | Introdução à Economia Computacional

coeficientes de rede mais convenientes para caracterizar a dinâmica do mercado, e em particual, os períodos de crise.

4.5 Redes de mercado

Depois da análise das direcções dominantes ter permitido extrair a estrutura motivada pelos dados empíricos, discute-se a possibilidade (e o interesse) de definir coeficientes topológicos para esta estrutura. A questão fundamental recai então sobre a possibilidade de encontrar indicadores topológicos que reflictam ou capturem a dinâmica dos espaços de mercado em diferentes períodos de tempo.

O principal problema resulta do facto do espaço de mercado consistir numa estrutura onde todas as companhias estão ligadas entre si, o que dá origem a uma **rede completa**, eliminando assim o interesse na aplicação dos habituais coeficientes topológicos.

Nesta etapa, uma das possibilidades de passar a uma análise de rede do mercado com interesse topológico, consiste em definir um valor limite (limiar) para as distâncias entre as companhias e de o aplicar ao conjunto de todas as distâncias, de forma a eliminar parte das ligações existentes e passar a uma **rede esparsa**.

No entanto, a opção por este procedimento implica a perda de informação relevante, dado que passam a estar excluídas as ligações entre as companhias que distam entre si de um valor superior ao do limiar utilizado. Mesmo tendo em conta que o referido limiar pode ser definido endogenamente não se deixa por isso de evitar a exclusão de uma considerável parte da informação.

A fim de evitar a perda de informação resultante do processo acima referido, a nossa primeira abordagem das redes de mercado consiste na proposta de uma medida do **coeficiente de agregação contínuo** do espaço de mercado. Para tal, define-se o **alcance da vizinhança** (V_{ij}) entre cada par de nodos e o coeficiente de agregação contínuo

$$C = \frac{1}{N(N-1)(N-2)} \sum_{i \neq j \neq k} V_{ij} V_{jk} V_{ik} \qquad (4.14)$$

onde $d_{i,j}$ é a distância entre i e j e $\overline{d}$ a distância média.
A função

$$V_{ij} = \exp\left(-\frac{d_{i,j}}{\overline{d}}\right) \qquad (4.15)$$

representa o alcance de vizinhança entre as companhias i e j.

Figura 4.12: O coeficiente de *clustering* e a volatilidade ao longo de 20 anos com $N = 70$ e $n = 5$.

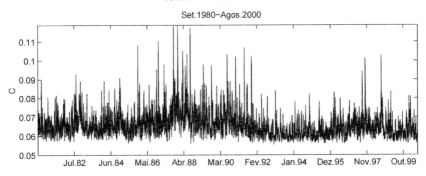

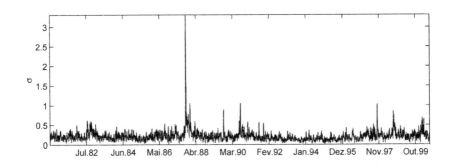

Figura 4.13: O coeficiente de *clustering* e a volatilidade ao longo de 30 anos com $N = 249$ e $n = 5$.

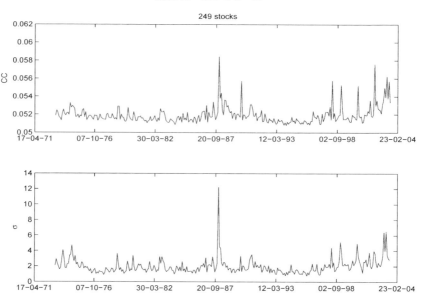

O coeficiente de *clustering* assim definido permite considerar todas as ligações do espaço de mercado, o que, numa rede completa, deixa capturar informação máxima acerca do processo de sincronização entre as companhias. Fica assim definida uma primeira rede de mercado onde a observação de coeficientes topológicos permitirá identificar alguns fenómenos relevantes, como se verá a seguir.

A Figura 4.12 mostra o resultado do cálculo do coeficiente de *clustering* contínuo para 70 companhias presentes no S&P500 durante 1980 e 2000. Já o resultado apresentado na Figura 4.13 tem em conta os trinta anos de dados empíricos para as 249 companhias constituintes do S&P500. Em ambos os casos foram utilizadas janelas de cinco dias para o cálculo das correlações. Verifica-se que, em ambas as figuras, o coeficiente de agregação contínuo apresenta valores bastante diferenciados, dependendo da ocorrência de períodos de recessão ou de expansão da economia.

Com o propósito de avaliar a relevância do comportamento do coeficiente de agregação contínuo nesta rede de mercado, recorre-se à comparação com a medida da **volatilidade das rendibilidades** (σ) do mesmo mercado financeiro ao longo do mesmo período de tempo, para o qual se calculou aquele coeficiente. Como é sabido, a volatilidade das rendibilidades, dada pelo desvio padrão médio das rendibilidades das companhias, consiste num bom indicador do comportamento dos mercados, permitindo identificar períodos de crise ou de expansão económica associados às flutuações dos preços das acções.

É sobejamente conhecida a crise de Outubro de 1987, a chamada *Black Monday*, à qual corresponde o valor mais elevado obtido para o coeficiente de agregação da rede do S&P500, ao longo dos trinta anos analisados. Seguem-no, por ordem decrescente, os valores obtidos na semana a seguir ao 11 de Setembro de 2001, para o período da crise Asiática (Outubro de 1997), para a crise Russa (Outubro 1998) e para a crise do mercado americano de Outubro de 1989, quando o mesmo caiu quase 7% num único dia (13 de Outubro de 1989).

O período correspondente à invasão do Iraque também assinala valores elevados para o coeficiente de *clustering* contínuo, que se mantém sempre mais elevado do que o habitual em todo o período pós Setembro de 2001.

Em Outubro de 1987, a volatilidade apresenta os valores mais elevados desde sempre observados, havendo também, nos restantes períodos acima referidos, uma razoável correspondência entre a subida da volatilidade e uma alteração equivalente no valor do coeficiente de agregação. No entanto, é possível observar períodos em que as modificações no valor do coeficiente de agregação não são correspondidas no comportamento da volatilidade: o período a seguir ao 11 de Setembro de 2001 parece consistir num exemplo desta situação.

A interpretação económica dos resultados revelados pelo coeficiente de agregação diz que os agentes económicos em períodos de crise tendem a comportar-se de forma mais uniforme (mais

140 | Introdução à Economia Computacional

gregária), evitando atitudes atípicas e que fujam às características do comportamento geral (colectivo). Este facto é reflectido no comportamento das flutuações dos preços do mercado.

O comportamento gregário é característico dos períodos de crise ou de retracção, levando a um mecanismo de redução da liberdade individual dos agentes financeiros e à consequente sincronização de comportamentos dos preços das acções. Os períodos de expansão económica serão, pelo contrário, caracterizados por uma expansão no espaço do mercado, que por sua vez é o reflexo de um comportamento mais autónomo dos agentes económicos, vindo este a reflectir-se no preço e nas rendibilidades das acções das companhias.

4.5.1 *Topologia do mercado*

Nesta secção explora-se a passagem de uma rede completa para uma rede esparsa, por via da escolha de um valor limite para filtro das distâncias ($d_{i,j}$) entre as companhias, ainda que esta possa incorrer nalguma perda de informação.

Como já se referiu, para filtrar a matriz de distâncias, de forma a obter uma rede esparsa a partir da rede completa, o valor do limiar mais indicado corresponde àquele que pode ser endogenamente estabelecido, ou seja, o valor da maior distância empregue na construção da *minimal spanning tree* (MST).

Escolha do limiar

Sobre a matriz de distâncias entre as companhias, aplica-se um processo de agregação hierárquica – *hierarchical clustering process* – para construir a rede com o menor número de ligações – *minimal spanning tree* (MST) – necessárias à conecção das companhias. Este processo permite, como se sabe, criar uma **rede conexa** por construção e conhecer o valor da última (a maior) distância utilizada na definição da nova rede (Ver Capítulo 6, secção 6.5.1).

Como o recurso à esta distância limiar (aqui designada L_D) permite obter uma rede conexa, garantem-se as condições necessárias ao posterior cálculo de outros indicadores topológicos, como o **coeficiente de agregação** e o **caminho médio mais curto** (ou *characteristic path length*).

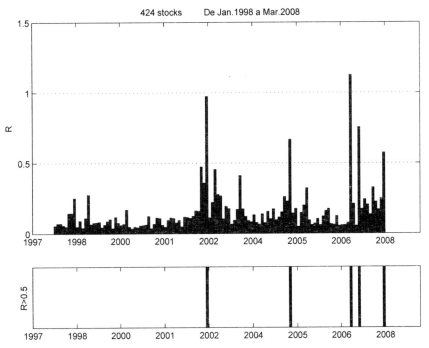

Figura 4.14: O índice R calculado para 424 stocks ($N = 424$) e com uma janela temporal de 16 dias ($n = 16$).

Uma vez calculado o valor da distância limiar, o grafo B_D é então definido da seguinte forma:

$$\begin{aligned} b(i,j) = 1 &\Leftrightarrow b(i,j) \leq L_D \\ b(i,j) = 0 &\Leftrightarrow b(i,j) > L_D \end{aligned} \quad (4.16)$$

onde L_D é a distância limiar que garante a conectividade da rede no processo hierárquico.

Define-se então o **coeficiente de residualidade** (R) afim de quantificar a distribuição relativa dos valores das ligações fortes e fracas (distâncias curtas e longas), ou seja, daquelas distâncias que se distribuem abaixo e acima, respectivamente, do **limiar de conectividade** L_D, aquele que assegura a conectividade da rede

$$R_t = \frac{\sum\limits_{d_t(i,j) \leq L_D} d_t(i,j)}{\sum\limits_{d_t(i,j) > L_D} d_t(i,j)} \qquad (4.17)$$

Os resultados da aplicação deste coeficiente a um conjunto de 424 companhias do S&P500 mostram que, quando ocorre uma crise, a quantidade de ligações fortes é muito elevada. Como a rede contém muitas ligações fortes (distâncias curtas) nos períodos de crise, o valor do limiar de conectividade cresce, contribuindo para que diversas ligações fracas deixem de o ser.

Nestes períodos, embora a intensidade das ligações cresça generalizadamente, a emergência de grupos de stocks intensamente correlacionados leva ao aumento do número de distâncias acima do limiar L_D. Consequentemente, o número de distâncias que ultrapassa L_D tende a ser bem maior que o número das que ficam abaixo deste valor. Este facto provoca o aumento do valor de R nos períodos turbulentos.

Como pode ser observado na Figura 4.14, durante a primeira crise do *Subprime*, R atinge o valor 1.4, enquanto o mesmo coeficiente, calculado para períodos não turbulentos, fica abaixo de 0.5, assim como quando calculado para o caso aleatório. A evolução de R confirma os resultados anteriores no que se refere à generalidade das crises e mostra o quanto são peculiares as crises mais recentes.

Figura 4.15: O espaço de mercado (com $N = 253$ e $n \approx 250$) representado a 3 dimensões com identificação dos sectores das companhias.

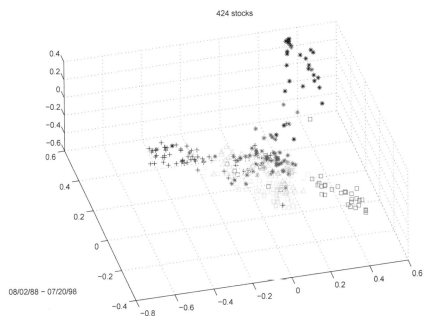

4.5.2 O papel dos sectores

Seguindo a mesma aproximação empírica, testa-se a hipótese de ocorrer não apenas uma maior sincronização generalizada (como indicado pelo coeficiente de agregação) mas de haver modificações do espaço de mercado orientadas pelos sectores de actividade das companhias, consoante ocorram períodos de recessão ou de expansão económica.

Na Figura 4.15, as proeminências nalgumas direcções representam companhias em diferentes sectores industriais: energia, de consumo e financeiro, respectivamente. Já na Figura 4.16 observa-se o comportamento do valor máximo obtido para o índice S quando calculado para cada subconjunto das empresas do S&P500 pertencentes a cada um dos sectores: Energy, Industrials,

144 | Introdução à Economia Computacional

Figura 4.16: O valor máximo obtido para o índice S quando calculado para cada subconjunto de empresas organizadas por sectores e para os períodos da primeira e da segunda *Black Monday*.

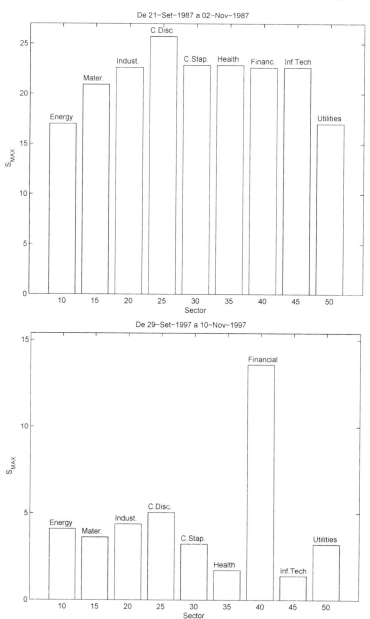

Consumer Discritionary, Consumer Staples, Helth, Financial, IT e Utilities[12].

Nestas representações, nota-se que a forma dos elipsóides parece estar parcialmente <u>orientada</u> pelos sectores aos quais pertencem as companhias, havendo alguma concentração (numa mesma região do espaço de mercado) de companhias identificadas como pertencendo ao mesmo sector de actividade.

Nota-se ainda que o efeito das crises nem sempre é uniforme no que respeita os sectores. Como se vê na Figura 4.16, as primeira e segunda *Black Monday* afectam de maneira diferenciada os sectores, sendo o sector financeiro o único que é igualmente afectado em ambas as crises.

Redes sectoriais

Passamos então a considerar o conjunto de 424 companhias do S&P500 depois destas estarem identificadas como pertencentes a cada um dos seguintes setores: Energia, da Indústria, de Consumo, Saúde, Financeiros, Tecnologia e Utilitários, ou respectivamente: Energy (28), Industrials (73), Consumer (114), Helth (44), Financial(70), IT(56) e Utilities(39). Em cada sector, as companhias são dispostas sobre um anel de acordo com a ordem alfabética do seu *tick symbol*. Na representação de cada sector, o número no centro do anel indica a quantidade de companhias daquele sector. Nas Figuras que se seguem, o primeiro anel compreende todos os sectores e assim sendo, todas as companhias.

Em cada anel, são representadas apenas as ligações cuja intensidade ultrapassa $\dfrac{1}{L_D}$ (ou, noutras palavras, cuja distância entre cada par de stocks se encontra abaixo do valor limiar L_D determinado com a construção da MST da rede global).

---

[12] Como a tradução para português nem sempre coincide com o sentido do termo em inglês, optou-se por utilizar para os sectores a sua nomenclatura original.

146 | Introdução à Economia Computacional

Figura 4.17: Em Agosto de 2000, os anéis com as ligações entre todas as companhias (primeiro anel) e entre as companhias pertencentes a cada um dos seguintes sectores: Energy(28), Industrials(73), Consumer(114), Helth(44) e Financial(70).

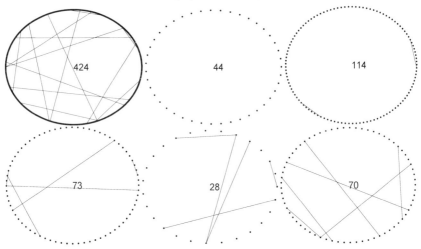

Figura 4.18: Em Setembro de 2001, os anéis com as ligações entre todas as companhias (primeiro) e entre as companhias pertencentes a cada um dos seguintes sectores: Energy (28), Industrials (73), Consumer (114), IT (56), Financial(70).

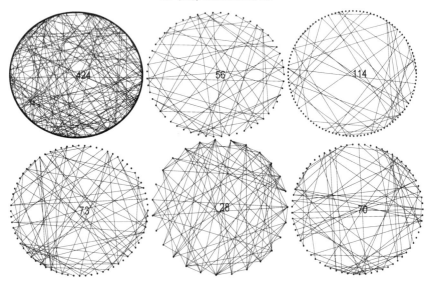

Figura 4.19: Em Setembro de 2008, durante a primeira crise do *Subprime*, os anéis com as ligações entre todas as companhias e entre as companhias pertencentes a cada um dos sectores: Energy (28), Industrials (73), Consumer (114), Financial(70) e Utilities(39).

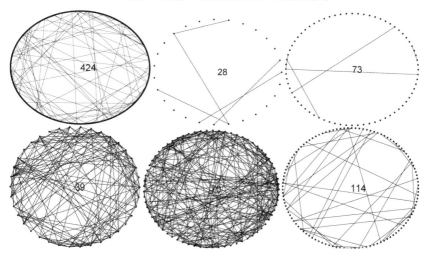

A ocorrência de modificações aparentemente associadas aos sectores aos quais as companhias pertencem pode ser observada nos gráficos das Figuras 4.17 a 4.19. A observação dos resultados permite verificar que as crises produzem redes bastante mais densas do que os períodos normais.

Ao mesmo tempo, o aumento do número de ligações entre as companhias nem sempre é uniforme durante uma crise. Embora tanto em 2008 como em 2001 haja um elevado coeficiente de agregação, a agregação, tanto em 2001 como em 2008, parece actuar de maneira distinta nalguns dos sectores industriais. Ao que indicam os resultados, as crises como a de 2008 provocaram uma contracção do espaço de mercado com especial incidência nos sectores financeiro e nas *utilities*.

Já em 2001, a crise provocada pelo ataque às torres gémeas, fez com que o mercado reagisse de forma mais uniforme. Isso teria então levado a uma contracção acentuada e generalizada pelos diversos sectores económicos, tal como observado na Figura 4.18.

Observa-se portanto que as modificações no mercado financeiro estão parcialmente orientadas pelos sectores aos quais pertencem as companhias, havendo, numas crises mais que noutras, uma maior aproximação entre as companhias identificadas como pertencendo ao mesmo sector de actividade. No entanto, essa orientação não parece ser determinante para a explicação quer da natureza quer da intensidade das crises observadas e medidas com o índice S.

4.6 A procura de precursores

Os indicadores até aqui apresentados não têm fornecido indicações sobre modificações do comportamento dos mercados com a aproximação de uma crise, ou seja, modificações ocorridas nos dias precedentes a cada uma das crises observadas. Ainda que nos concentremos apenas nas crises de natureza reconhecidamente endógena, não tem sido possível observar precursores do comportamento crítico nos espaços de mercado.

Na tentativa de encontrar eventuais precursores do comportamento dos mercados financeiros, através dos quais se possa prever a ocorrência de uma crise, optamos por reconstruir os espaços de mercado com a seguinte variante.

Depois de calcular as rendibilidades de um dia para cada uma das companhias em consideração, toma-se um intervalor temporal de ΔT dias e depois de normalizadas as rendibilidades das companhias neste intervalo definem-se os vectores $\overrightarrow{r(t)}$, cujas coordenadas correspondem às rendibilidades diárias de cada companhia em cada dia do intervalo Δt. E calcula-se

$$\overrightarrow{\rho}(t) = \frac{\overrightarrow{r}(t) - \langle \overrightarrow{r}(t) \rangle}{\sqrt{n \left(\langle \overrightarrow{r}^2(t) \rangle - \langle \overrightarrow{r}(t) \rangle^2 \right)}} \tag{4.18}$$

onde n corresponde ao tamanho dos vetores $\vec{r}(t)$, ou seja, ao número de companhias em consideração.

Com estes vetores define-se a *distância* entre os dias t_1 e t_2

$$d_{t_1,t_2} = \| \vec{\rho}(t_1) - \vec{\rho}(t_2) \| = \sqrt{2(1 - C_{t_1,t_2})} \qquad (4.19)$$

C_{t_1,t_2} sendo o coeficiente de correlação entre as rendibilidades nos dias t_1 e t_2, correlação esta calculada numa janela de n companhias[13].

O passo seguinte consiste no cáculo das coordenadas a partir das distâncias, tal como apresentado na secção 4.2.2. Desta forma, a diferença em relação ao método original consiste na troca (alternância) dos eixos espaço e tempo. Como consequência, cada ponto em R^{t-1} representa agora a posição *do conjunto de companhias* em cada um dos dias do intervalo temporal em questão. Pode-se então seguir a evolução conjunta do mercado ao longo do tempo e investigar se ocorrem variações relevantes na representação geométrica dos dias de crise ou dos seus antecessores. Agora já não se identificam as companhias individualmente mas cada um dos dias em análise.

As figuras que se seguem (da 4.20 a 4.23) mostram o resultado da aplicação do método com a troca dos eixos espaço e tempo. É bastante impressionante o comportamento dos pontos nos dias de crise, quando representados nas primeiras 3 dimensões. Na Figura 4.20 observa-se o mês de Outubro de 1987, quando da ocorrência da primeira *Black Monday*. É notória a modificação das coordenadas do ponto que representa o dia 19 de Outubro (o dia da crise). Mais ainda, há uma notável diferença entre nas distribuições espaciais dos pontos que representam os dias que antecedem a crise e os dias depois da mesma. Enquanto os primeiros encontram-se concentrados numa pequena região do espaço de mercado, os dias que sucedem a crise de Outubro de 1987 ocupam, pelo contrário, uma região bastante mais vasta.

---

[13] Para manter a analogia com a *janela temporal* referida na apresentação do método em 4.2.2

Figura 4.20: O mês da primeira *Black Monday* representado a partir da inversão dos eixos espaço e tempo: cada ponto representa o comportamento de todo o mercado num dia específico. A janela de observação foi constituída por 96 stocks ($n = 96$) e o número de dias corresponde aos dias úteis do mês de Outubro de 1987 ($N \approx 22$).

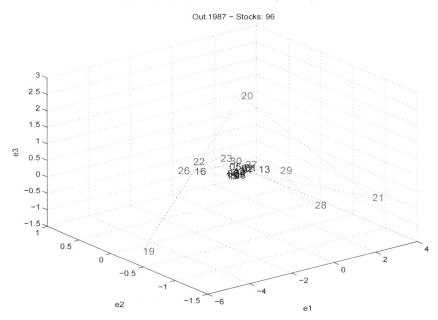

É curioso que ao se reconstruir os espaços de mercado fazendo a inversão da relação espacio-temporal, os dias mais fortemente correlacionados sejam os que apresentam um comportamento típico ou não turbulento. Os dias de crise, pelo contrário apresentam fracas correlações entre si e, simultaneamente, com os restantes dias críticos.

No que se refere à procura de precursores, a inversão dos eixos espaço-tempo não permitiu até aqui identificar anomalias anteriores às crises. Entretanto, para que fique mais clara a modificação introduzida com a chegada de uma crise, será necessário quantificar as alterações ocorridas nas figuras dos gráficos criados a partir desta variante do método. Uma maneira de capturar em termos quantitativos as diferenças apresentadas nos gráficos das figuras 4.20 a 4.23 é calcular a norma dos vectores que representam cada um dos dias em consideração. Assim sendo, calculamos a média da norma dos vectores $\vec{z}_k$ correspondentes a cada um dos dias úteis dos meses em análise. Ao fazê-lo, é possível avaliar o quanto a concentração dos pontos associados a cada dia ocupa uma maior ou menor região do sub-espaço apresentado em cada uma das figuras. Para que a avaliação seja bem feita convém comparar o conjunto de dias em que se insere o dia de cada crise com um conjunto de igual tamanho e em data próxima mas no qual o dia da crise não esteja incluído. Feita esta avaliação obtivemos valores em geral 40% superiores para os conjuntos de 22 dias úteis em que se inclui o dia da crise quando comparado com o mesmo cálculo para um período no qual o dia da crise não está incluído. O cálculo da norma dos vectores durante o mês que inclui a primeira *Black Monday*, ou seja, Outubro de 1987, dá-nos o valor 13.1 enquanto o mesmo cálculo efectuado para o mês de Setembro do mesmo ano fornece o valor de 8.2. Proporções bastantes semelhantes foram obtidas para as crises de 1989, para a segunda *Black Monday* e para a primeira crise do *Subprime* em 2007.

Já em 2001, quando consideramos os dias em torno da crise provocada pelo ataque às torres gémeas, esta variante do modelo não parece produzir o mesmo efeito observado para as outras crises. Na Figura 4.23, quer os pontos representativos dos dias anteriores como posteriores à crise do 11 de Setembro ocupam regiões com proporções semelhantes. Este resultado está, provavelmente, associado à natureza exógena da crise de Setembro de 2001, à sua intensidade e ao seu impacto generalizado sobre os diversos sectores da economia.

152 | Introdução à Economia Computacional

Figura 4.21: O mês da segunda *Black Monday*, agora com $n = 490$ e $N \approx 22$.

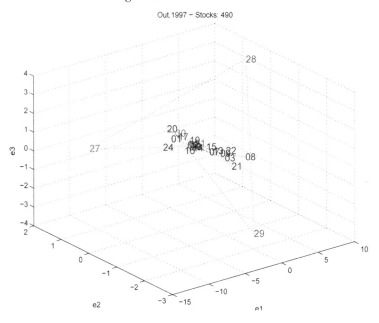

Figura 4.22: O mês de Outrubro de 1989 com $n = 419$ e $N \approx 22$.

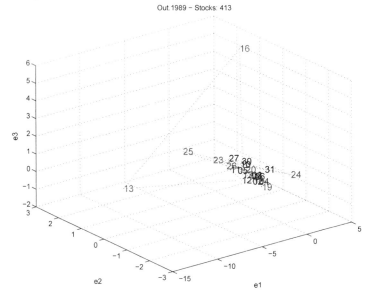

Figura 50: O mês de Setembro de 2001 com $n = 506$ e $N \approx 18$.

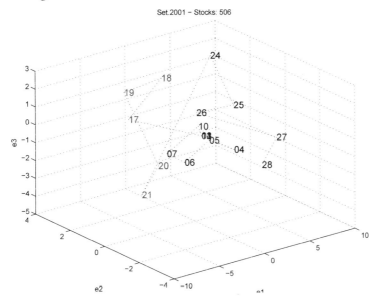

4.7 Resumo do capítulo

Pretendeu-se salientar a importância das abordagens empíricas e o seu papel na emergência de estruturas e na auto-organização.

Sabe-se que, de um modo geral, as teorias económicas definem um certo número de variáveis e um modelo dinâmico, cujas previsões são depois comparadas com os dados empíricos.

O que aqui se discutiu foi a conveniência de seguir também uma metodologia empírica mas de modo inverso. Em vez de se estabelecer correlações com variáveis pré-definidas, tentou-se extrair dos próprios dados experimentais, senão as variáveis económicas mais importantes, pelo menos as relações entre elas.

Para tal, ao invés da consideração da evolução isolada de cada companhia do mercado financeiro, consideramos a evolução conjunta de diversas companhias. Ao fazê-lo, foi possível propor um método de reconstrução de espaços de mercado a partir das relações geométricas e topológicas estabelecidas pela evolução conjunta (simultânea) das companhias.

O resultado mais importante mostra que os espaços de mercado cabem em apenas seis dimensões e que, embora o número de dimensões efectivas não se altere nos períodos de crise, estes períodos contribuem para o reforço da estrutura, A fim de quantificar esta contribuição dois novos índices foram introduzidos: de estrutura e da quantidade de ligações redundantes nos espaços de mercado.

O comportamento do índice de estrutura aplicado a conjuntos de companhias reunidas por sector industrial revelou alguma participação dos sectores na caracterização da forma dos espaços de mercado. Uma vez efectuada a reconstrução geométrica dos espaços de mercado, foi possível passar a uma descrição topológica destes mesmos espaços. Neste contexto, o índice de residualidade serviu à caracterização das redes de mercado nos períodos de crise, confirmando que também do ponto de vista topológico, as estruturas de mercado são reforçadas nos períodos mais críticos e relaxadas nos períodos de comportamento habitual.

Tendo em conta as questões apresentadas na secção 4.1.1, os resultados obtidos permitem chegar às seguintes conclusões:

1. O número mínimo de dimensões da variedade geométrica capaz de representar todas as empresas consideradas é seis.

2. A variedade geométrica construída a partir dos dados empíricos do mercado financeiro provenientes de períodos do chamado *business-as-usual* tem uma forma próxima da forma de uma esfera quando representada nas primeiras três dimensões. No entanto, esta forma é modificada pela ocorrência de períodos de crise.

3. As modificações na forma do elipsóide estão parcialmente orientadas pelos sectores aos quais pertencem as companhias do mercado.

4. As abordagens de rede contribuem para a compreensão da natureza das crises na medida que permitem analisar

as modificações nos valores dos coeficientes topológicos ocorridas nos períodos turbulentos e para subconjuntos de companhias pertencentes ao mesmo sector de actividade.

No que se refere ao encontro de precursores, os indicadores até aqui propostos não permitiram identificar anomalias anteriores às crises. No entanto, uma das vias a explorar na sequência desta investigação consiste na procura de eventuais modificações ocorridas na representação dos vectores no tempo quando se consideram apenas as companhias por sector de actividade, à semelhança do que foi feito na secção 4.5.1.

No próximo capítulo, as abordagens de redes são apresentadas de forma pormenorizada. Definem-se os indicadores topológicos mais importantes e, embora não se prossiga com a sua aplicação a partir de dados empíricos, os mesmos servirão de base à investigação de questões fundamentais sobre a relação entre o comportamento colectivo e a estrutura sobre a qual se organizam os agentes individuais.[14]

Referências Principais:

(Vilela Mendes, R. 2003) R. Vilela Mendes, T. Araújo e F. Louçã, Reconstructing an economic space from a market metric, Physica A 323, 635.

(Araújo, T. 2007) T. Araújo e F. Louçã, The Geometry of Crashes: a Measure of the Dynamics of Stock Market Crises, Quantitative Finance, n.7, V.1, 63-74.

---

[14] A generalidade do trabalho apresentado neste capítulo foi desenvolvida no âmbito do projecto intitulado *O Mercado Financeiro com Laboratório da Economia*, financiado pela Fundação para a Ciência e a Tecnologia (FCT), projecto PDCT/EGE/60193/2004 iniciado em Setembro de 2006 e concluído em Dezembro de 2009. Este trabalho contou também com a participação e o apoio do *Zentrum fur Interdisziplinare Forschung (ZiF)* da Universidade de Bielefeld. Este apoio teve início no decorrer da realização do projecto internacional intitulado *The Sciences of Complexity: From Mathematics to Technology to a Sustainable World*, em 2000-2001 e quase uma década mais tarde, com a realização do Encontro *Complexity, Mathematics and Socio-Economic Problems*, em Setembro de 2009.

(Araújo, T. 2008a) T. Araújo e F. Louçã, The Seismography of Crashes in Financial Markets, Physics Letters A, V. 372, 429-434.

(Araújo, T. 2009b) T Araújo e F. Louça, Modeling a Multi-Agents System as a Network – A metaphoric exploration of the unexpected, International Journal of Agent Technologies and Systems, n. 1, IGI Global.

5.

Redes

As abordagens de rede – ou abordagens topológicas – têm suscitado um crescente interesse em diversos domínios científicos. As redes têm também desempenhado um papel fundamental no estudo dos sistemas complexos. Já vimos que Herbert Simon considerava as estruturas em hierarquia – um tipo particular de rede, cuja ubiquidade é notória – como a arquitectura da complexidade. Não é novidade que as redes enquanto forma de organização – sejam hirárquicas ou não – encontram-se com frequência nos sistemas físicos, biológicos ou cognitivos e que têm recebido cada vez maior atenção por parte das Ciências Sociais. No entanto, a generalidade das abordagens de rede em Economia provém de contribuições da Teoria do Jogos, havendo muito menos contribuições relacionadas com os tópicos da Economia Computacional.

A abordagem de rede pode ser descrita como consistindo no tratamento de problemas complexos através da análise – e nalguns casos da reconstrução – das **propriedades das ligações** existentes entre um conjunto de elementos. As abordagens de rede são interessantes porque permitem abstrair das propriedades dos elementos do conjunto e salientar as características das ligações entre os mesmos.

O que fará com que as redes sejam tão adequadas ao estudo dos sistemas complexos? Pensa-se que esta adequação está assente

158 | Introdução à Economia Computacional

na conjugação por parte das redes de duas das principais propriedades daqueles sistemas: a **interdependência** e a **emergência**. Ao se afirmar que se vai utilizar uma abordagem de rede para o estudo de um sistema, quer com isso dizer-se que a ênfase desta abordagem recairá sobre as características das ligações entre os elementos do sistema, passando os restantes atributos a um plano acessório ou complementar.

A ênfase nas ligações põe em evidência a semelhança entre o estudo centrado nas ligações (ou na conectividade) e o que se designa por **interdependência** nos sistemas complexos, ou seja, o facto do comportamento de cada elemento do sistema depender do comportamento dos outros elementos de uma forma difícil de prever a *priori*.

Quanto ao papel da **emergência** nas abordagens de rede, observa-se que as redes podem ser descritas em diferentes níveis de agregação, desde o mais baixo, assente nos seus elementos, até aos que compreendem conjuntos de elementos ou sub-redes da rede global. A facilidade com que se descrevem diferentes níveis nas redes (veja-se o exemplo das **redes neuronais**) favorece a interpretação dos mecanismos associados à emergência, ou seja, dos mecanismos associados ao aparecimento de propriedades colectivas qualitativamente diferentes do comportamento individual.

As propriedades colectivas emergentes podem ser representadas nas redes quer associadas à rede global, quer enquanto propriedades das sub-redes que se entenda identificar. É com base neste mecanismo de construção de estruturas a partir de módulos interdependentes que Simon (Simon, H. 1969) descreve as hierarquias como consistindo na base fundamental dos sistemas complexos. Esta descrição, ilustrada com uma parábola económica acerca de dois construtores de relógios (a **Parábola dos Relojoeiros**), serve de base, como vimos no Capítulo 2, a algumas conjecturas desenvolvidas pelo próprio Simon acerca da evolução biológica das espécies.

Neste capítulo, após uma breve apresentação da história dos principais desenvolvimentos na área das redes, passamos à apresentação de um conjunto de conceitos de base desta mesma área. O capítulo termina com a caracterização dinâmica de um dos **regimes de rede** mais conhecidos, o regime *small-world*. No capítulo seguinte discute-se a relação entre a forma e a função dos sistemas em rede.

5.1 História e Conceitos Fundamentais

A Teoria dos Grafos tem início com Leonard Euler e o problema das **Sete Pontes de Köningsberg** em meados do século XVIII (Sachs, H. 1988). Com o problema das sete pontes têm início não só a lenda urbana associada à cidade de Köningsberg, como também os primeiros desenvolvimentos matemáticos em torno da Teoria dos Grafos. A Topologia e mais recentemente a Computação serão os domínios científicos subsequentes daqueles desenvolvimentos.

As Sete Pontes

Na cidade de Köningsberg (actual Kaliningrado, Rússia, e que até 1945 foi parte da Prússia) ou, mais precisamente, no rio Pregel, duas grandes ilhas formavam um conjunto contendo quatro bocados de terra (margens), os quais eram ligados por sete pontes.

Euler mostrou que não é possível percorrer as sete pontes passando por cada uma delas uma única vez e terminar o percurso no ponto (margem) escolhido para a partida, a menos que cada margem possua um número par de pontes, uma estando destinada a sair e a outra a entrar no percurso. Uma versão modificada do problema das sete pontes não exige que os pontos de chegada e de partida coincidam, passando portanto a exigir que apenas dois dos pontos possuam um número par de ligações (pontes), os quais serão, justamente, os pontos de chegada e de partida do percurso.

O caso das sete pontes de Euler é dos exemplos mais invocados sempre que se quer chamar a atenção para a diferença entre as **abordagens geométrica e topológica**. O facto da caracterização topológica não incidir sobre a forma específica dos objectos ou sobre a sua posição exacta, mas antes sobre as ligações estabelecidas entre os mesmos, permite restringir a consideração do problema das sete pontes à observação de uma rede com quatro **nodos** e sete **ligações**, tal como representada na Figura 5.1.

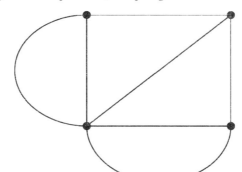

Figura 5.1: Representação topológica das Sete Pontes

Já no século XX, os matemáticos húngaros Paul Erdös e Alfréd Rényi dão início ao estudo dos mecanismos de formação de redes aleatórias. Conhecem-se então duas classes de redes perfeitamente distintas: as **redes regulares** e as **redes aleatórias** (Erdös, P. 1959), respectivamente, as que são formadas de acordo com um padrão determinista no que se refere ao estabelecimentos de ligações e aquelas em que as ligações são estabelecidas ao acaso ou sem obediência a qualquer padrão. Nas redes regulares, o padrão determinista em geral consiste na existência de um critério comum a todos os elementos da rede no que se refere ao estabelecimentos de ligações.

No outro extremo, a caracterização das redes aleatórias de Erdös e Rényi têm um papel fundamental para a generalidade dos desenvolvimentos nesta área. Como se verá mais adiante, as propriedades das redes aleatórias serão representadas por distribuições de probabilidades, o que permitirá incorporar ao estudo das redes os instrumentos próprios do estudo dos Sistemas Dinâmicos e da Teoria Ergódica, tal como se fez no Capítulo 2.

Entretanto, a manifestação mais conhecida na história das redes consiste no fenómeno intitulado **Os Seis Graus de Separação** (*'Six Degrees of Separation'*).

A Experiência de Milgram

Em 1967, o cientista social Stanley Milgram (Watts, D. 1999) concluiu, por via experimental, que em termos de *contactos sociais*, os indivíduos norte-americanos estavam separados em média por apenas seis intermediários. A experiência, bastante conhecida, consistiu no envio de correspondência postal a partir de um primeiro grupo de indivíduos remetentes para um segundo grupo de indivíduos destinatários. Estes dois grupos foram seleccionados à partida, estando os 196 remetentes no Nebraska e os 100 destinatários em Boston. A regra fundamental consiste em que cada remetente envia a correspondência – cujo destino final será um indivíduo em Boston – para um seu conhecido. O conhecido deve ser alguém que o remetente trata pelo nome próprio (suficientemente próximo), tendo o remetente a possibilidade de escolher de entre os seus conhecidos aqueles que na sua opinião melhor encaminharão a correspondênciia para o seu destino final. Sabe-se que no final da experiência, um total de 29% dos remetentes conseguiram fazer chegar a um destinatário em Boston a correspondência pretendida e que, em média, foram necessários apenas seis intermediários para fazer chegar a correspondência de cada remetente ao seu destinatário final.

O Mundo é Pequeno

A experiência de Milgram dá conta de um fenómeno muito popular, designado por *small-world* que consiste no facto das relações sociais entre a generalidade dos indivídos terem proporções

162 | Introdução à Economia Computacional

(em termos do seu alcance, das repetições, das coincidências) que superam as expectativas ou a nossa simples intuição.

Num âmbito mais restrito, observou-se serem necessários os mesmos seis intermediários, desta vez para ligar quaisquer dois actores de cinema. Neste caso a definição de ligação é dada por *terem-participado-num-mesmo-filme* e uma das posições de maior conectividade atribuída ao actor Kevin Bacon devido à sua abundante participação cinematográfica. Desta abundante participação teve origem um jogo em que, dado um actor, o jogador é convidado a determinar o seu **número-de-Kevin-Bacon**. Este número consiste numa unidade acrescida ao número mínimo de intermediários necessários para ligar o actor em causa a Kevin Bacon. A distância mínima vale um e ocorre quando o actor e K. Bacon trabalharam num mesmo filme.

Outros jogos têm sido propostos a partir da identificação de indivíduos que entre os seus pares tiveram uma destacada e abundante colaboração. Conhecem-se portanto outros números, tais como o **número de Erdös** e o **número de Einstein**. No primeiro, os indivíduos são ligados sempre que foram co-autores num mesmo artigo científico. No segundo, a ligação pode ser definida por uma co-autoria ou, noutra versão do jogo, pela relação de orientação de um doutoramento; assim, nesta segunda situação, têm número de Einstein igual a um aqueles que foram seus orientandos[15].

A quantificação do número mínimo de intermediários necessários para se ligar qualquer par de nodos numa rede é feita através do cálculo de um coeficiente topológico. Devido à multiplicidade de aplicações, a caracterização topológica dos sistemas em rede, através de propostas de novos coeficientes, tem recebido variadas contribuições. A próxima secção apresenta os coeficientes mais importantes e os regimes de rede construídos à custa da sua quantificação.

---

[15] Um serviço disponibilizado pela *Americam Mathematical Society* permite calcular a distância em termos de colaboração em publicações científicas entre quaisquer dois autores (www.ams.org/mathscinet/collaborationDistance.html).

5.2 Propriedades e coeficientes de rede

As redes aleatórias distinguem-se das regulares quer pelos mecanismos subjacentes à sua construção, quer pelo o valor de pelo menos dois coeficientes topológicos: o **coeficiente de agregação** (*clustering*) e o **caminho médio mais curto** (*characteristic path length*) entre cada par de elementos da rede. O coeficiente de agregação mede a probabilidade de, para cada elemento da rede, os pares de elementos a ele ligados estarem ligados entre si. O caminho médio mais curto corresponde ao valor médio do número mínimo de ligações necessárias para ligar cada par de elementos da rede.

Em termos formais, uma rede corresponde a um grafo definido por um par de conjuntos $G = \{N, L\}$, onde N é o conjunto dos **nodos** da rede $(N_1, N_2, ..., N_n)$ e L o conjunto de **ligações** $(l_1, l_2, ..., l_m)$ estabelecidas entre os nodos. O **grau** (g_i), do nodo N_i, corresponde ao número de ligações nas quais N_i participa.

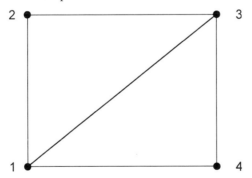

Figura 5.2: Representação de um grafo simples, não ponderado e não direccionado

O grau (g) de uma rede (ou de um grafo) G corresponde à média aritmética dos graus de todos os nodos de G. O grafo apresentado na Figura 5.2 tem grau igual a $\frac{3+2+3+2}{4} = 2.5$. Um grafo é **simples** quando entre quaisquer 2 nodos do grafo não existe mais que uma ligação e não existem auto-ligações (do nodo consigo próprio). Um grafo é **ponderado** quando as suas ligações podem assumir valores diferentes de zero e de um. Um grafo é **direccionado** quando os nodos participantes de uma ligação desempenham papéis diferenciados, de origem ou de destino da ligação.

Convém lembrar que qualquer grafo pode ser representado por uma matriz – a sua **Matriz de Adjacência** (M) correspondente – onde, no caso de um grafo simples, não ponderado e não direccionado – cada elemento $M_{i,j} = 1$ se e só se o nodo N_i está ligado ao nodo N_j. Caso contrário $M_{i,j} = 0$. Recorrendo à matriz de adjacência de G, o grau de G corresponde a

$$\frac{\sum_{i,j=1}^{n} (M_{ij})}{n} = \frac{10}{4} = 2.5.$$

$$M = \begin{matrix} 0 & 1 & 1 & 1 \\ 1 & 0 & 1 & 0 \\ 1 & 1 & 0 & 1 \\ 1 & 0 & 1 & 0 \end{matrix}$$

Um outro conceito importante é o de **Lista de Adjacência** de um grafo, na qual se especifica, para cada nodo, os nodos que estão ligados a ele. No caso do exemplo acima, a lista de adjacência de G vale:

$$\begin{array}{llll} 1 - & 2 & 3 & 4 \\ 2 \rightarrow & 1 & 3 \\ 3 \rightarrow & 1 & 2 & 4 \\ 4 \rightarrow & 1 & 3 \end{array}$$

Diz-se que um grafo tem um **ciclo** sempre que houver ligações transitivas no grafo. Assim sendo, sempre que pelo menos para os nodos a, b e c do grafo, quando $M_{a,b} = 1$ e $M_{a,c} = 1$ implicar que necessariamente $M_{b,c} = 1$. Sabe-se que as **árvores** ou as **hierarquias** puras são por construção grafos sem ciclos, ou seja, onde não existem ligações transitivas.

Os valores do **coeficiente de agregação** (C) e do **caminho médio mais curto** (P) de uma rede G correspondem, respectivamente, às médias aritméticas dos valores obtidos para aqueles coeficientes, medidos para cada nodo de G. O valor de P_i (caminho médio mais curto do nodo i a todos os outros nodos) é, por sua vez, dado também pela média aritmética do número de ligações necessárias para ligar o nodo em causa a cada um dos outros nodos da rede.

O limite inferior para o valor de P_i é a unidade, ou seja, $P_i \geq 1$. Quando um grafo é **desconexo**, dado que não existe caminho entre o elemento desligado e os restantes elementos do grafo, então o valor do caminho médio mais curto é infinito: $P_G = \infty$.

Sendo V_i a **vizinhança do nodo** i, constituida pelo conjunto de nodos directamente ligados ao nodo i e v_i o número de elementos de V_i (número de vizinhos de i), então, o coeficiente de agregação (C_i) do nodo i é dado pela expressão

$$C_i = \frac{2E(v_i)}{v_i(v_i - 1)} \tag{5.1}$$

onde $E(v_i)$ é o número de ligações existentes entre os elementos de V_i. Nota-se que o denominador da expressão de C_i corresponde ao número máximo possível de ligações entre os elementos de V_i. Ou seja, C_i corresponde ao número de **ligações existentes** entre cada par de vizinhos de i a dividir pelo número de **ligações possíveis** entre cada par.

No caso do exemplo apresentado na Figura 5.2, o cálculo do grau e dos coeficientes e para cada nodo resulta em:

N_i	N_1	N_2	N_3	N_4
g_i	3	2	3	2
C_i	0.83	1	0.83	1
P_i	1	1.16	1	1.16

Como consequência, os valores do coeficiente de agregação (C) e do caminho médio mais curto (P) para este grafo são 0.83 e 1.16, respectivamente.

Figura 5.3: Representação de uma rede regular sobre um anel com $g = 4$

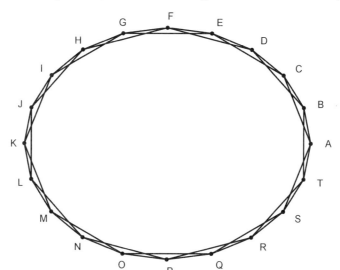

As redes regulares em anel são particularmente convenientes à caracterização dos valores dos coeficientes das redes regulares, na medida em que são conhecidos os valores do seu coeficiente de *clustering* e do seu caminho médio mais curto. Sabe-se que o coeficiente de *clustering* de uma **rede regular em anel** com grau $g \geq 2$, tal como a rede apresentada na Figura 5.3 vale

$$C_{Reg} = \frac{3(g-2)}{4(g-1)} \qquad (5.2)$$

E vale a pena notar que o valor do coeficiente de agregação neste caso não depende do tamanho da rede mas apenas do padrão de ligações locais.

Quanto ao valor do caminho médio mais curto este é dado por

$$P_{Reg} = \frac{n(n+g-2)}{2g(n-1)} \qquad (5.3)$$

Este valor é portanto da ordem de n, ou seja, para redes regulares com um elevado número de elementos: $P_{Reg} \approx n$.

Sabe-se também que numa **rede aleatória**, tal como a apresentada na Figura 5.4, o valor do caminho médio mais curto é da ordem do logarítmo natural de n, ou seja:

$$P_{Rand} \approx \log(n) \qquad (5.4)$$

Por outro lado, é sabido que numa rede aleatória o valor do coeficiente de *clustering* é reduzido, sendo da ordem da probabilidade de dois nodos quaisquer estarem ligados, ou seja, da ordem do grau da rede. Nas redes esparsas, havendo poucas ligações ($m << \frac{n(n-1)}{2}$), tem-se que o valor do coeficiente de *clustering* é bastante inferior ao de uma rede regular com o mesmo grau: $C_{Rand} << C_{Reg}$.

Figura 5.4: Representação de uma rede aleatória em anel

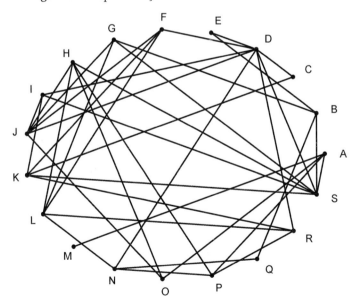

168 | Introdução à Economia Computacional

Assim sendo, nas redes aleatórias ambos os coeficientes (C e P) têm valor baixo, ao passo que as redes regulares são caracterizadas por apresentarem simultaneamente alto coeficiente de agregação e alto caminho médio mais curto.

5.3 Regimes

O papel dos coeficientes topológicos será decisivo na investigação que há mais de uma década vem sendo desenvolvida com crescente interesse e profusão de resultados. Boa parte do interesse desde então suscitado esteve associada à seguinte questão: haverá classes de redes que reúnam simultaneamente valores situados em extremos opostos para aqueles dois coeficientes? Ou seja, haverá redes com alto coeficiente de agregação e baixo caminho médio?

Esta questão, longe de ter sido suscitada por uma simples inversão de pressupostos, vem do facto de que em muitas estruturas reais, o desempenho de determinadas funcionalidades está associado à existência simultânea de alto coeficiente de agregação e baixo caminho médio. A existência de um caminho médio curto entre a generalidade dos elementos da rede beneficia todas as funcionalidades associadas ao encurtamento de distâncias.

Por outro lado, um alto valor para o coeficiente de agregação indica a presença de ligações redundantes, o que favorece a possibilidade de substituição de funcionalidades no caso de erros ou de avarias que correspondam a falhas nas (supressões de) ligações. Entre os exemplos mais conhecidos em Economia estão as redes de transporte (e de distribuição). Entre os trabalhos mais interessantes nesta matéria encontra-se o artigo de von Neumann intitulado *The synthesis of reliable organisms from unreliable components*, publicado em 1956 (Neumann, J. 1956). Neste trabalho, o autor recorre a um autómato celular (multiplex) para mostrar que a criação de múltiplas entradas redundantes, ao fazer o erro depender de falhas múltiplas e simultâneas, torna o mesmo muito pouco provável.

Assim sendo, a identificação de redes que possam reunir propriedades consideradas até então características de situações opostas ou até mesmo impossíveis de conciliar numa mesma estrutura – como ter simultaneamente um alto coeficiente de *clustering* e um baixo caminho médio – foi recebida com grande interesse e teve uma enorme repercussão.

Redes *Small-World*

A esta nova classe de redes, capaz de combinar um baixo valor para o caminho médio e um alto valor para o *clustering*, dá-se o nome de *small-world* (SW), nome este que tem por base o baixo valor do caminho médio característico (Watts, D. 1999). Ao termos em conta o alto valor do coeficiente de agregação, verificamos que estas redes além de alta conectividade global (dada pelo curto caminho médio) exibem ao mesmo tempo uma alta conectividade local (dada pelo elevado *clustering*). Assim sendo, as redes SW são aquelas que garantem, simultaneamente, a existência de **conectividade local e global**.

Todavia, mais do que a simples identificação de redes com características até então consideradas inconciliáveis, o interesse pelas redes SW deve-se principalmente a sua ubiquidade. As redes genéticas, redes de proteínas, redes de transporte aéreo e terrestre, redes eléctricas, redes de difusão de processos de inovação e redes de relações sociais são apenas alguns dos exemplos conhecidos por exibirem o regime SW.

Nas redes SW, tal como nas redes aleatórias, a distância média mais curta entre os nodos da rede é aproximadamente o valor do logarítmo natural do número de nodos da rede. O mesmo acontece para as redes em hierarquia (*H*) ou em árvore. Portanto, sejam do regime hierárquico, aleatório ou SW, o valor do caminho médio destas redes é

$$P_{SW} \approx P_H \approx P_{Rand} \approx \log(n) \tag{5.5}$$

Em relação ao coeficiente de agregação, a situação das redes acima referidas é bastante distinta. Nas redes em hierarquia pura (sem ligações horizontais, ou seja, sem ligações entre os elementos que ocupam o mesmo nível hierárquico) não existem **ciclos** (não podendo portanto haver *clustering*). Nas redes aleatórias, o coeficiente de agregação é da ordem da probabilidade de dois nodos quaisquer estarem ligados, ou seja, é da ordem do grau médio da rede, e no caso das redes SW, o coeficiente de agregação é tão elevado como nas redes regulares, onde

$$C_{Rand} << C_{SW} \approx C_{Reg} \tag{5.6}$$

Vale a pena notar que o valor do coeficiente de agregação neste caso não depende do tamanho da rede mas apenas do padrão de ligações locais. De volta ao caminho médio mais curto, o baixo valor deste coeficiente (que já se viu caracterizar as redes aleatória, hierárquica e SW) vem também a ser característico de uma nova categoria de redes, as redes com **invariância de escala** ou *scale-free (SF)*.

Redes *Scale-Free*

A caracterização de redes SF requer mais do que a observação do valor médio de qualquer dos coeficientes topológicos já referidos. As redes *scale-free* são caracterizadas pela **distribuição dos graus dos nodos**, que obedece a uma lei de escala com expoentes característicos (γ) devidamente identificados por via experimental.

O trabalho pioneiro de Albert e Barabási (Albert, R. 1999) marca o início da permanente investigação que se tem desenvolvido acerca das redes SF. Os autores mostram que a caracterização de uma lei de escala para a distribuição do número de ligações por *site* na Internet (*www*) aplica-se a redes de muitos outros domínios (alguns dos quais já foram abordados no Capítulo 2 em Leis de

Escala), tais como as redes metabólicas e as redes de citações em publicações científicas. Também as redes de participação em filmes cinematográficos (*actor*) e as redes eléctricas (*power*) têm distribuições de grau que aproximam a lei de escala

$$p(k) \approx k^{-\gamma} \qquad (5.7)$$

para a qual são conhecidos os valores dos expoentes característicos dos exemplos acima referidos: $\gamma_{actor} = 2.3$, $\gamma_{www} = 2.1$ e $\gamma_{power} = 4$ de acordo com a referência (Newman, M. 2006). A primeira destas redes tem mais de 210 mil nodos e grau 28.78, a segunda tem mais de 320 mil nodos e grau 5.46; a terceira, ou seja, a rede eléctrica, tem perto de cinco mil nodos e grau 2.67. O que a lei de escala nos diz é que, em cada uma destas redes, a probabilidade de se encontrar um nodo com grau k é aproximadamente $k^{-\gamma}$.

As redes do tipo SF são mais favoráveis à interpretação de processos evolutivos porque, ao contrário do que ocorre com as redes regulares e SW, a heterogeneidade permitida (ou característica) do grau dos nodos favorece a representação da evolução. Na generalidade das redes que crescem com o tempo é de esperar que nem todos os nodos mantenham o mesmo grau, ainda que aproximadamente.

Nas próximas secções, quando da apresentação dos mecanismos de criação de estruturas em rede, voltar-se-á às propriedades das redes em regime SF e à discussão acerca da relação entre os valores do expoente característico e os mecanismos de construção da rede correspondente.

5.4 Criação de Estruturas em Rede

São conhecidos alguns dos mecanismos responsáveis pela criação das redes com as estruturas até aqui apresentadas, entre elas interessam em particular as redes dos tipos aleatório, SW e SF.

5.4.1 *Criação de Redes Aleatórias*

Tal como ja referido, Erdös e Rényi estudaram o comportamento de diversas propriedades das redes enquanto função da probabilidade do estabelecimento de uma ligação entre um par qualquer de elementos da rede.

Esta abordagem probalilística das redes tem como ponto central a caracterização da evolução da estrutura das redes na medida em que se introduzem novas ligações. Noutras palavras, o estudo efectuado por Erdös e Rényi pressupõe um processo de crescimento com base na aquisição de novas ligações. Estes autores mostraram então que algumas propriedades aparecem repentinamente com o ultrapassar de um determinado valor limiar para a probabilidade de estabelecimento de novas ligações.

Dado um grafo com n nodos e m ligações escolhidas ao acaso dentre as $\dfrac{n(n-1)}{2}$ possibilidades, ou considerando um grafo n com nodos onde cada par de nodos é conectado com probabilidade $p = (\dfrac{n(n-1)}{2})^{-1}$, é possível caracterizar o aparecimento de certas propriedades em função do valor da probabilidade p.

Sabe-se então que quando $p \approx n^{\frac{-3}{2}}$ a rede apresenta sub-redes com três nodos ligados em árvore; aparecendo árvores de quatro nodos sempre que $p \approx n^{\frac{-4}{3}}$. Para $p \approx n^{-1}$, a rede passa a apresentar ciclos e sub-redes em árvore com variados números de nodos (Newman, M. 2006). Assim sendo, a criação de redes aleatórias pode fazer uso do conhecimento dos valores de um parâmetro de controle (o expoente característico na **lei de escala**) associados ao aparecimento de diferentes sub-redes na rede em construção.

5.4.2 Criação de redes *Small-world*

As redes do tipo *small-world* (Watts, D. 1999) resultam de um mecanismo de interpolação entre a ordem, representada por uma rede absolutamente regular, e a desordem, representada por uma rede aleatória.

O mecanismo de interpolação tem um único parâmetro (β), o qual dá a probabilidade de cada um dos nodos da rede inicial ser desligado dos seus vizinhos sobre a rede regular e passar a estar ligado a outros nodos escolhidos ao acaso. Três das fases do processo de desligar e ligar a outro qualquer, de redireccionamento (*rewiring*), em função da progressão do valor de β (o β- *model*) estão representadas na Figura 5.5.

Figura 5.5: Representação das redes resultantes das 3 fases do processo de desligar e ligar a outro qualquer (*rewiring*) em função do valor de β.

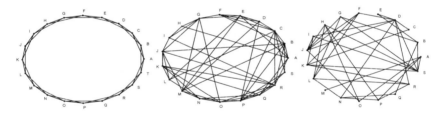

O primeiro anel (lado esquerdo) corresponde ao padrão de ligações para $\beta = 0$, apresentando uma rede regular em que cada nodo está ligado aos seus 4 vizinhos mais próximos. No anel do meio, $0 < \beta < 1$ e cada um dos nodos foi, com probabilidade β, desligado de cada um dos seus vizinhos e ligado a outros nodos, de forma a manter o grau do grafo constante. No anel da direita, $\beta = 1$ e todos os nodos foram desligados e ligados alternativamente pelo processo de *rewiring*. Este processo, quando $\beta = 1$, resulta numa rede em que todas as ligações foram estabelecidas de forma aleatória.

Assim sendo, observa-se que as redes SW correspondem a uma região ou intervalo definido por dois valores de β. Dentro deste intervalo, o coeficiente de agregação ainda é alto como nas redes regulares e o caminho médio mais curto já é pequeno como nas redes aleatórias. Este processo, no qual uma pequena variação no valor de β provoca a entrada e posteriormente a saída regime SW, corresponde a uma interpolação entre a ordem e a desordem, o que pode ser caracterizado, como se verá mais adiante, por uma **transição de fase**.

5.4.3 Criação de redes *Scale-free*

Tal como já apresentado na secção anterior, as redes livres de escala (SF) são convenientes à representação de processos evolutivos, podendo resultar de um mecanismo de crescimento caracterizado pelo estabelecimento de ligações preferenciais (*preferential attachment*).

De acordo com este mecanismo, as ligações que vão sendo criadas numa rede, são preferencialmente estabelecidas entre nodos com um mais elevado número de ligações. O mecanismo de crescimento adiciona novos nodos a uma rede que se inicia com poucos nodos e poucas ligações (m_0). A cada passo, um novo nodo é adicionado e com ele m novas ligações, as quais são estabelecidas entre o nodo recém-criado e os nodos com maior número de ligações.

Os modelos de criação de redes SF têm portanto dois passos fundamentais:

1. Cada novo nodo adicionado cria m novas ligações, as quais são estabelecidas entre este e os nodos com maior grau

2. A probabilidade do nodo i (de grau g_i) ser o destino de uma nova ligação é igual a $p(g_i) = \dfrac{g_i}{\sum_j (g_j)}$

Como se pode observar, o valor da probabilidade $p(g_i)$ depende directamente do grau do nodo i e inversamente da soma dos graus dos restantes nodos da rede. Estas redes são também conhecidas por exibirem o **Efeito Mateus** ou a **vantagem cumulativa**, na medida em que o processo de crescimento é condicionado pela acumulação de resultados passados.

Uma consequência importante da topologia das redes SF é estas serem mais **robustas** e simultaneamente mais **vulneráveis**. Entende-se por robustez a capacidade de permanecerem conexas à medida que vão sendo retiradas ligações ao acaso, ou seja, sem qualquer critério determinista de remoção. Entende-se por vulnerabilidade a menor capacidade das redes permanecerem conexas diante de ataques dirigidos, ou seja, face à remoção de ligações quando a estrutura da rede é do conhecimento do atacante.

Estudos empíricos dão conta dos valores do expoente característico da distribuição dos graus dos nodos da rede e mostram que o mesmo não depende do único parâmetro (m) empregue no mecanismo de construção. De entre os trabalhos mais conhecidos acerca da evolução das redes encontra-se a referência (Barabási, A. 2003) onde se descreve o padrão de crescimento da *world wide web*, no qual cada novo *site* estabelece ligações de acordo com um mecanismo preferencial.

Praticamente ao mesmo tempo em que eram obtidos os primeiros resultados experimentais para as redes com crescimento pelo mecanismo de ligações preferenciais, o estudo dos mecanismos de crescimento passa a incluir propostas de soluções exactas (analíticas) para muitas das situações estudadas numericamente. De entre os mais conhecidos, estão os trabalhos de J. Fernando Mendes e colaboradores, tais como (Dorogovtsev, S. 2002) e (Dorogovtsev, S. 2003).

Na análise do crescimento com ligações preferenciais, Barabási e colaboradores partiram de uma questão principal: seriam as redes reais, ou seja, aquelas encontradas na natureza e nas sociedades, criadas por mecanismos aleatórios? E no caso negativo, seria então possível, através do estudo da topologia destas estruturas, caracterizar os mecanismos subjacentes à sua criação?

176 | Introdução à Economia Computacional

Como se viu nesta secção, mais do que os valores dos expoentes característicos (por via experimental), são também conhecidos os mecanismos que em conjunto criam estruturas do tipo SF.

Mais ainda, reconhecem-se na realidade (nas situações reais onde se foi buscar os dados empíricos) a presença destes mecanismos. É possível assim apresentar um conjunto onde os resultados da aproximação empírica (através dos valores dos coeficientes topológicos) sugerem um primeiro modelo (de crescimento com ligações preferenciais), o qual por sua vez incorpora procedimentos cuja interpretação confirma as expectativas em relação ao mundo real: de que a **popularidade é atractiva** (Dorogovtsev, S. 2003), como no caso do crescimento com ligações preferenciais.

No entanto, pelo facto de no modelo inicial de Barabási, o expoente característico não variar e não depender das características próprias da rede em evolução, surgiram novas questões (Newman, M. 2006):

1. Qual é a origem da(s) lei(s) de potência?
2. Como é que se determina o valor do expoente característico?
3. O que é que afecta o valor deste expoente?
4. Existe alguma relação com as leis de potência características de algumas transições de fase?
5. Porquê é que o expoente característico não parece depender dos parâmetros do modelo de crescimento?

Um conjunto variado de autores tem tratado de responder às questões acima apresentadas. De entre eles estão naturalmente Newman, Watts e Barabási, segundo os quais, confirma-se que não só a lei de potência vem do crescimento por ligações preferenciais, como o expoente característico γ varia de acordo com a seguinte extensão do modelo inicial (Newman, M. 2006):

1. Ao crescimento por ligações preferenciais deve-se acrescentar um mecanismo de redireccionamento (*rewiring*) das ligações já existentes no modelo,

2. O expoente característico varia ($\gamma: 2...\infty$) enquanto função dos seguintes parâmetros do modelo de crescimento:
   - m: novos nodos a criar;
   - q_1: probabilidade de criar os m novos nodos;
   - q_2: probabilidade de re-direccionar as ligações dos m nodos
3. Podendo então o expoente característico ser escrito como $\gamma = f(m,q_1,q_2)$.

Entre os autores que têm contribuído para o estudo dos modelos de redes com crescimento por ligações preferenciais, J.D. Price (Price, J. 1965) foi pioneiro na caracterização das redes de publicações científicas (*Network of Scientific Papers*) e no estabelecimento da relação deste mecanismo com outras leis de potência tais como a *Lei de Zifp* e as leis de escala estudadas por Simon. De entre os que se têm dedicado à solução exacta para o valor do expoente característico encontram-se contribuições de (Jeong, H. 2003), (Wagner, A. 2001), (Solé, R. 2006) e (Vázquez, A. 2003). Nestas contribuições e a partir da exploração das redes para estudo da evolução biológica, tem sido argumentado que a existência de uma lei de potência pode estar associada ao mecanismo de duplicação genética. Neste contexto, a representação do modelo de rede pode associar a cada nodo uma determinada propriedade individual, uma *fitness* (w_i), cujo valor participará na probabilidade do nodo em causa estabelecer novas ligações durante o processo de evolução da rede, ou seja: a probabilidade de aquisição de novas ligações passa a depender também de uma característica individual do nodo $(p(g_i) = \dfrac{w_i g_i}{\sum_j (w_j g_j)})$ e não apenas das ligações que partilha com os outros nodos da rede.

5.5 Estrutura, dinâmica e evolução das redes

Reconhecem-se pelo menos três formas distintas de estudar os sistemas em rede. A primeira assenta no estudo da **Estrutura** do sistema em rede, procura quantificar os coeficientes topológicos até aqui referidos em termos dos seus valores médios e das suas distribuições. Identificam-se padrões na estrutura da rede, ou seja, critérios de determinação da existência das ligações. Conhecem-se então as redes regulares, as redes aleatórias, as redes com os regimes SW e SF. A caracterização das redes, do ponto de vista estrutural, pode ser encontrada nos mais variados domínios e aplicações. Para além da Teoria dos Grafos, quando estas redes têm um número elevado de elementos, é frequente que se utilizem instrumentos da Física Estatística e da Teoria das Probabilidades.

A segunda forma de abordar os sistemas em rede é a que estuda a sua **Dinâmica**. Dado um sistema em rede, as abordagens dinâmicas pretendem caracterizar que tipos de comportamentos são mais propícios de serem observados sobre aquela estrutura. Os principais desenvolvimentos desta abordagem são aplicados às Ciências Sociais. Embora também se possa caracterizar a dinâmica de um sistema sobre uma rede regular ou aleatória, os exemplos mais estudados encontram-se nos sistemas construídos sobre redes do tipo SW e SF. Nesta perspectiva, a estrutura da rede em estudo é invariante e assim sendo investiga-se o papel desta estrutura no desenvolvimento de determinados comportamentos sobre a rede. O estudo da dinâmica das redes não pressupõe que estas adquiram novos nodos ou novas ligações. São conhecidas topologias características de redes subjacentes a dinâmicas de difusão (ou de propagação) de propriedades, sejam propriedades físicas, como as que caracterizam por exemplo a contaminação bacteriológica e viral ou sejam propriedades doutra natureza, como no caso dos processos de difusão de boatos ou de difusão da inovação (ver Capítulo 7 em Modelos de Inovação).

Por último, tem-se as abordagens que estudam a **Evolução** das próprias redes enquanto estruturas que mudam com o tempo.

Uma das mais reconhecidas é a que estuda o crescimento com aquisição de novos nodos e de novas ligações, como por exemplo, quando se caracteriza o crescimento por via do estabelecimento de ligações preferenciais. Como já vimos, neste caso, ao invés dos valores médios dos coeficientes topológicos, caracterizar-se-á a distribuição dos valores dos coeficientes. Os exemplos vêm principalmente da Biologia e das Ciências Sociais. As redes do tipo SF são as mais encontradas na caracterização dos processos evolutivos.

O exemplo apresentado a seguir, a propósito da caracterização dinâmica das redes em regime SW, usa o modelo de interpolação proposto por D. Watts (o β- *model*) (D. Watts, D. 1999) para definir um sistema dinâmico sobre uma rede cujos elementos estão ligados com acoplamento convexo. Caracteriza-se então a entrada e a saída no regime SW com base no comportamento dos invariantes ergódicos daquele sistema dinâmico. Esta aplicação exemplifica uma abordagem dinâmica de uma rede onde, além da caracterização do efeito da estrutura subjacente na dinâmica da rede, são identificadas as diferenças entre as dinâmicas a operarem nas escalas local e global.

5.6 Caracterização dinâmica do regime *small-world*

Como se tem visto até aqui, o regime ou a fase SW, caracterizada pela ocorrência simultânea de elevado *clustering* e de baixo caminho médio mais curto, é observada ao longo de um intervalo situado entre a ordem e o acaso, no que se refere ao estabelecimento de ligações entre os nodos da rede.

No entanto, esse fenômeno só pode ser definido como uma fase, no sentido da Física Estatística, se forem encontrados os **parâmetros de ordem** cujos valores permitam caracterizar as transições de fase *de-regular-para-SW* e *de-SW-para-aleatório*. Alternativamente, o regime SW seria simplesmente caracterizado enquanto um fenômeno de passagem (***crossover***) do regime regular para o regime aleatório.

180 | Introdução à Economia Computacional

Nesta abordagem dinâmica do fenómeno SW estudamos um sistema com interacções definidas pelas ligações da rede. Ao fazê-lo, é possível definir a fase (ou o regime) SW como estando relacionado com o comportamento dos invariantes ergódicos do sistema dinâmico. A entrada naquela fase fica determinada pelo **expoentes de Lyapunov** enquanto a saída da fase SW corresponde à região onde divergem os valores da **entropia** e da **entropia dos expoentes condicionais**.

5.6.1 *O modelo dinâmico*

O modelo tem início com a consideração de agentes dispostos sobre um anel (uma rede regular) à semelhança do que foi apresentado na secção anterior quando da descrição do β -*model*. Neste modelo, tal como acontece no início do processo de *rewiring*, quando $\beta = 0$, cada agente se encontra ligado aos seus $2v$ vizinhos mais próximos sobre o anel.

A novidade consiste em que, para cada valor de β, um sistema dinâmico com acoplamento convexo fica definido por:

$$x_i(t+1) = \sum_{j=1}^{N} W_{ij} f\big(x_j(t)\big) \qquad (5.8)$$

onde

$$W_{ij} = \begin{cases} 1 - \frac{n_v(i)}{2v}c & \text{se} & i = j \\ \frac{c}{2v} & \text{se} & i \neq j \quad \text{e} \quad i \quad \text{está ligado a} \quad j \\ 0 & \text{noutra cirscunstância} \end{cases}$$

$$(5.9)$$

Sendo $n_v(i)$ o número de nodos ligados a i e c um parâmetro de controle.

Para a dinâmica dos agentes escolhemos a função

$$f(x) = \alpha x \quad \text{mod.1} \tag{5.10}$$

onde tipicamente $\alpha = 2$.

Quando $\beta = 0$, cada agente tem exactamente $2v$ vizinhos e os expoentes de Lyapunov valem

$$\lambda_0(k) = \log\left\{\alpha\left(1 - c + \frac{c}{v}\sum_{j=1}^{v}\cos(j\theta_k)\right)\right\} \tag{5.11}$$

com $\theta_k = \dfrac{2\pi k}{N}$, $k = 0,..., N\text{-}1$. No limite $N\to\infty$, o espectro de Lyapunov é contínuo e evolui suavemente como no primeiro gráfico da Figura 5.6.

Ao longo do processo de interpolação entre a ordem e a desordem, o redireccionamento (*rewiring*) aleatório das ligações da rede provoca alterações no espectro de Lyapunov. Para simplificar, o valor de c é escolhido de tal forma que, para $\beta = 0$, o menor expoente de Lyapunov também seja nulo.

Caracterização da Entrada no Regime SW

Na medida em que β aumenta, alguns dos expoentes tornam-se negativos, tal como pode ser observado no segundo gráfico da Figura 5.6.

182 | Introdução à Economia Computacional

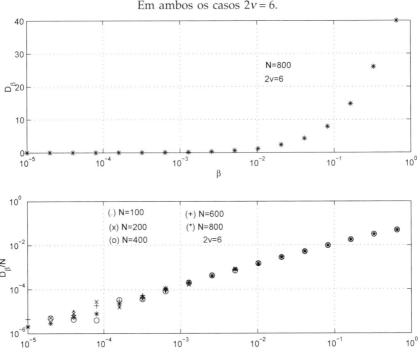

Figura 5.6: O espectro de Lyapunov para $\beta = 0$ e para $\beta = 0.2$. Em ambos os casos $2\nu = 6$.

Além da modificação nos expoentes de Lyapunov, o aparecimento de ligações de longo alcance estabelecidas ao acaso será também responsável pela redução do caminho médio (P) nas redes SW. Portanto é natural considerar as modificações no espectro de Lyapunov como a <u>assinatura dinâmica</u> do início da fase SW. Aí tem particular importância a passagem de parte do espectro para valores negativos. Ou seja, neste modelo, a aleatoriedade decorrente do redireccionamento leva a uma redução efectiva do número de graus de liberdade do sistema dinâmico. Para quantificar este efeito definimos o coeficiente

$$D_\beta = -\sum_{\lambda_i < 0} \lambda_i \qquad (5.12)$$

Outra possibilidade de caracterização das modificações do espectro de Lyapunov, seria a de medir a parte singular do espectro associada ao aparecimento de descontinuidades. Porém os intervalos naturais do espectro, que surgem como consequência de ser finito, tornariam esta medida pouco robusta.

No primeiro gráfico da Figura 5.7 mostram-se os valores médios de D_β calculados sobre mais de 100 simulações para cada valor de β (com $N = 800$ e $2v = 6$). No segundo gráfico da Figura 5.7, o mesmo resultado é apresentado em escala dupla-logarítmica.

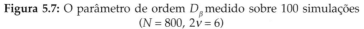

Figura 5.7: O parâmetro de ordem D_β medido sobre 100 simulações ($N = 800$, $2v = 6$)

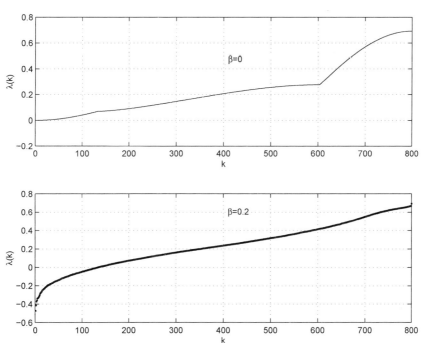

Será a partir de $\beta \approx 10^{-3}$ que o efeito SW será perceptível. Usando $\dfrac{1}{N(D_\beta)}$ para valor do parâmetro de ordem, a fase SW começa em $\beta = 0^+$, ficando a fase regular apenas restricta ao ponto correspondente a $\beta = 0$.[16]

Assim sendo, tem-se que

$$D_\beta = cN\left(\beta - \beta_{c_1}\right)^{\eta_1} \qquad (5.13)$$

com $\beta_{c_1} \leq 10^{-5}$ e $\eta_1 = 1.01 \pm 0.06$.

Autores como M. Barthélémy e L. Amaral (Barthélémy, M. 1999) caracterizam o valor do caminho médio P para o mesmo modelo como uma função do tamanho da rede (N) e descrevem P enquanto uma função de escala de $\dfrac{N}{N^*}$, com N^* dependente do grau de desordem ($N^* \approx \beta^{-2/3}$). A ser assim, a fase SW seria caracterizada enquanto um fenômeno de passagem (*crossover*). Alternativamente, no comportamento de D_β não encontramos nenhuma evidência de *crossover*. Como vimos, a entrada no regime SW pode ser descrita como uma transição de fase, embora não seja P o parâmetro de ordem apropriado.

Caracterização da Saída no Regime SW

Para caracterizar a saída da fase SW, usamos o conceito de **expoentes condicionais** apresentado no Capítulo 2. A divisão em blocos, necessária ao cálculo deste indicador, faz-se da seguinte maneira:

- Para cada agente i, considera-se o sub-bloco de dimensão $d_i \times d_i$ formado pelo agente e pela sua vizinhança.
- Os expoentes condicionais positivos $\lambda_{\beta^*(j)}$ associados a cada sub-bloco são então calculados.

---

[16] Este resultado é consistente com a análise apresentada na referência (Argollo, M. 2000).

- A soma ponderada dos expoentes positivos é efectuada sobre todos os subblocos.

Tal como apresentado no Capítulo 2, este cálculo dá-nos uma versão do que se tem chamado de **entropia dos expoentes condicionais** (Vilela Mendes, R. 1998b).

$$h_\beta^* = \sum_{i=1}^{N} \left(\frac{1}{d_i} \sum_{\lambda_\beta^* > 0} \lambda_\beta^*(j) \right) \tag{5.14}$$

Subtraindo h_β^* da soma dos expoentes de Lyapunov positivos, $h_\beta = \sum_{\lambda_\beta > 0} \lambda_\beta(j)$, definimos o coeficiente

$$C_\beta = \left| \frac{h_0^* - h_0}{h_\beta^* - h_\beta} \right| \tag{5.15}$$

que é também um invariante ergódico.

Este coeficiente tem a seguinte interpretação dinâmica: os expoentes de Lyapunov medem a taxa de produção de informação ou, de um ponto de vista alternativo, definem a **liberdade dinâmica do sistema**, na medida em que controlam a quantidade de alterações necessárias no presente para ter algum efeito no futuro. Neste sentido, quanto maior é o expoente de Lyapunov, mais livre é o sistema dinâmico naquela direcção, na medida em que uma pequena mudança no estado actual irá provocar uma grande mudança no estado futuro.

Os expoentes condicionais têm a mesma interpretação dinâmica do ponto de vista de cada agente e da sua vizinhança. No entanto, a taxa de produção de informação é dada pela soma dos expoentes de Lyapunov positivos e não pela soma dos expoentes condicionais. Portanto, a quantidade $h_\beta^* - h_\beta$ é uma medida da **liberdade aparente** (ou da taxa de produção de informação aparente).

Como a **auto-organização** num sistema diz respeito à relação dinâmica do todo com as suas partes, esta quantidade pode também ser vista como uma medida de auto-organização dinâmica.

A quantidade C_β depende da diferença entre as taxas de produção de entropia local e global. Porém, enquanto no numerador se quantifica a componente local na matriz Jacobiana, no denominador, o que é quantificado é a componente global devida às ligações criadas ao acaso durante o processo de *rewiring*. Portanto não se deve esperar de C_β um comportamento simplificado.

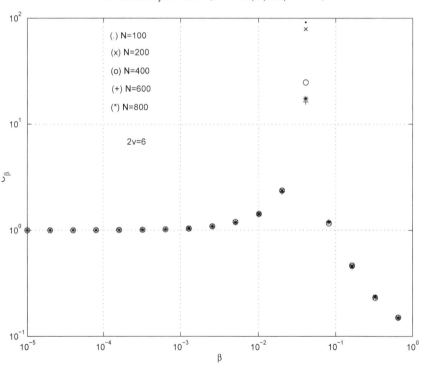

Figura 5.8: O parâmetro C_β a marcar a saída da fase SW obtido sobre 100 simulações com ($N = 100,...,800$, $2v = 6$)

O gráfico da Figura 5.8 mostra os valores médios de C_β medidos sobre diferentes simulações para cada β (com $2v = 6$ e $N = 100, 200, 400, 600, 800$).

Para pequenos valores de β, a diferença entre a entropia e a entropia dos expoentes condicionais é pequena, podendo ser facilmente calculada a partir dos parâmetros de rede. Isso significa que cada agente pode ter informações exactas sobre o comportamento global a partir da observação da sua própria vizinhança. Quando o valor de β aumenta a diferença muda de sinal, o que significa que a estrutura local deixou de fornecer informação fiável sobre a dinâmica global da rede. Este é o correspondente dinâmico da perda do coeficiente de *clustering* e permite definir a transição no ponto de divergência entre β_{c_2} e C_β.

Tem-se então que

$$\beta_{c_2} \approx 0.04 \tag{5.16}$$

e perto da região de transição

$$C_\beta \approx \left| \beta - \beta_{c_2} \right|^{-\eta_2} \tag{5.17}$$

com $\eta_2 \approx 1.14$ abaixo da região de transição e $\eta_2 \approx 0.93$ acima desta região.

5.7 Resumo do capítulo

O estudo das propriedade de rede tem suscitado um crescente interesse em diversas áreas de aplicação. Os cientistas sociais têm frequentemente recorrido às abordagens de rede para a análise de sistemas complexos encontrados na generalidade das redes sociais.

As abordagens de rede utilizam um conjunto de coeficientes – os coeficientes topológicos – com o principal objectivo de caracterizar as propriedades das ligações estabelecidas entre um conjunto de elementos. Neste contexto, os valores dos principais coeficientes permitem distinguir diferentes regimes de rede e conhecer alguns dos mecanismos associados ou mesmo responsáveis pela sua formação.

188 | Introdução à Economia Computacional

As redes podem ser estudadas de pelo menos três formas distintas: a estrutural, a dinâmica e a que estuda a sua evolução. A caracterização dos regimes de rede encontrados nas sociedades naturais ou artificiais é um poderoso instrumento de identificação de estrutura. O estudo das redes, ao centralizar a atenção na conectividade dos elementos do sistema, favorece a interpretação dos mecanismos associados à interdependência e à emergência, ou seja, dos mecanismos associados ao aparecimento de propriedades colectivas qualitativamente diferentes das propriedades individuais.

Os invariantes ergódicos (os expoentes de Lyapunov e a entropia dos expoentes condicionais) permitem estabelecer uma ligação entre as propriedades topológicas das redes SW e o comportamento de um sistema dinâmico ligado em rede. Além disso, as leis de potência encontradas para estes invariantes proporcionam um enquadramento para a identificação do fenômeno SW enquanto uma fase, no sentido da Física Estatística.

Parece existir uma relação directa entre as propriedades topológicas de uma rede e o comportamento dinâmico do sistema em rede. Viu-se que, quando da entrada no regime SW, a rede inicial de agentes adquire progressivamente ligações ao acaso, perdendo a sua regularidade original. Nesta fase, o aumento da desordem faz com que se reduza o número de graus de liberdade do sistema, medido pelos expoentes de Lyapunov com valor positivo.

Mais adiante, a quantidade de ligações criadas ao acaso passa a ser tão grande que a rede abandona o regime SW. Nesta altura, a falta de estrutura local (retratada topologicamente pela queda do coeficiente de agregação) é captada, do ponto de vista dinâmico, pela diferença entre a informação a que o agente individual tem acesso acerca do comportamento global a partir da sua vizinhança e a informação proveniente da rede global (através da quantificação das entropias condicionais). O desaparecimento dos agregados de agentes é correspondido pelo cessar do fornecimento, pelas estruturas locais, de informação de confiança acerca da dinâmica global.

Referência Principal:

(Araújo, T. 2001) T. Araújo, R. Vilela Mendes e J. Seixas, Dynamical characterization of the small-world phase, Physics Letters A 319, 285-289.

6.

Forma e Função numa Rede de Agentes

No Capítulo 5, as estruturas em rede foram utilizadas para caracterizar a dinâmica dos agentes de uma sociedade artificial. Neste capítulo, prossegue-se com a consideração de uma sociedade artificial mas desta vez para investigar a criação de estruturas provenientes de diferentes métodos de aprendizagem.

Como se viu no capítulo anterior, uma noção importante nas abordagens de rede é a noção de *distância*. Dependendo das circunstâncias, a distância pode ser medida pela intensidade de interacção entre os agentes, pela diferença de posições num determinado espaço ou por algum outro critério que expresse a existência de uma ligação entre os mesmos. A partir desta noção, alguns coeficientes globais têm sido propostos para caracterizar a estrutura da conectividade das redes. Dois deles são os já descritos **coeficiente de agregação** (C) e **caminho médio mais curto** (P). Sabe-se que os valores destes coeficientes são suficientes para distinguir as redes aleatórias das redes regulares e das redes do tipo *small-world*.

Neste capítulo, procura-se encontrar os mecanismos que conduzem a cada tipo de estrutura, quando uma rede de agentes aprende uma função. De forma a melhor caracterizar as estruturas resultantes dos processos de aprendizagem, novos coeficientes de rede são propostos, tais como os indicadores de Simetria, Residualidade, Robustez, Adaptação, Antagonismo e Cooperação.

6.1 A dependência da história

Geralmente, as redes de agentes organizam-se para cumprir alguma finalidade. Por exemplo, um país organiza-se para assegurar a sobrevivência e o bem estar de seus habitantes (ou de um subconjunto destes, em todo o caso), as redes de fornecimento são organizadas para fornecer diariamente alimentos a uma cidade, e a rede dos neurónios no cérebro é organizada para processar a informação que chega através dos órgãos sensoriais. Consequentemente, pode-se pensar que é a <u>função</u> da rede que determina a sua <u>forma</u>.

Um exemplo simples mostra que não é necessariamente assim. Os restaurantes e as propriedades públicas e privadas numa grande cidade não mantêm mais do que o stock de alguns dias de alimentos e sem uma reposição contínua das suas reservas a cidade deixaria de estar fornecida dentro de pouco tempo. Este problema é diariamente resolvido na maioria de cidades por uma rede **auto-organizada** de produtores e de transportadores.

Numa segunda hipótese, numa economia centralizada, um sistema diferente, muito estruturado pode ser organizado com os produtores a entregarem os seus produtos a uma cooperativa local, onde são colectados por uma agência de transportes, que os entrega então a lojas centralizadas, onde todos os consumidores vão adquirir os seus bens. Neste caso a rede tem uma estrutura muito **regular**.

Pode-se dizer que um dos sistemas é mais eficiente do que o outro, mas isto é completamente irrelevante no que se refere à funcionalidade. Em ambos os casos a cidade é fornecida, ainda que as estruturas das duas alternativas sejam completamente diferentes.

Sabe-se que numa mesma sociedade, diferentes instituições conseguem objectivos semelhantes de maneiras muito diferentes. Este facto refoça a desconfiança em todas as tentativas de caracterizar a unicidade das soluções óptimas. Em geral, as soluções escolhidas são **dependentes da história** de cada sociedade.

6. Formação e Função numa Rede de Agentes | 193

O critério de optimização não deve portanto ser baseado na funcionalidade da solução, mas em outros factores como a estabilidade, a resistência à mudança, a adaptação a um ambiente em evolução, etc. Naturalmente, se houver somente uma configuração possível da rede para cada funcionalidade desejada então, sempre que a funcionalidade for alcançada, a forma ficará definida. Nesse caso a função determina a forma e a forma não depende do método através do qual a funcionalidade é alcançada.

No entanto, esta não é a situação mais frequente nas redes de agentes. O que chamamos a **função da rede** está associado a algumas variáveis colectivas, como por exemplo, a sobrevivência de um grupo em guerra com um país vizinho, a extração de conceitos globais como a cor ou a dor de uma multidão de estímulos externos, etc. Isto é, **a função da rede está relacionada com um número de variáveis muito menor do que o número de agentes** ou graus de liberdade internos da rede. Nesse caso deve ser esperado que diversas configurações distintas da rede estejam associadas a uma mesma funcionalidade.

6.1.1 *Questões principais*

O principal objectivo do trabalho apresentado neste capítulo é discutir:

Se a função determina a forma quando uma sociedade de agentes se organiza com a finalidade de alcançar um determinado objectivo; ou se, pelo contrário, será o método utilizado para o alcance do objectivo aquele que desempenha o papel determinante da forma característica da sociedade de agentes.

De forma mais específica, pretende-se saber também:

1. Em que medida o sucesso de um método de aprendizagem depende da aquisição de uma determinada estrutura; e se haverá também dependência em relação à transição da desordem para a ordem na estrutura de rede.

Como exemplo, utilizamos uma **rede neuronal** que aprende uma mesma função por dois métodos diferentes. A caracterização dos mecanismos que conduzem a cada tipo de estrutura introduz duas novas perguntas:

2. Com que facilidade a estrutura adquirida durante a aprendizagem de uma dada função se adaptará à representação de uma outra função?
3. Qual é o grau de sucesso das estruturas na manutenção da mesma funcionalidade quando algumas das suas ligações são suprimidas?

Para redes suficientemente grandes, muitas estruturas diferentes podem ser obtidas, todas elas correpondendo ao desempenho da mesma funcionalidade. No espaço de todas as configurações que realizam uma determinada função, é importante saber que tipos de estruturas de rede existem, no que se refere às suas propriedades topológicas.

A fim de caracterizar as diferentes estruturas resultantes do processos de aprendizagem, recorremos a alguns coeficientes de rede, tais como o **coeficiente de** *clustering* (de agregação) (C), o **caminho médio mais curto** (P) e o **grau** da rede (g). Para complementar esta informação, definimos novos indicadores, tais como os indicadores de simetria (Sm), de residualidade (Re), de robustez (Ro), de adaptação (Ad), de antagonismo (An) e de cooperação (Co).

Concentramo-nos nos modelos de rede neuronais que aprendem a representar uma determinada função. O uso de **redes neuronais** como um paradigma para redes de agentes é menos restrictivo do que pode parecer. De acordo com Doyne Framer (Farmer, J. 1999), as redes neuronais são equivalentes à generalidade dos sistemas relacionais.

Nestes sistemas, define-se a distância entre os agentes (nodos) da rede pelo inverso do valor absoluto da intensidade da ligação entre eles. Os nodos são considerados conectados se a intensidade da ligação excede um valor inicial; sendo este valor determinado por um algoritmo que assegura a conectividade global da rede, tal como se viu nos Capítulos 4 e 5 quando da passagem de uma rede completa para uma rede esparsa.

6.2 O método

O método de pesquisa desenvolvido para responder às questões principais consiste em dois passos:
- Utilizam-se dois métodos de aprendizagem para ensinar uma rede cujas ligações são geradas de forma aleatória (sem estrutura) a desempenhar uma mesma função.
- Depois da aprendizagem, caracterizam-se as estruturas resultantes da utilização de cada um dos métodos de aprendizagem, tendo em conta que:
  - a conectividade (aleatória) das redes iniciais fornecerá os valores de referência para a caracterização da falta da ordem.
  - as estruturas mais regulares resultantes da aprendizagem serão avaliadas por comparação com estruturas características e representativas de diferentes regimes de rede.

O primeiro método de aprendizagem consiste na aprendizagem mais usual (clássica) que tem lugar através do reforço das ligações. Consistindo num método frequentemente utilizado, existem diversas variações deste primeiro algoritmo, dentre as quais, as apresentadas nas referências (Denker, J. 1987) e (Hebb, D. 1949).

No segundo algoritmo (Stassinopoulos, D. 1995), os agentes (os nodos) são punidos por erros mas nada acontece quando a resposta é a desejada.

O primeiro método será designado **Aprendizagem por Reforço das Ligações** (*Reinforcement Learning Method* – RLM) e o segundo por **Aprendizagem através dos Erros** (*Learning from Mistakes* – LFM).

196 | Introdução à Economia Computacional

A rede neuronal, sendo uma rede de agentes, é mais rica do que os grafos simples. Isto porque não somente as ligações entre nodos podem ser positivas (*excitatory*) ou negativas (*inhibitory*), mas também porque, dado que as ligações são em geral assimétricas, a influência de um nodo sobre outro nodo pode ser diferente da influência que o primeiro recebe deste último. Para caracterizar esta informação adicional na estrutura da rede, introduzimos os já referidos novos indicadores.

6.3 Redes orientadas por objectivos

Como paradigma para redes orientadas por objectivos, estudamos uma rede neuronal que é inicializada de forma aleatória (com intensidades de ligação reduzidas) e que aprende a reproduzir uma função por dois métodos de aprendizagem diferentes.

Para tal, define-se um determinado número de nodos enquanto nodos de entrada (*input nodes* N_i), sendo alguns outros nodos definidos como nodos de saída (*output nodes* N_s).

Nas simulações aqui apresentadas, tomam-se dois nodos como nodos de entrada, um nodo como nodo de saída, e a função a ser reproduzida é uma função booleana como o OU Exclusivo – XOR.

Resultados semelhantes poderão ser obtidos para outras funções mais complexas. É preciso assegurar que a rede tenha um número suficientemente grande de nodos para garantir que o subspaço de ligações seja compatível com a execução dessa função. Caso contrário, se houver somente uma configuração possível (de intensidades das ligações), a função determinará a forma e a eventual dependência da forma em relação ao método de aprendizagem não pode ser detectada.

Pode acontecer que as configurações obtidas por métodos diferentes coincidam, mesmo quando as regiões no espaço de função explorado por métodos de aprendizagem diferentes são distintas. Entretanto, em média, métodos diferentes exploram regiões completamente diferentes do espaço de função.

6.4 Algoritmos de aprendizagem

A rede que estudamos é caracterizada por uma arquitetura não-nivelada (*non-layered*) que representa um sistema conexo, de 12 agentes com intensidades de ligação ($w(i,j)$) geradas ao acaso no intervalo $-0.5 < w(i,j) < 0.5$. Tal como já referido, o valor absoluto da intensidade da ligação corresponde ao inverso da distância entre o par de agentes envolvidos ($|w(i,j)| = \dfrac{1}{d(i,j)}$).

A partir da configuração aleatória inicial, os dois diferentes algoritmos de aprendizagem são utilizados para obter a função **XOR**, que, como se sabe, é definida pelo seguinte conjunto de entradas (e_1, e_2) e de saída (s) correspondente:

$$
\begin{array}{ccc}
e_1 & e_2 & s \\
0 & 0 & 0 \\
0 & 1 & 1 \\
1 & 0 & 1 \\
1 & 1 & 0
\end{array}
\tag{6.1}
$$

O primeiro algoritmo é o de aprendizagem por reforço da intensidade das ligações (RLM) enquanto no segundo (LFM), não havendo reforço, há um processo de enfraquecimento da intensidade das ligações entre os nodos envolvidos na produção de um erro (saída incorrecta) (Stassinopoulos, D. 1995). Ambos têm uma inspiração biológica e têm também, em comum, a utilização de uma função sigmóide para a activação da função de saída (Y_i) de cada nodo.

Em ambos os casos é ainda utilizado um mecanismo regulador da actividade total da rede. Se a actividade da rede é baixa, o limiar de regulação é diminuído até que um número apropriado de nodos participe na activação. Por outro lado, se a actividade excede um determinado valor, o limiar é aumentado a fim de manter um nível reduzido de actividade global na rede. Um nodo é definido como activo se sua saída está acima de 50% da saída máxima (tendo em conta todos os nodos da rede).

6.4.1 Aprendizagem por reforço das ligações

No método RLM, as ligações entre os nodos activos são aumentadas ou enfraquecidas conforme a saída (em N_s) seja, respectivamente, bem sucedida ou não. O processo afecta todos os nodos activos da mesma maneira. A regra de actualização do reforço é a seguinte:

Se a saída (em N_s) é a correcta

$$w(i,j) := w(i,j) + (\delta Y_i Y_j) \qquad (6.2)$$

senão

$$w(i,j) := w(i,j) - (\delta Y_i Y_j) \qquad (6.3)$$

com

$$Y_i = \phi \left(\sum_k w_{ik} Y_k \right) \qquad (6.4)$$

com $\delta << 1$. Tal como já indicado, a polarização é ajustada para manter a actividade total da rede num nível reduzido. A saturação é evitada através do ajustamento global de todas as intensidades, quando uma delas excede um determinado limiar.

6.4.2 *Aprendizagem através dos erros*

Se a saída é a desejada, nada acontece, senão as ligações entre os nodos activos são deprimidas de uma quantidade fixa, a qual é redistribuída pelas ligações entre os nodos não activos,

$$w(i, j) := w(i, j) - \delta \qquad (6.5)$$

com $\delta << 1$.

Tal como no método anterior, há um mecanismo regulador para manter a actividade global da rede num nível baixo.

6.5 Coeficientes de rede

Como já vimos no capítulo anterior, o coeficiente de agregação e o caminho médio mais curto são parâmetros estatísticos importantes, os quais têm sido objecto de atenção crescente depois do regime *small-world* ter sido identificado enquanto uma propriedade interessante de estruturas subjacentes a dinâmicas encontradas em diversas áreas e aplicações.

As redes do tipo *small-world* resultam de um mecanismo de interpolação entre a ordem (representada por uma rede absolutamente regular) e a desordem (rede aleatória). Dentro deste intervalo, o coeficiente de agregação ainda é alto como nas redes regulares e o caminho médio mais curto já é pequeno como nas redes aleatórias.

No trabalho apresentado neste capítulo, o movimento das redes é no sentido oposto, de completamente aleatória para uma estrutura orientada por um objectivo. A intuição básica é que quando uma rede aleatória aprende por métodos de aprendizagem diferentes, obtém-se formas diferentes de organização, mesmo quando os métodos foram ambos desenvolvidos para alcançar o mesmo objectivo funcional. Em particular, pretende-se caracterizar o quanto o sucesso de um método de aprendizagem depende da transição da desordem para a ordem na estrutura de rede.

A conectividade (aleatória) das redes iniciais fornece os valores de referência para a caracterização da falta da ordem. No outro extremo, as estruturas mais regulares que resultam das aprendizagens são avaliadas encontrando o quanto os valores dos coeficiente de *clustering* e do caminho médio mais curto diferem daqueles que caracterizam a aleatoriedade das configurações iniciais e doutros indicadores de regularidade. Como já se tem visto, a quantificação do coeficiente de *clustering* e do caminho médio mais curto só faz sentido em estruturas de grafos **conexos e esparsos**. Como as redes com que trabalhamos são **redes completas** (*fully-connected*), uma primeira etapa consiste em obter uma representação esparsa da rede, com o grau de *sparseness* gerado pelo método de aprendizagem escolhido, em vez de uma especificação *a priori*. Como já discutido em capítulos anteriores, ao se passar de uma rede completa para uma rede esparsa, convém garantir a conectividade da mesma. A conectividade é assegurada sempre que se filtram as distâncias entre os elementos da rede com o valor da distância limiar obtida a partir da construção da MST correspondente[17] (Ver Capítulos 4 e 5).

6.5.1 *A representação da rede*

A partir da matriz W com as intensidades das ligações $w(i,j)$, constrói-se uma matriz de distâncias D_W na qual $d(i,j) = \dfrac{1}{|w(i,j)|}$. Sobre as distâncias, aplica-se um algoritmo de *clustering* hierárquico usando o método do vizinho mais próximo (*nearest neighbor*), como se segue:

- Inicialmente, são considerados n conjuntos correspondentes aos n agentes da rede.
- Em cada etapa, dois conjuntos c_i e c_j são agregados num único conjunto se

$$d_{c_i c_j} = \min \left\{ d_{c_i c_j} \right\} \tag{6.6}$$

com a distância entre os conjuntos dada por

$$d_{c_i c_j} = \min \left\{ d_{pq} \right\} \tag{6.7}$$

---

[17] A MST de um grafo n com elementos é uma árvore com $n-1$ ligações que minimiza a soma das distâncias entre os nodos do grafo.

onde $p \in c_i$ e $q \in c_i$

- O processo é repetido até que haja um único conjunto. Este processo é conhecido como o *single link method*, sendo o processo através do qual se obtém a *minimal spanning tree* (MST) de um grafo.

Numa rede com n agentes, o processo acima descrito tem $n-1$ etapas, e usa, em cada etapa, uma das distâncias $d(i,j) \in D_W$ para agregar dois conjuntos num único conjunto.

Considere $C_W = \{d_q\}, q = 1,..., n-1$, o conjunto das distâncias $d(i,j) \in D_W$ usadas em cada etapa do processo e L_W a distância utilizada na sua última etapa. Como consequência temos que $L_W = d_{n-1} = \max(\{d_q\})$.

Uma vez obtido o valor da distância limiar (L_W), o grafo B_W pode ser definido:

$$b(i,j) = 1 \;\leftrightarrow\; d(i,j) \le L_W$$
$$b(i,j) = 0 \;\Leftrightarrow\; d(i,j) > L_W \tag{6.8}$$

Consideramos que dois nodos i e j de B_W estão conectados se $d_{ij} \le L_W$ ou se $d_{ji} \le L_W$. Assim sendo, tomamos $b_{ij} = \max(b_{ij}, b_{ji})$ de forma a definir uma representação de D_W simultaneamente **esparsa**, **conexa** e **simétrica**. Mais tarde neste capítulo tomar-se-á em consideração os efeitos direccionais.

6.5.2 Coeficientes de *clustering*

É possível medir o coeficiente de *clustering* de B_W de duas maneiras diferentes.

1. O primeiro algoritmo corresponde ao cálculo usual do coeficiente de *clustering* (C), tal como apresentado no Capítulo 5. Neste caso, o valor do coeficiente de *clustering* (C_v) de cada nodo (v) é dado pelo quociente entre o número de ligações existentes

na **vizinhança** de v e o número total de ligações possíveis nesta vizinhança, onde s_v é o tamanho da lista da adjacências do nodo v. Calcula-se então a média sobre todos os nodos de B_W de forma a obter um coeficiente de *clustering* que designaremos por C_{A_W}:

2. No segundo algoritmo, o cálculo do *clustering* não considera os nodos v de G que tenham apenas um único nodo na sua vizinhança. Para cada par de ligações $(v1,v2)$ e $(v2,v3)$ em B_W, contamos uma unidade no caso de $(v1,v3)$ existir. A soma total das unidades contabilizadas é dividida então por

$$\sum_{v=1}^{n} s_v (s_v - 1)/2 \qquad (6.9)$$

onde s_v é o tamanho da lista da adjacências do nodo v.

Desta maneira, os nodos com um único nodo na sua vizinhança não contribuem para o valor calculado pela expressão acima (dado que $sv - 1 = 0$), sendo aqueles nodos excluídos da cálculo de C_{B_W}. Observe-se que, para uma rede típica, os valores de C_{B_W} e C_{A_W} tendem a ser muito semelhantes.
Uma diferença significativa entre estes valores indica que a rede tem muitos nodos com um único vizinho ou que a distribuição dos coeficientes de *clustering* para cada nodo é muito heterogénea. Para controlar este efeito tanto C_{A_W} como C_{B_W} foram calculados nas diversas simulações.

Redundância

Interessa-nos também calcular a quantidade de ligações redundantes e para tal definimos:
- $C*W = \{d_l\}(l = 1,...,m)$ como o conjunto das distâncias em D_W com valores menores ou iguais a distância limiar L_W e
- O valor do indicador $r = m - (n - 1)$ que fornece o número

de elementos redundantes em C^*W, isto é, o número de distâncias que, embora sendo menores do que L_W, não são usadas no processo de construção da MST.

Num grafo conexo, r fornece o número de **ciclos** de B_W. Sendo correspondente ao conjunto dos ciclos elementares de B_W que reunidos formam o grafo original. Na secção seguinte, veremos que, dependendo do método de aprendizagem, os **ciclos** e as **árvores** (isto é, grafos conexos sem ciclos) podem ou não aparecer nas estruturas de rede resultantes dos processos de aprendizagem. Sabe-se que as redes com alto *clustering* têm um número elevado de elementos redundantes, enquanto no caso oposto, as redes aproximam-se de uma estrutura em ávore e, assim sendo, apresentam um baixo coeficiente de *clustering*.

6.6 Novos coeficientes de rede

Ao contrário dos grafos simples, as ligações entre os agentes nas redes aqui estudadas (e na maioria das redes naturais) não são simétricas e podem ter sinais positivos ou negativos. É então conveniente caracterizar esta estrutura mais rica em termos de conectividade. Alguns novos coeficientes são aqui definidos com esta finalidade.

6.6.1 *Caminho característico num grafo ponderado*

O caminho médio mais curto de um grafo ponderado G_W é dado pelo comprimento médio do caminho mais curto (aqui designado P_W) entre todos os pares de nodos de G_W. A partir da matriz W com as intensidades de ligação $w(i,j)$ e da sua matriz de distâncias correspondente (D_W), o grafo ponderado G_W é definido por $g(i,j) = min\{d(i,j),d(j,i)\}$. Ou seja, para cada par (i,j) de G_W, com $i \neq j$, toma-se a menor distância (P_W) entre os nodos i e j.

204 | Introdução à Economia Computacional

Ordenam-se sequencialmente e por ordem crescente os $n(n-1)/2$ valores de g_{ij}. No primeiro passo, o menor g_{ij} da lista fornece a distância mais curta entre os nodos i e j. Nos passos seguintes, a nova ligação $g(e_1,e_2)$ fornece a distância mais curta $(P_W(e_1,e_2))$ entre e_1 e e_2, podendo ainda fornecer um novo caminho mais curto entre os nodos i e j, o qual corresponderia a $P_W(i,j) + P_W(e_1,e_2)$ se $e_1 \in \{i,j\}$ ou se $e_2 \in \{i,j\}$, ou seja:

$$
\begin{aligned}
\text{Se } i &= e_1 \quad P_W(e_2, j) = \min\{P_W(e_2, j), P_W(e_2, e_1) + P_W(i, j)\} \\
\text{Se } i &= e_2 \quad P_W(e_1, j) = \min\{P_W(e_1, j), P_W(e_2, e_1) + P_W(i, j)\} \\
\text{Se } j &= e_1 \quad P_W(e_2, i) = \min\{P_W(e_2, i), P_W(e_2, e_1) + P_W(i, j)\} \\
\text{Se } j &= e_2 \quad P_W(e_1, i) = \min\{P_W(e_1, i), P_W(e_2, e_1) + P_W(i, j)\}
\end{aligned}
\tag{6.10}
$$

Em cada passo, verifica-se se a ligação que está sendo considerada, quando composta com os caminhos mínimos previamente estabelecidos, define um valor para $P_W^*(i, j)$ menor do que o valor de $P_W(i,j)$ previamente calculado. Quando tal se verifica, o novo valor $P_W^*(i, j)$ substitui o anterior.

Este cálculo é repetido sequencialmente até que a distância mais curta entre cada par de nodos do grafo é encontrada. Calculando a média sobre os nodos de G_W, obtemos o valor do caminho médio mais curto do grafo ponderado G_W.

6.6.2 *Caminho característico num grafo direccionado*

O caminho médio mais curto de um grafo dG_W direccionado é dado pelo comprimento médio do caminho mais curto (aqui designado P_{DW}) entre todos os pares de nodos de G. A partir da matriz W com as intensidades de ligação $w(i,j)$ e da sua matriz de distâncias correspondente (D_W) onde $d(i, j) = \left| \dfrac{1}{w(i, j)} \right|$. O grafo direccionado dG_W é definido por

$$
dg_{ij} = d(i, j)
\tag{6.11}
$$

Como na secção anterior, tomam-se sequencialmente as $n(n-1)$ ligações da lista com as distâncias dg_{ij} classificadas em ordem crescente. Na primeira etapa, o menor dg_{ij} fornece a distância mais curta entre i e j. Nas etapas seguintes, cada nova ligação da lista pode ter um duplo desempenho: $dg_{e_1 e_2}$ fornece a distância entre e_1 e e_2 como sendo $P_{DW}(e_1,e_2) = dg_{e_1 e_2}$ e pode vir a fornecer uma distância ainda mais curta $P_{DW}(e_1,j)$ ou $P_{DW}(i,e_2)$, sempre que $e_1 = i$ ou $e_2 = j$. Ou seja:

$$\begin{aligned} \text{Se } i = e_2 \quad & P_{DW}(e_1, j) = \min\{P_{DW}(e_1, j), P_{DW}(e_1, e_2) + P_{DW}(i, j)\} \\ \text{Se } j = e_1 \quad & P_{DW}(i, e_2) = \min\{P_{DW}(i, e_2), P_{DW}(e_1, e_2) + P_{DW}(i, j)\} \end{aligned} \quad (6.12)$$

Em cada etapa, verificamos se a ligação que está sendo considerada define um caminho $P_{DW}(i,j)^*$ mais curto do que o caminho $P_{DW}(i,j)$ previamente especificado. Se assim acontecer, o valor de $P_{DW}(i,j)^*$ substitui o valor de $P_{DW}(i,j)$. Este algoritmo é repetido sequencialmente até que todos os $n(n-1)$ elementos da lista tenham sido considerados. Calculando a média sobre todos os elementos de dG_W, obtemos o caminho médio mais curto (P_{DW}) do grafo dG_W.

6.6.3 *Simetria, Cooperação e Antagonismo*

Numa rede ponderada e direccionada, faz sentido quantificar as ligações com direcções contrárias. Para tal definimos o coeficiente da simetria

$$Sm = 1 - \sum_{i>j}^{n} |\, w(i,j) - w(j,i)\,| \;/\; \sum_{i>j}^{n} max(|\, w(i,j)\,|, |\, w(j,i)\,|) \quad (6.13)$$

Donde resulta $-1 \leq S \leq 1$. Do valor de *Sm* podemos avaliar o quão distantes as redes de aprendizagem estão de uma estrutura perfeitamente simétrica (*Sm* = 1) e que tipo de aprendizagem mais contribui para alterar os valores de característicos de uma rede aleatória típica (*Sm* $\approx$ 0.5).

206 | Introdução à Economia Computacional

Definimos também o coeficiente de cooperação (*Co*) e o coeficiente de antagonismo (*An*) fazendo

$$Co = \sum_{w(i,j)>0}^{n} w(i,j) / \sum_{i \neq j}^{n} |w(i,j)| \qquad (6.14)$$

$$An = -\sum_{w(i,j)<0}^{n} w(i,j) / \sum_{i \neq j}^{n} |w(i,j)| \qquad (6.15)$$

com $Co + An = 1$.

Sabe-se que as redes são inicializadas de forma aleatória no intervalo $-0.5 \leq w(i,j) \leq 0.5$ e que as ligações aleatórias tendem a ser distribuídas uniformemente entre intensidades positivas e negativas ($An \approx 0.5 \approx Co$).

Pode-se pensar que as intensidades positivas representam a existência de cooperação entre agentes, enquanto as negativas representam interacções antagónicas. O grau mais elevado de cooperação (e o mais baixo de antagonismo) correspondendo a $Co = 1$ (e $An = 0$) é alcançado quando cada ligação da rede tem sinal positivo. Inversamente o mais baixo grau de cooperação ($Co = 0$ e $An = 1$) é característico de uma rede onde cada intensidade de ligação tem sinal negativo.

6.6.4 *Residualidade*

O coeficiente de Residualidade (*Re*) é definido por

$$Re = \sum_{1/|w(i,j)|>L_W} |w(i,j)| / \sum_{1/|w(i,j)|\leq L_W} |w(i,j)| \qquad (6.16)$$

onde L_W é o valor da distância limiar que assegura a conectividade da rede[18].

---

[18] No Capítulo 4 foi definida uma versão simplificada deste coeficiente para aplicação às redes de mercado.

O coeficiente *Re* relaciona as intensidades relativas das ligações acima e abaixo (fortes e fracas, respectivamente) do valor do limiar de conectividade.

6.6.5 *Robustez e Adaptação*

As redes aqui estudadas adquirem uma estrutura ao aprender uma função. Enquanto o coeficiente de *clustering* e o caminho médio mais curto trazem informação sobre a conectividade das estruturas, a caracterização dos mecanismos que conduzem a cada tipo de estrutura introduz novas perguntas, tais como:

1. Com que facilidade a estrutura adquirida durante a aprendizagem se adaptará à representação de uma outra função?
2. Qual é o grau de sucesso das estruturas na mantutenção da mesma funcionalidade quando algumas das suas ligações são suprimidas?

Para responder a estas perguntas medimos a adaptação de redes RLM e LFM como se segue:

1. Uma rede com intensidades de ligação escolhidas ao acaso no intervalo $-0.5 \leq w(i,j) \leq 0.5$, aprende a reproduzir a função **XOR**
2. Após a aprendizagem, normalizam-se as intensidades de ligação:
$$x_{ij} = \frac{w(i,j)}{\max(w(i,j))}$$
3. A rede com intensidades da ligação normalizadas x_{ij} aprende a reproduzir a função **AND**
4. Após a aprendizagem, cada elemento a_{ij} guarda a normalização das novas ligações: $a_{ij} = \dfrac{w(i,j)}{\max(w(i,j))}$
5. O coeficiente da adaptação da rede γ_N é então dado por

$$\gamma_N = \sum_{i,j=1}^{n} | x_{ij} - a_{ij} | \qquad (6.17)$$

A robustez das estruturas obtidas após a aprendizagem é avaliada com recurso ao seguinte algoritmo:

1. Define-se um vector $\{x_i\}$ com $n(n-1)$ componentes que correspondem a cada uma das ligações presentes na rede. O vector $\{x_i\}$ é inicializado com zeros.
2. Após a aprendizagem, elimina-se uma das $n(n-1)$ ligações de cada vez e testa-se se a função em causa é ainda reproduzida. Se o teste falha adiciona-se uma unidade ao componente correspondente no vector $\{x_i\}$.
3. O teste é repetido para todas as ligações e para um determinado número de redes diferentes (60 redes diferentes nas simulações).
4. Obtém-se a distribuição $P(x)$ dos valores armazenados no vector $\{x_i\}$.

Na próxima secção, apresentam-se os resultados obtidos para os coeficientes até aqui definidos. A interpretação dos resultados permitirá responder às questões colocadas na secção 6.1.1.

6.7 Resultados

Os resultados apresentados foram obtidos de diversas simulações onde as redes foram inicializadas com valores gerados ao acaso.

A imagem à esquerda na Figura 6.1 mostra uma rede aleatória típica. Nesta figura, o tom de cinzento de cada uma das quadrículas é dado pelo valor absoluto das intensidades de ligação ($w(i,j)$). As quadrículas brancas representam arcos nulos ($w(i,j) = 0$), enquanto as quadrículas pretas representam arcos com intensidade máxima ($w(i,j) = 1$). Como os valores absolutos das intensidades das ligações correspondem ao inverso das distâncias, as quadrículas brancas representam distâncias muito elevadas ($d(i,j) \approx 1$), enquanto as quadrículas muito escuras representam distâncias quase nulas ($d(i,j) \approx 0$).

Escolhemos os nodos 1 e 2 como nodos de entrada e o nodo 12 para nodo de saída. Esta é a razão pela qual estes nodos apresentam um padrão de ligações diferente dos restantes.

Tal como já referido, a conectividade de redes aleatórias fornece valores de referência para a caracterização da organização das estruturas orientadas por objectivos obtidas por cada um dos métodos de aprendizagem.

Na imagem à direita da Figura 6.1 mostra-se a representação da matriz de adjacência de uma rede aleatória típica. Esta é obtida da seguinte forma:
1. Gera-se um grafo com intensidades da ligação escolhidas ao acaso no intervalo $-0.5 \leq w(i,j) \leq 0.5$ como na imagem à esquerda da Figura 6.1.
2. Aplica-se o algoritmo de construção da MST do grafo e do cálculo do valor da distância limiar L_W.
3. Utiliza-se a distância limiar para construção do grafo booleano (B_W) correspondente, cuja matriz de adjacências é apresentada na imagem à direita da Figura 6.1. Nesta figura, os arcos nulos ($b_{ij} = 0$) são representados por quadrículas brancas enquanto os arcos unitários ($b_{ij} = 1$) correspondem às quadrículas pretas.

Figura 6.1: Representação de uma rede aleatória típica e a sua matriz de adjacências.

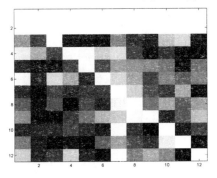
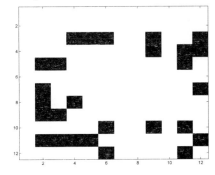

Nota-se na imagem à direita na Figura 6.1, que as estruturas aleatórias usadas para inicializar a rede são esparsas (apresentam um pequeno número de quadrículas pretas na imagem correspondente). Assim sendo, o grau da rede é muito menor do que o seu número de nodos. Além disso, nestas estruturas, o número dos arcos unitários é apenas ligeiramente maior que $n-1$, o valor mínimo que assegura a conectividade da rede. Consequentemente, o número de elementos redundantes é pequeno, aproximando-se de uma estrutura em árvore, com um coeficiente de *clustering* também reduzido, como se vê na Tabela 6.1.

Na Figura 6.2, a imagem à esquerda mostra a estrutura final típica de uma rede inicialmente aleatória e cuja organização resultou da aprendizagem a partir dos erros (LFM). A imagem mostra que as redes LFM são semelhantes à estrutura aleatória típica mostrada na Figura 6.1. A distribuição das intensidades de ligação não é, geralmente, muito diferente daquelas geradas ao acaso, sugerindo que o método LFM não exige a criação de uma estrutura muito organizada a fim alcançar seu objectivo funcional.

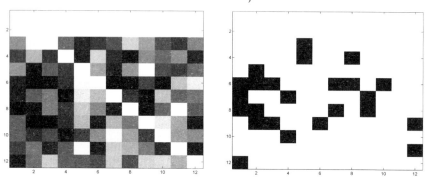

Figura 6.2: Representação de uma rede LFM típica e da sua matriz de adjacências.

Na Figura 6.2, a imagem apresentada à direita representa a matriz da adjacências de uma rede LFM típica. As estruturas resultantes da aprendizagem a partir dos erros (LFM) diferem pouco de uma configuração aleatória, sendo também bastante esparsas.

A observação da Figura 6.2 mostra ainda que o número de arcos unitários aproxima-se de $n-1$, ou seja, o número de elementos redundantes é quase tão pequeno como nas redes aleatórias. Num significativo número de simulações, as estruturas finais aproximam-se das estruturas em árvore, com os valores do coeficiente de agregação consequentemente muito baixos.

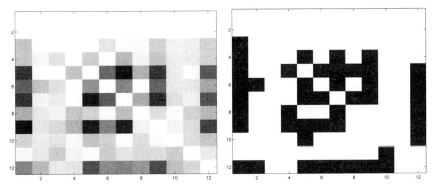

Figura 6.3: Representação de uma rede RLM típica e da sua matriz de adjacência.

As imagens na Figura 6.3 mostram uma configuração típica de uma rede resultante da aprendizagem RLM. As distâncias pequenas e grandes não têm uma distribuição tão homogénea como nas redes aleatórias, mostrando que as redes resultantes da aprendizagem RLM afastam-se da configuração inicial a fim alcançar o seu objectivo funcional.

O grau de densidade da rede apresentada na Figura 6.3 confirma este facto. Uma estrutura RLM típica é menos esparsa do que uma aleatória e também menos esparsa do que numa rede LFM típica.

Algumas das intensidades de ligação são fortemente aumentadas durante a aprendizagem e a rede final apresenta muito frequentemente um grau significativo de simetria. O número de quadrículas pretas aumenta bastante na estrutura representada à direita na Figura 6.3. Consequentemente, o número de elementos redundantes é significativamente maior do que nas redes aleatórias.

212 | Introdução à Economia Computacional

Segundo as indicações desta figura, as estruturas RLM tendem a conter ciclos e a afastarem-se das estruturas em árvore que aparecem em redes aleatórias e nas redes LFM.

A tabela 6.1 apresenta valores típicos para o grau (k), os coeficientes de *clustering* (C e CA) e o caminho médio mais curto (P) calculados para as redes aleatórias, LFM e RLM (valores médios e desvios padrão).

Tabela 6.1: Os coeficientes k, C, CA e P obtidos para os três tipos de rede.

	$\overline{C}$	c_C	$\overline{CA}$	c_{CA}	$\overline{P}$	c_P	$\overline{k}$	c_k
Aleatória	0.26	0.16	0.24	0.17	1.6	0.05	3.3	1.0
LFM	0.25	0.15	0.35	0.20	2.1	0.2	3.0	0.69
RLM	0.57	0.19	0.53	0.16	5.6	1.16	4.5	1.3

As Figuras 6.4 e 6.5 mostram as distribuições do coeficiente de *clustering* e o caminho médio mais curto nas redes aleatórias, LFM e RLM.

Mesmo que as regiões no espaço de função explorado por métodos de aprendizagem diferentes sejam distintas, pode acontecer que, por acaso, as configurações obtidas por métodos diferentes coincidam.

Os histogramas do coeficiente de agregação e do caminho médio mais curto confirmam que há alguma sobreposição entre as configurações obtidas por métodos de aprendizagem diferentes. Entretanto, em média, tanto quanto os valores do coeficiente de agregação e do caminho médio mais curto permitem distinguir que estruturas completamente diferentes surgem das aprendizagens LFM e RLM.

6.7.1 Resultados em redes direccionadas

Os coeficientes medidos nesta secção visam caracterizar a estrutura mais rica das redes de aprendizagem onde as intensidades de ligação entre agentes podem ter sinais positivos ou negativos.

6. Formação e Função numa Rede de Agentes | 213

A Figura 6.6 apresenta as distribuições do caminho médio mais curto direccionado (P_{DW}) para redes aleatórias, LFM e RLM.

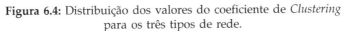

Figura 6.4: Distribuição dos valores do coeficiente de *Clustering* para os três tipos de rede.

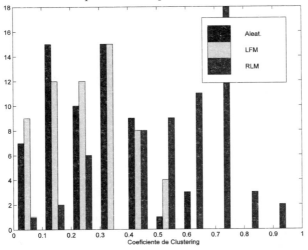

Figura 6.5: Distribuição dos valores do caminho médio mais curto por tipo de rede.

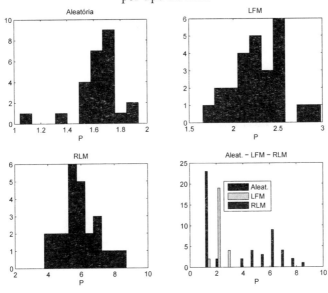

Figura 6.6: Distribuição dos valores do caminho médio mais curto P_{DW} nas redes com direcção.

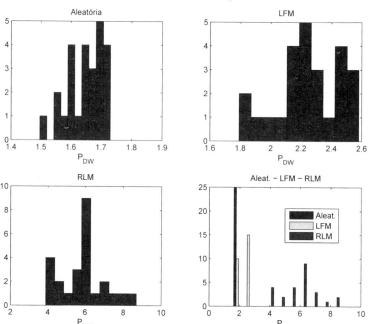

A Tabela 6.2 permite comparar valores típicos do grau (k) e do comprimento de caminho direccionado (P_{DW}) para redes aleatórias, LFM e RLM. Em cada caso, mostram-se a média ($\bar{x}$) e o desvio padrão (c_k) obtidos nas simulações.

Tabela 6.2: Valores típicos do grau e do caminho médio mais curto direccionado para os três tipos de rede.

	$\overline{P_{DW}}$	$c_{P_{DW}}$	$\bar{k}$	c_k
Aleatória	2.1	0.7	3.3	1.0
LFM	3.0	2.3	3.0	0.69
RLM	7.5	5.6	4.5	1.3

Quando a orientação da rede é tida em consideração, os valores médios do grau ($\bar{k}$) nas redes aleatórias, LFM e RLM naturalmente aumentam quando comparados com os valores obtidos para as redes não direccionadas.

Os resultados mostram que os três tipos de rede exibem um aumento semelhante em comparação aos valores dos caminhos médios mais curtos previamente obtidos (Tabela 6.1). Será ainda entre as redes aleatórias e as LFM que encontraremos valores mais semelhantes. As redes RLM típicas têm um caminho médio mais curto elevado, mostrando que, quando a orientação é considerada, uma rede RLM ainda exibe as propriedades das estruturas regulares. Ao que parece, neste caso, o sucesso do método subjacente é muito mais **dependente da aquisição de uma estrutura específica** do que no caso da aprendizagem LFM.

6.7.2 *Simetria*

A Tabela 6.3 mostra os valores médios obtidos para a simetria (Sm), a cooperação (Co), o antagonismo (An) e a residualidade (Re) nas redes aleatórias, LFM e RLM. Estes resultados mostram que em média, após a aprendizagem, o coeficiente de simetria (Sm) aumenta nas redes RLM e LFM. No que se refere à simetria, os dois métodos comportam-se portanto de forma semelhante.

Tabela 6.3: Simetria, Cooperação, Antagonismo e Residualidade calculados para os três tipos de rede.

	Sm	*Co*	*An*	*Re*
Aleatória	0.57	0.51	0.49	2.6
LFM	0.70	0.94	0.05	1.8
RLM	0.75	0.66	0.33	0.6

Os resultados mostram ainda que nas redes aleatórias o peso relativo das ligações abaixo do limiar (L_w) é duas ou três vezes mais alto do que o peso das ligações cuja intensidade fica acima do limiar.

6.7.3 Residualidade, Cooperação e Antagonismo

Após a aprendizagem o coeficiente de residualidade diminui nas redes LFM e RLM, com uma diminuição muito significativa nas redes RLM. Isto é devido às redes RLM tornarem-se menos esparsas após a aprendizagem levando diversas ligações residuais a deixarem de o ser.

Nas redes LFM, embora permaneçam quase tão esparsas quanto antes da aprendizagem, a diminuição de Re acontece devido às intensidades de ligação acima do limiar tenderem a ser mais fortes do que aquelas que permanecem abaixo do limiar.

A cooperação (e o antagonismo) comportam-se de forma completamente diferente dependendo do método de aprendizagem. Em redes LFM, o valor do coeficiente de cooperação (Co) aproxima-se do valor máximo (a unidade) após a aprendizagem, enquanto numa rede RLM típica, o valor do coeficiente de cooperação permanece em torno de 2/3. O antagonismo parece desaparecer nas redes LFM. Por outro lado, as redes RLM mantém um grau razoável de antagonismo ($A = 0.33$) depois da aprendizagem.

6.7.4 Adaptação

Calculando a média sobre os resultados de diversas simulações, obtivemos valores para o indicador de adaptação $\gamma_{LFM} = 30.8$ quando o LFM é método escolhido. A tentativa de medir a adaptação nas redes RLM revelou dificuldades inesperadas, dado que a última etapa do algoritmo apresentado na secção 6.6.5 falha frequentemente. Ao contrário das redes LFM, a adaptação nas redes RLM está praticamente ausente de tal forma que a aprendizagem de uma outra função só acontece quando se volta a ter como ponto de partida uma estrutura gerada ao acaso.

Os resultados indicam que as configurações obtidas por métodos de aprendizagem diferentes comportam-se de forma completamente diferente quanto à capacidade de adaptação. As estruturas criadas pelo método LFM são as de um sistema **adaptativo**, enquanto no caso das redes RLM as estruturas resultantes tornam-se demasiado comprometidas com a funcionalidade associada e consequentemente muito mais resistentes à adaptação.

6.7.5 *Robustez*

Os resultados obtidos para o indicador de robustez quando aplicado às redes LFM e RLM com o mesmo número de experimentações em cada caso indicam que as redes RLM são mais robustas do que aquelas que resultam do método LFM. Nas redes LFM há em média um menor número de falhas quando se suprimem ligações, sugerindo que o papel de cada ligação específica é menos importante para alcançar a funcionalidade desejada do que nas redes RLM. Além disso, no caso das redes RLM, a distribuição das falhas mostra que algumas ligações são muito mais importantes do que outras, havendo portanto uma grande quantidade de ligações com um papel menos significativo no que se refere à manutenção da funcionalidade.

6.8 Resumo do capítulo

Em redes de agentes, a funcionalidade global (o comportamento colectivo) não determina a topologia das interacções ou a estrutura da rede. Isto acontece porque, geralmente, muitas configurações diferentes são associadas às mesmas (poucas) variáveis colectivas. Assim sendo, o método de organização, isto é, a história da evolução da rede, é o principal factor de determinação no estabelecimento de um tipo particular da estrutura.

Em particular, a afirmação de que *a função não determina a forma* é aqui confirmada pelo elevado coeficiente de *clustering* das redes RLM, nas quais a aprendizagem por reforço (RLM) estabelece uma configuração altamente comprometida com a funcionalidade adquirida. Por outro lado, a mesma funcionalidade é obtida com a aprendizagem LFM dando lugar a redes com baixos valores para o coeficiente de agregação e para o caminho médio mais curto, sendo ambos semelhantes aos das redes aleatórias.

A ideia de que aprender algo ou alcançar um determinado objectivo exige algum grau de organização é bem aceite. Também sabemos que as estruturas regulares – em oposição àquelas geradas ao acaso – exibem valores elevados para o coeficiente de agregação e para o caminho médio mais curto. Aqui se mostrou que há casos onde o mesmo objectivo pode ser conseguido por estruturas próximas de um ou de outro extremo: com muita ou sem nenhuma organização.

Ao contrário dos grafos simples, as ligações nas redes aqui estudadas não são simétricas e podem ter sinais positivos ou negativos. Foi então conveniente caracterizar esta estrutura mais rica em termos de conectividade. Alguns novos coeficientes foram aqui definidos com esta finalidade. Os comprimentos de caminho direccionado (P_{DW}), assim como a simetria (Sm), os coeficientes de cooperação (Co), de antagonismo (An) e de residualidade (Re) fornecem uma caracterização mais pormenorizada das estruturas de rede. Quando se medem os valores dos novos coeficientes, encontram-se diferenças relevantes entre os métodos de aprendizagem. Por exemplo, a partir de uma rede aleatória, a aprendizagem LFM parece melhorar muito a cooperação. No entanto, a cooperação proveniente da aprendizagem RLM aumenta apenas ligeiramente se comparada com o cenário aleatório. Também se viu que estas últimas apresentam um razoável grau de antagonismo e de simetria.

Por último, mostramos que conseguir um objectivo não exige necessariamente estruturas organizadas. Além disso, quando o método seguido para conseguir o objectivo implica o estabelecimento de um alto nível de organização, as estruturas resultantes tendem a ser difíceis de adaptar a qualquer outro objectivo diferente. Na última secção deste capítulo, foi possível caracterizar, de uma maneira quantitiva, o grau de robustez e de adaptação destas estruturas. Quando comparamos os dois métodos de aprendizagem, pode-se pensar acerca das estruturas criadas pelo método de aprendizagem LFM, como sendo aquelas que caracterizam um sistema adaptativo, onde tarefas específicas são executadas sem que se criem configurações muito comprometidas com o seu desempenho.

Referência Principal:

(Araújo, T. 2000) T. Araújo e R. Vilela Mendes, Function and form in networks of interacting agents, Complex Systems 12, 357.

7.

Modelos de Agentes

A **modelação de agentes económicos** ou a Economia Computacional baseada em agentes (*Agent-based Computational Economics – ACE*) é a parte mais conhecida da Economia Computacional.

A Economia Computacional é, naturalmente, mais vasta que a área da modelação de agentes económicos. Na primeira podem estar incluídas todas as abordagens que utilizem recursos computacionais (técnicas, linguagens ou instrumentos) para a solução de problemas de natureza económica. Na segunda, além da utilização intensiva de recursos computacionais, devem estar presentes pelo menos duas características: *i)* o desenvolvimento de modelos destinados à reprodução do comportamento de um conjunto de elementos (os agentes económicos) e *ii)* a possibilidade de replicação do referido comportamento sempre que o modelo volte a ser executado.

Devido a estas características, a modelação de agentes é a componente da Economia Computacional que mais se aproxima de uma abordagem de <u>laboratório</u>; onde cada execução do modelo <u>simula</u> o comportamento de uma sociedade que, por existir num ambiente computacional, recebe a designação de **sociedade artificial** ou de **economia artificial**. É assim que a modelação de agentes também é designada **simulação multi-agentes**.

Já vimos que as ideias da chamada **economia evolucionista** muito influenciaram a modelação de agentes. Esta influência está patente nas contribuições de J. Holland, considerado o criador dos **algoritmos genéticos** e do conceito de **sistema complexo adaptativo** (*complex adaptive system – CAS*). Sabe-se que estes sistemas consistem em conjuntos de elementos que interagem entre si e cuja caracterítica determinante é a capacidade de adaptação a um ambiente em permanente evolução (Holland, J. 1992).

Embora nem todo modelo de agentes tenha que reproduzir o comportamento de um sistema complexo adaptativo, o estudo da complexidade e a modelação de agentes têm progredido em conjunto e são diversas as suas referências comuns. A primeira destas referências é mais uma das contribuições de von Neumann quando da introdução dos **autómatos celulares**.

Agentes e Complexidade

Da modelação de agentes reconhecem-se, pelo menos, três importantes contributos para a investigação da complexidade na Economia. Em primeiro lugar, as simulações permitem a adopção de uma perspectiva normativa, a partir da qual se estudam as consequências da opção por diferentes estruturas (ou formas de organização) no comportamento individual dos agentes económicos e para o bem-estar da sociedade em geral. Em segundo lugar, no estudo de um sistema dinâmico complexo, a modelação de agentes permite isolar o efeito dominante responsável pela dinâmica observada, consistindo assim numa alternativa ao estudo exaustivo de todas as acções elementares dos agentes do sistema. Por último, um dos principais argumentos favoráveis à utilização da modelação de agentes assenta na sua contribuição para a solução de problemas cuja complexidade (decorrente em geral da não-linearidade) não permite o emprego doutras abordagens. É o caso em que os modelos de agentes permitem observar a emergência de características globais (macro) a partir das interacções (micro) entre os agentes individuais.

Construção modular: Agregação e Especialização

Outro contributo importante dos modelos de agentes e cuja aplicação encontra-se directamente associada à relação entre as perspectivas macro e microeconómica, é a contribuição para o esclarecimento da maneira como se conjugam os mecanismos de **agregação** (composição) e de **especialização** (instanciação) no processo de criação de estruturas.

Sabe-se que a agregação é a reunião das partes (ou módulos) de um sistema nas seguintes condições: as partes têm propriedades individuais específicas e a sua reunião tem um efeito complementar. É o caso da composição de um livro a partir do texto e das ilustrações. Uma ilustração é *uma parte* da entidade livro.

Por outro lado, a especialização consiste na reunião de instâncias em classes com propriedades comuns a todas as instâncias. É o caso da instanciação de um livro num dicionário, numa gramática ou num manual. Um dicionário é *uma instância* da classe livro.

Os mecanismos de agregação e de especialização quando empregues em conjunto são suficientes para descrever uma das propriedade mais emblemáticas dos sistemas complexos: a **auto--semelhança**. A relação do todo com a sua parte auto-semelhante é simultaneamente uma relação de (de)composição e de instanciação.

Já vimos que um objecto é auto-semelhante quando cada uma das suas partes, depois de convenientemente amplificada permanece idêntica ao objecto original. A amplificação aqui corresponde à passagem da perspectiva macro para a perspectiva micro. Se a parte do objecto é simultaneamente uma sua instância, então tem todas as propriedades do objecto original; a relação da parte definida no nível micro com o objecto definido no nível macro é simultaneamente uma relação de tipo-de (*kind of*) e uma relação de parte-de (*part of*), ou seja, é o resultado simultâneo da (de)composição e da instanciação.

Uma outra área de estudo destes mecanismos é a área do desenvolvimento de Sistemas de Informação. Sabe-se que o desenvolvimento de *software* tem início com uma fase de análise da realidade a ser informatizada e que, a uma dada altura do processo, é preciso passar ao que se designa por construção dos módulos (de código) de programas. As abordagens **Orientadas por Objectos** têm desde há algumas décadas tentado apontar a melhor conjugação de esforços entre a parte prioritariamente analítica (*top-down*) e a parte de natureza contrária, ou seja, a de composição (*bottom-up*) de *software* a partir de módulos já desenvolvidos (Araújo, T. 1999b). Aqui são muitas as questões a explorar, tais como: a reutilização de programas já desenvolvidos, a qualidade das interfaces entre os módulos disponibilizados e o encapsulamento de estruturas e de funções dos módulos, dentre outros.

Quando o desenvolvimento de *software* é abordado do ponto de vista económico, depressa se reconhecem, nas abordagens Orientadas por Objectos, as mesmas preocupações da **Parábola dos Relojoeiros** de Simon (Mecanismos de Criação de Estruturas no Capítulo 2).

Nos sistemas económicos, a criação de estruturas por processos de composição (*bottom-up*) é analisada quando se investiga a razão do aparecimento de certas características globais mesmo quando nas economias em estudo não se adoptaram as medidas centralizadoras de planeamento e de controle tradicionalmente associadas à observação daquelas características.

A constituição de redes de comércio, o aparecimento de ciclos económicos ou de inovações tecnológicas comuns surgem, neste contexto, como o resultado de interacções espontâneas entre os agentes do sistema. Os modelos de agentes reproduzem a criação destas propriedades em sistemas descentralizados, onde a agregação das competências dos componentes elementares substitui o papel regulador das estruturas habituais.

Por último, a modelação de agentes não exclui o eventual recurso a outras soluções, tais como as soluções analíticas mais tradicionais. Não só se pode nalguns casos complementar a solução encontrada via modelação de agentes com uma solução analítica como, cada vez mais frequentemente, se tem assistido a **validação** dos resultados conseguidos com a aplicação de uma abordagem estatística sobre dados experimentais.

Nestes casos, recorre-se a dados reais para discussão dos resultados inicialmente obtidos com um modelo de agentes que terá reproduzido o funcionamento da realidade numa sociedade artificial.

Ainda mais frequente – e mais importante – que a validação empírica é a **calibração** do modelo de agentes a partir da realidade correspondente. Convém referir que a ideia de calibrar os parâmetros do modelo a partir de valores encontrados no chamado mundo real é pratica comum noutros tipos de modelo, como nos modelos numéricos por exemplo. Os modelos de agentes, na medida em que guardam parte das suas características nas regras (ou estratégias) dos agentes, podem mesmo dispensar a quase totalidade daquilo que noutros modelos teria que ser parametrizado. No entanto, quando os parâmetros existem, a calibração dos seus valores a partir de uma base empírica deve fazer parte da dinâmica do modelo.

Embora nos capítulos 5 e 6 já se tenha recorrido a dois exemplos de modelos de agentes, estes serviram sobretudo para preparar a discussão de um aspecto complementar à modelação de agentes: a topologia das redes subjacentes ou resultantes da dinâmica dos modelos. Assim sendo, aqueles modelos de agentes, consistiram num recurso para se chegar às propriedades de rede.

A partir deste capítulo, a modelação de agentes passa a tema principal. Sendo um tema com muitos desenvolvimentos, na secção 7.1, organizam-se por tópicos os principais tipos de modelos da Economia Computacional e os tipos de modelos de agentes aplicados à Economia e à Sociologia. Na secção 7.2, apresentam-se os conceitos fundamentais empregues na modelação de agentes, enquanto na secção 7.3, descrevem-se as componentes da dinâmica da generalidade dos modelos. As componentes

226 | Introdução à Economia Computacional

estruturais e dinâmicas são então ilustradas com um exemplo clássico nesta área: o exemplo do **Jogo Minoritário** (Arthur, W. B. 1994). Por fim, a secção 7.4 é dedicada ao desenvolvimento pormenorizado de uma das aplicações mais comuns na modelação de agentes económicos: a **inovação**. Os próximos dois capítulos dão seguimento à exemplificação dos modelos de agentes económicos: no Capítulo 8 apresenta-se um modelo de agentes aplicado à modelação do **crescimento económico** e no Capítulo 9, o exemplo é o de um modelo do processo de **dinâmica de opinião**.

7.1 Aplicações à Economia

À semelhança do que acontece em Teoria dos Jogos, a generalidade das aplicações de modelos de agentes à Economia está dedicada à modelação de aspectos microeconómicos. E no caso exclusivo da modelação de agentes, os principais exemplos em Economia são dedicados ao estudo dos mercados financeiros.

Já vimos que os modelos de agentes consistem num veículo adequado à integração macro-micro. No entanto, não tem sido frequente encontrar modelos de agentes aplicados a temas próprios da macroeconomia. Os modelos de agentes na área da **inovação** são aqueles que mais frequentemente incluem relações entre as propriedades dos agentes e os indicadores macroeconómicos.

A par com os modelos de inovação, encontram-se as aplicações de modelos de agentes ao estudo do **crescimento económico** e em particular ao estudo do **crescimento endógeno**. Um pouco menos frequentes mas ainda com alguma representatividade são as aplicações ao estudo dos **ciclos económicos** e da **economia sectorial**.

De uma maneira geral, os modelos da Economia Computacional, tal como aparecem na literatura, podem ser organizados de acordo com o seguinte critério:

1. Modelos **numéricos** característicos das abordagens estatísticas, dos métodos numéricos, estáticos ou dinâmicos,

como por exemplo o método de geometria estocástica apresentado no Capítulo 4. O primeiro volume do *Handbook of Computational Economics* (Tesfatsion, L. 1996) inclui um conjunto de artigos sobre os modelos numéricos, de entre os quais: (Amman, H. 1996), (Rust, J. 1996), (Judd, K. 1996) e (Geweke, J.1996).

2. Modelos **computacionais** incluem os modelos de aplicação à Economia das técnicas de Inteligência Artificial; os modelos baseados em **Algoritmos Genéticos** ou as técnicas de Computação Paralela. Outros exemplos são os modelos de **Redes Neuronais** aplicados à Economia. Alguns exemplos podem ser encontrados nas referências (Nagurney, A. 1996), (Pau, L. 1996), (Cho, I. 1996), (Zenios, S. 1996), (Carchiolo, V. 2009) e (Wiesinger, J. 2010).

3. Modelos **económicos** onde se discutem sobretudo questões relacionadas com o conceito de equilíbrio. Embora este tipo de modelos se tenha desenvolvido a partir de uma perspectiva microeconómica, a sua aplicação inclui também variáveis macro no estudo de temas como: política económica, mercados, crescimento económico e convergência entre diferentes economias. Ainda que haja coincidência entre os temas tratados neste tipo de modelos e os temas tratados via modelação de agentes, a forma de abordar o equilíbrio estabelece a diferença entre as duas abordagens. Alguns exemplos são os trabalhos apresentados em (Dixon, P. 1996) e (Fair, R. 1996).

4. Modelos **de agentes** em que predominam as **abordagens de rede** e o estudo de comportamentos, com exemplos abundantes de:

   (a) Processos **de mercado** com predominância do mercado financeiro como em (Palmer, R. 1994) e (LeBaron, B. 2004a) e também conhecidos por modelos de **finança computacional** (*Computational Finance*) como nos exemplos apresentados em (Levy, M.2000), (LeBaron, B. 2004b) e (Rothenstein, R. 2003).

228 | Introdução à Economia Computacional

(b) Processos **de inovação** e de desenvolvimento tecnológico como em (Nelson, R. 1982), (Romer, P. 1990), (Silveberg, G. 1994a), (Silveberg, G. 1994b) e (Dawid, H. 2001).

(c) Processos **de crescimento endógeno**, de ciclos económicos e de mudança sectorial como em (Romer, P. 1990), (Grossman, T. 1991), (Chiaromonte, F. 1993), (Aghion, P. 1998), (G. Fagiolo, G. 2003) e (Dosi, G. 2005).

(d) Processos **de auto-organização no espaço** tais como por exemplo os processos estudados por P. Krugman em *Self-organizing Economy* (Krugman, P. 1997) e ainda em (S. Durlauf, 2004).

(e) Processos **de dinâmica de opinião** onde se estuda a formação de consensos, a convergência de ideias e de resultados eleitorais, como em (Deffuant, D. 2001), (K. Sznajd-Weron, 2000), (Castellano, C. 2000), (Axelrod, R. 1997), (Dosi, G. 2005), (LeBaron, B. 2004a e 2004b), (Schweitzer, F. 2008), (Amblard, F. 2004), (Galam, S. 2004) e (Holme, P. 2006).

(f) Processos **de dinâmica social com abordagens de rede**, nas quais se incluem estudos sobre **Capital Humano** e disseminação cultural. Alguns exemplos são: (Tesfatsion, L. http), (Epstein, J. 2003), (Schweitzer, F. 2008), (Banisch, S. 2010a) e (Banisch, S. 2010b).

Os dois últimos tópicos desta lista incluem os modelos da chamada **Sociofísica** (*Sociophysics*). À semelhança de Econofísica (Áreas de Fronteira no Capítulo 2), a Sociofísica consiste na aplicação da Física dos sistemas complexos à Sociologia, ou mais especificamente, na aplicação da mecânica estatística à análise de fenómenos sociais.

A sociofísica inclui tópicos como a já referida formação de opinião, a divulgação cultural, o contágio social, a origem e a evolução das linguagens. Inclui sobretudo o estudo do comportamento das sociedades humanas a partir das abordagens de rede. Assim sendo, a Sociofísica e a Teoria das Redes Sociais são domínios com uma grande coincidência de interesses. Quanto à coincidência entre os interesses da Econofísica e da Sociofísica, esta dependerá da distinção que se faça entre os problemas de natureza estritamente económica e os de natureza social.

7.2 Estrutura dos Modelos de Agentes

Os modelos de agentes são, por construção, modelos dinâmicos cuja estrutura é portanto formada por uma sequência de acções. As acções, por sua vez, referem conceitos. Entre os conceitos mais frequentemente utilizados na modelação de agentes encontram-se os seguintes:

Agente: é um elemento autónomo que possui uma dinâmica própria no que se refere ao desempenho de algumas funcionalidades. Ao mesmo tempo é um elemento interdependente das relações estabelecidas com os outros agentes e com o **ambiente**.

Ambiente: pode ser uma entidade própria ou, do ponto de vista de cada **agente**, ser simplesmente o conjunto de todos os outros agentes.

Função de utilidade: função que serve à contabilização do **desempenho** de cada **agente** ao longo do tempo.

Estratégia: opção escolhida por cada agente face a uma determinada circunstância individual ou colectiva. As estratégias estão em geral orientadas para o **alcance de objectivos**, sendo correspondidas pela contabilização – através de uma **Função de utilidade** – de quantidades indicadoras do seu sucesso e da frequência da sua utilização.

Aprendizagem: possibilidade do agente utilizar **informação** para melhorar o seu **desempenho**.

Memória: possibilidade do agente utilizar informação proveniente de **iterações passadas**.

Iteração: é a componente fundamental da dinâmica do modelo, funciona como indicador da contagem de unidades (ou passos) no tempo (*time steps*). As iterações repetem-se sucessivamente, consistindo cada iteração (ou iterada) na **unidade elementar** da execução do modelo.

Simulação: execução do conjunto de iterações previstas entre o **tempo inicial** e o **tempo final**, incluindo assim todas as etapas da dinâmica do modelo. Nos modelos com parâmetros, cada simulação inclui uma etapa de calibração (ou de inicialização) dos valores dos parâmetros. Para garantir a robustez estatística dos resultados gerados por simulação, os resultados de um modelo de agentes são obtidos a partir de um conjunto de, em geral, centenas ou milhares de simulações.

7.2.1 *O Modelo do Jogo Minoritário*

Um dos mais populares modelos de agentes empregues na modelação de problemas económicos é o modelo inspirado no artigo de Brian Arthur intitulado *Inductive Reasoning and Bounded Rationality* (Arthur, W.B. 1994). O modelo do Jogo Minoritário (JM) é também conhecido por modelo *El Farol* devido à sua origem estar associada à satisfação dos frequentadores de um bar com o mesmo nome. O jogo desenvolve-se em torno de uma escolha: nas noites de Quinta-feira, diversos indivíduos escolhem entre ir ou não ir ao bar *El Farol*.

Sabe-se que a satisfação de cada frequentador do bar depende negativamente do número de indivíduos que naquela mesma

Quinta-feira também decide ir ao bar. Assim sendo, neste modelo, um agente está em vantagem em relação aos outros agentes sempre que se encontrar em minoria.

Sendo um exemplo clássico de modelo de **racionalidade limitada**, o JM é um modelo muito simples, com diversas extensões e inúmeras aplicações em domínios variados. A bibliografia sobre o JM é muito vasta; dentre as referências mais importantes encontram-se, além do artigo original de B. Arhtur, os trabalhos de (Chau, H. 2007) e (Challet, D. 2005). O investigador americano Cosma Shalizi (University of Michigan, *Center for Studies of Complex Systems* – CSCS) mantém actualizada uma página sobre o JM[19], onde podem ser encontradas referências e revisões comentadas dos principais artigos em torno deste tópico e de tópicos afins.

O Jogo Minoritário descreve-se assim:

- A **cada iteração**, o agente decide por uma entre duas opções: ir ou não ir ao bar (*El Farol*). Esta decisão é tomada com base na escolha de **estratégias** pré-definidas, sobre as quais se conhece a taxa de sucesso decorrente da capacidade de prever correctamente decisões anteriores.
- Feita a escolha, cada agente contabiliza um ponto a seu favor, se e só se, a sua escolha coincide com a escolha da minoria dos agentes, este ponto é contabilizado na sua **função de utilidade**.
- O *tamanho da minoria* pode variar, sendo especificado por um parâmetro que dá o valor do **limiar** considerado aceitável para que o bar não esteja demasiado cheio.
- Outro parâmetro do modelo é o que especifica o número de diferentes **estratégias** de entre as quais o agente pode utilizar para fazer a sua escolha.
- O terceiro parâmetro é o que dá o tamanho da **memória**, ou seja, a quantidade de informação sobre o passado

---

[19] http://cscs.umich.edu/crshalizi/notebooks/minority-game.html

232 | Introdução à Economia Computacional

(sobre se o bar tinha ou não estado cheio nas semanas anteriores) que o agente pode utilizar quando decide ir ou não ir ao bar.

Observa-se que neste modelo não existe interacção directa entre os agentes mas que estes interagem indirectamente, através de pelo menos uma variável colectiva: a quantidade de indivíduos que decide ir ao bar. O valor do limiar, o número de estratégias e o tamanho da memória também são propriedades globais.

O resultado mais conhecido é o que dá conta que embora a média de diversas simulações mostre que o número de frequentadores varia de semana para semana, existe uma clara tendência para a quantidade dos que decidem ir fique à volta do valor do limiar considerado aceitável para o número de frequentadores daquela semana. Ou seja, se o limiar for fixado em 60%, o valor médio da quantidade de frequentadores a cada Quinta-feira (obtida a partir de muitas simulações) ficará em torno deste mesmo valor (60% do número de agentes).

Entre as inúmeras extensões propostas ao JM na sua versão original, sobressaem as que exploram as características das estratégias disponíveis; em geral ampliando o conhecimento que cada agente tem dos outros agentes, introduzindo a possibilidade de cópia de estratégias vencedoras e fazendo variar a extensão da memória utilizada em cada estratégia.

Como na generalidade dos modelos de agentes, interessa conhecer a relação entre as dinâmicas individuais dos agentes e o aparecimento de propriedades colectivas, o JM também é utilizado para investigar características de auto-organização que apareçam como resultantes da execução do modelo e que sejam qualitativamente diferentes das propriedades individuais.

Mesmo no caso mais simples, o principal resultado do JM dá conta do aparecimento de uma propriedade colectiva bastante interessante: o facto da quantidade dos que decidem ir ao bar ficar a volta do valor do limiar.

Nas diversas extensões propostas e dependendo da aplicação em causa, têm sido identificadas outras propriedades colectivas

7. Modelos e Agentes | 233

que nalguns casos são descritas por **leis de potência** e, por esta via, associadas à **auto-organização**, como por exemplo em (Vilela Mendes, R. 2001).

7.3 Dinâmica dos Modelos de Agentes

A possibilidade de criar uma classificação abstracta e ao mesmo tempo abrangente das etapas constituintes dos modelos de agentes sugere que a sua dinâmica pode, de maneira geral, ser organizada de acordo com as seguintes características funcionais:

1. Geração de Diversidade
   A primeira etapa da dinâmica é em geral aquela que habilita a construção de uma sociedade (de agentes) inicial. Nesta sociedade é importante que os agentes tenham características diversas, as quais são fundamentais na investigação e na caracterização de um processo evolutivo. A diversidade inicial irá permitir observar ao longo da evolução quais foram, por exemplo, as características mais favoráveis e de que forma estas se combinaram no favorecimento da passagem pelas etapas de Selecção. Esta etapa serve de base à etapa seguinte, ou seja, à Selecção Primária. Sem diversidade inicial não faria sentido seleccionar, não haveria variedade suficiente para qualquer mecanismo de selecção actuar. É nesta etapa em que tem lugar a inicialização das variáveis e o estabelecimento dos valores iniciais (calibração) da generalidade dos parâmetros do modelo.

2. Selecção primária
   Nesta segunda etapa, um ou mais mecanismos de selecção actuam sobre os agentes e conduzem a uma redução quantitativa da diversidade inicial. Esta etapa não está definida nos exemplos da caracterização dinâmica do regime SW ou no exemplo do JM na sua versão original.

3. Mecanismo básico de interacção entre os agentes (trocas)
   Este é o mecanismo mais característico do modelo. É através

deste mecanismo que actuam as regras do modelo de interacção entre os agentes e onde se dão a conhecer os principais traços da dinâmica do mesmo.

No exemplo da caracterização dinâmica do regime SW esta etapa corresponde ao processo de redireccionamento das ligações. No caso do JM, os agentes interagem através de uma variável colectiva: a quantidade de indivíduos que decide ir ao bar. Trata-se neste caso de um mecanismo indirecto.

4. Mecanismo orientado para um (ou mais) objectivo(s) (estratégias)

Muitos dos modelos de agentes tratam da implementação de diferentes estratégias e medem o sucesso da sua alternativa ou combinada prossecussão. As estratégias estão em geral orientadas para o alcance de objectivos, sendo correspondidas pela contabilização de quantidades indicadoras do seu sucesso e da frequência da sua utilização.

No exemplo do JM, onde o objectivo é estar em minoria, esta etapa corresponde à actualização da informação sobre o poder predictivo de cada estratégia, tendo por base o seu sucesso nas iterações passadas.

5. Selecção secundária

Esta etapa difere da segunda na medida em que incide sobre uma sociedade de agentes resultante das etapas anteriores e assim sendo, cuja variedade já terá sido o resultado não só da Selecção Primária (quando esta estiver definida) como também do mecanismo de trocas e da escolha, por parte dos agentes, de diferentes estratégias.

Tal como a Selecção Primária, esta etapa não está presente nos exemplos da caracterização dinâmica do regime SW ou do JM.

6. Identificação (final) de Estrutura (colectiva)

Esta última etapa nem sempre se encontra definida na dinâmica de um modelo de agentes. Nos exemplos deste livro, a sua definição tem grande interesse, uma vez que é sobre esta etapa que recai a identificação de estruturas e da auto-organização. Será também nesta última etapa que melhor se caracterizarão as propriedades e os regimes de rede resultantes da dinâmica dos agentes do modelo.

No exemplo da caracterização dinâmica do regime SW esta etapa corresponde à identificação da entrada (e da posterior saída) da rede no regime SW. No exemplo do JM, esta etapa está presente na caracterização da proximidade entre o valor do limiar e o número de frequentadores do bar.

7.3.1 *Redes de Agentes*

Como se viu no capítulo anterior, uma vez definida a noção de distância entre dois agentes é possível abordar qualquer modelo na perspectiva das redes e a partir daí passar ao cálculo de coeficientes que permitam caracterizar a sua estrutura. Nesta perspectiva, as abordagens de rede podem funcionar como um *complemento da modelação de agentes* tradicional.

Outra perspectiva é a que, sobre uma rede com estrutura conhecida, se desenvolva um modelo de agentes com uma dinâmica característica, tal como se viu no Capítulo 5. Neste segundo caso, o que interessa é, fundamentalmente, caracterizar o efeito da **estrutura subjacente** na dinâmica dos agentes que sobre ela se organizam.

Já aqui se tem visto que as redes são adequadas à representação de algumas propriedades importantes dos sistemas complexos, tais como a participação da aleatoriedade, a interdependência, a modularidade e a observação de dinâmicas em diferentes escalas. Estas propriedades também com facilidade se representam nos modelos de agentes. Assim sendo, é natural que estas duas abordagens apareçam tantas vezes conjugadas, tanto na literatura como nos projectos de investigação.

236 | Introdução à Economia Computacional

Tabela 7.1: Exemplos de modelos de agentes e das redes correspondentes

Capítulo	Exemplo	Agentes	Complexidade	Rede
4	Geometria do Mercado	não	Criação Estrutura	resultado
5	Dinâmica *small-world*	sim	Invariantes Ergódicos	subjacente
6	Estrutura via Aprendizagem	sim	Criação Estrutura	resultado
7	Estrutura via Inovação	sim	Criação Estrutura	resultado
8	Capital Humano e Crescimento	sim	Criação Estrutura	subjacente e resultado
9	Dinâmica de Opinião	sim	Criação Estrutura	resultado

Na Tabela 7.1 pode-se observar nos diferentes exemplos de redes estudados a partir do Capítulo 4, o recurso (ou não) à modelação de agentes, a via escolhida para o estudo da complexidade e na última coluna, a identificação da natureza da rede: enquanto **resultado** da dinâmica da rede ou enquanto base **subjacente** ao desenvolvimento do comportamento observado.

Tanto o papel da topologia das redes como o mecanismo de criação de estrutura a ser apresentado no exemplo do próximo capítulo têm um aspecto peculiar: ali as redes actuam como estrutura subjacente à dinâmica do modelo e são simultaneamente um factor determinante de um processo de segregação que, por esta via, cria uma estrutura diferente da inicial.

7.4 Modelos de Inovação

Uma parte importante dos modelos de agentes económicos é aquela dedicada à modelação dos processos de inovação.

Os ambientes económicos, ecológicos e sociais partilham uma característica comum: o facto de os agentes gastarem uma grande quantidade do seu tempo tentando melhorar alguma utilidade individual, podendo esta representar os mais variados aspectos, como por exemplo: o lucro, a alimentação, a capacidade de reprodução, o conforto ou o poder.

Nestes ambientes, a melhoria da utilidade de um agente é, muitas vezes, feita à custa da redução da utilidade dos outros agentes. Um conceito geral que descreve o esforço de melhoria da utilidade é a ideia de **inovação**.

7.4.1 *O que é a Inovação?*

Em Economia, a inovação pode estar orientada para a identificação de novos mercados como em (Johne, 1999); para o desenvolvimento de novos produtos, como referido em (Dawid, H. 2006) e (Arthur, W.B. 2007); para a captação de uma maior fatia do mercado já identificado ou para a melhoria dos processos de produção e o consequente aumento dos lucros.

Em Ecologia, a inovação está orientada para alcançar mais segurança, mais alimentos ou uma melhor capacidade de reprodução e de sobrevivência. Em todos os casos, a inovação visa **encontrar estratégias para melhor lidar com o ambiente circundante** e, desta forma, para melhorar alguma função de utilidade.

Vale a pena salientar que a inovação tem um carácter dinâmico e evolutivo. Assim sendo, num sistema onde pelo menos alguns agentes tentam inovar, a estratégia perfeita de hoje pode tornar-se uma estratégia perdedora no futuro. Neste contexto, pode ser preciso fazer um grande esforço apenas para não perder o lugar já conquistado.

É no campo da Economia que a inovação tem sido mais extensivamente estudada, existindo aí, pelo menos três principais tipos de inovação:

    a. **Inovação orientada para o Mercado**: consiste na identificação de novos mercados ou de como tornar os mercados já existentes mais receptivos aos produtos disponíveis;

    b. **Inovação de Produtos**: entendida como a identificação e o desenvolvimento de novos produtos;

c. **Inovação de Processos**: consiste na identificação de melhores e mais baratas formas de produção.

Embora esta classificação tenha sido desenvolvida para a Economia, não é difícil encontrar as noções correspondentes noutros ambientes. Na generalidade dos ambientes, um conceito importante é o de **intensidade da inovação** (Afuah, A. 1995), de acordo com o qual, a inovação pode ser **radical** ou **incremental** (Padmore, T. 1998). Esta classificação é dependente do contexto, de forma que, uma inovação pode ser considerada radical num contexto e incremental num outro contexto diferente do primeiro.

Outra questão relevante no campo da inovação é a identificação dos mecanismos que conduzem à inovação, tal como salientado em (Montalvo, 2006), (O'Brien, 1995) e (Damanpour, 1998) e do seu impacto na evolução das sociedades (St.Paul, 2007).

7.4.2 *Inovação e Modelos de Agentes*

As abordagens da inovação a partir de modelos baseados em agentes seguem, em geral, a perspectiva dos modelos de inspiração biológica, tal como acontece com a generalidade dos trabalhos em economia evolucionista. Os economistas evolucionistas, ao desenvolverem modelos de inovação e de crescimento económico, procuram caracterizar <u>macro</u> invariantes a partir do conhecimento do comportamento <u>micro</u> dos agentes individuais.

Estudar a inovação ao nível micro (ao nível da empresa e da indústria) tem sido uma questão nuclear no trabalho de C. Freeman, segundo o qual e citando Nelson e Winter (Nelson, R. 1982), os neo-Schumpetererianos são desafiados com as seguintes questões: *Será possível ver emergir padrões de inovação, havendo tanta diversidade na produção industrial e apesar da inevitável incerteza associada à inovação? Como pode uma estrutura emergir de uma variedade aparentemente caótica?* (Freeman, C. 1994).

Ainda a propósito da diversidade e da geração de estruturas, Freeman também considera que, por definição, a inovação, envolve inicialmente um aumento da diversidade dos produtos oferecidos e que, na fase inicial, há uma grande incerteza sobre o futuro dos novos produtos.

Homofilia, Semelhança e Imitação

É usual que os modelos de agentes utilizem um mecanismo de reconhecimento, no qual os princípios de **semelhança** e **imitação** desempenham um papel fundamental. Estes dois princípios são normalmente referidos através do conceito de **homofilia**, segundo o qual indivíduos semelhantes tendem a atraírem-se mutuamente.

Robert Axelrod tem sido um dos principais autores a investigar, através da modelação de agentes, o processo através do qual a comunicação entre agentes suficientemente semelhantes conduz a um aumento da semelhança entre os mesmos e, a partir de então, ao aparecimento de situações de **convergência local** e, contra-intuitivamente, de **polarização global**. É bastante conhecida a sua abordagem em *The Dissemination of Culture: A Model with Local Convergence and Global Polarization* da questão da persistência das diferenças de opinião entre os indivíduos mesmo que, ao interagirem, estes tedam a aumentar o seu grau de semelhança (Alxelrod, R. 1997).

No modelo de inovação apresentado neste capítulo, aborda-se a questão acima a partir da perspectiva da criação de estruturas, uma vez que estas são a consequência que melhor evidencia o progressivo aumento da semelhança entre os agentes, tanto do ponto de vista local como global. Pode-se dizer que, em geral, os agentes são semelhantes na medida em que manifestam as mesmas preferências.

No trabalho intitulado *Agent-based models of innovation and technological change* (Dawid, H. 2006), H. Dawid chama à atenção para a existência de poucos modelos de inovação que considerem a evolução das preferências do mercado. Num dos trabalhos

240 | Introdução à Economia Computacional

onde esta questão é tida em conta, F. Malerba (Malerba, F. 1999) estuda a influência da oferta sobre as preferências dos consumidores. Neste caso, o modelo desenvolvido descreve a transição, na indústria informática, da tecnologia do transistor para a do microprocessador e as suas consequências no que toca o surgimento do mercado de computadores pessoais.

Natureza da Inovação

Keith Pavitt, um dos investigadores pioneiros na área da inovação, considera que parte das limitações próprias das formulações neo-clássicas da inovação e da produção de tecnologia advém da ideia de que estas são exógenas (Pavitt, K. 1984). A exogeneidade é também criticada por Freeman quando este comenta acerca do tratamento encapsulado (*black-box*) dos processos de inovação, tal como estes são apresentados e em particular na área da invenção de novos processos e produtos (Freeman, C. 1994). O encapsulamento assenta no pressuposto que a mudança técnica está fora do competência especializada da maioria dos economistas e que a ciência e a tecnologia podem ser tratadas como exógenas, não precisando portanto ser analisadas com maior especificidade.

Outra questão relacionada com os problemas da perspectiva exógena é a dificuldade de explicar como ocorre a inovação. Segundo Fagerberg (Fagerberg, J. 2006), *uma das razões pela qual a inovação tem sido durante tanto tempo ignorada nas ciências sociais dominantes é o argumento da impossibilidade de a reproduzir. Segundo essa perspectiva, o melhor que pode fazer é olhar para a inovação como um fenómeno aleatório.* Schumpeter foi um dos primeiros a se opor a essa prática.

Inovação e Sucesso

A associação entre inovação e sucesso aparece muitas vezes na literatura. Schumpeter considerava os processos de inovação como tendo três aspectos principais:

- a incerteza fundamental inerente a todos os projectos inovadores,
- a necessidade de avançar rapidamente, antes que alguém o faça (e aproveite a potencial recompensa económica) e
- a inércia da sociedade.

Nesta perspectiva, a inércia é de certa forma endógena, uma vez que reflecte o caracter adquirido de hábitos e conhecimentos existentes, os quais a fim de evitar esforços, tendem a decidir contra quaisquer novas práticas.

A concorrência tecnológica por via da inovação tem sido considerada como a força motriz do desenvolvimento económico. Se uma empresa numa determinada indústria ou sector apresenta uma inovação importante (e com sucesso), esta será amplamente recompensada com maior lucro. Isso funciona como um sinal para as outras empresas (as imitadoras) as quais, se as condições o permitirem, irão inundar a indústria com a esperança da repartição dos benefícios (Fagerberg, J. 2006).

Percebe-se que o problema da inovação tem sido abordado de muitas maneiras, com muitas ferramentas diferentes e, de cada vez, com um contexto específico em mente. O facto da inovação abranger tantas áreas do conhecimento e tantos cenários específicos serviu de motivação para o desenvolvimento de um modelo que pode ser adaptado a uma ampla gama de aplicações.

Inovação e Trocas Binárias

Neste trabalho, também seguimos uma inspiração biológica, onde a inovação é inspirada na ideia de mutação que, ao permitir o surgimento de novos recursos, pode (ou não) melhorar o desempenho do agente inovador.

Em geral, num ambiente em interacção permanente, os agentes **recebem** algo do ambiente (os outros agentes) em troca do seu esforço e, ao mesmo tempo, **fornecem** ao ambiente um valor correspondente ao custo das suas necessidades ou ao preço da sua sobrevivência no ambiente em questão.

As trocas entre agentes acima descritas são representadas por dois tipos de **cadeias binárias**, às quais chamamos *produtos* e *necessidades*.

Num mercado de produtores e consumidores, os produtos e as necessidades podem corresponder, respectivamente, aos produtos oferecidos pelos produtores e às necessidades materiais dos indivíduos ou das empresas.

Se imaginarmos que um dos produtos é um automóvel, por exemplo, na cadeia binária que o representa, o primeiro bit pode servir à indicação sobre o tipo de combustível, o segundo sobre o tipo de pintura, o terceiro sobre o número de portas (3 ou 5) e assim por diante.

Da mesma forma, a cadeia binária representativa das necessidades de um consumidor indicaria, em cada bit, as suas preferências quanto aos mesmos aspectos dos automóveis (tipo de combustível, o tipo de pintura, número de portas, etc.).

No cenário político os produtos podem representar *slogans* e promessas de campanha, enquanto as necessidades representariam as preocupações ou os interesses dos eleitores. Pode-se pensar que na cadeia representativa de um eleitor, cada bit dá o interesse do eleitor por um conjunto de aspectos, tais como: política externa (a), distribuição de riqueza (b) e política fiscal (c). Do mesmo modo, o primeiro, o segundo e o terceiro bit da cadeia de um candidato indicam a intenção de tornar prioritários os aspectos de política externa (a), distribuição de riqueza (b) e política fiscal (c), respectivamente.

7. Modelos e Agentes | 243

Tabela 7.2: As cadeias binárias representativas do interesse dos eleitores por 3 diferentes aspectos (a,b e c) da realidade.

Aspectos	a	b	c
Eleitor $_1$	0	0	1
Eleitor $_2$	0	0	0
Eleitor $_3$	1	1	1

O exemplo ilustrado na Tabela 7.2 mostra que os eleitores 1 e 2 não se interessam pelos dois primeiros aspectos representados. Já os agentes 2 e 3 não têm qualquer coincidência de interesses. Neste contexto, um candidato interessado em dar prioridade à política externa (a) e à distribuição de riqueza (b), contaria apenas com o apoio do terceiro eleitor.

As cadeias binárias deste exemplo (Tabela 7.2) ajudam a introduzir um conceito fundamental neste tipo de modelos: o de **limiar de afinidade** entre cada par de agentes. O valor escolhido para este limiar estabelece a quantidade (mínima) de bits comuns (com o mesmo valor ou coincidentes) entre as cadeias binárias dos agentes em causa para que entre os mesmos haja interacção (ou trocas). No exemplo acima, se o limiar fosse fixado em $\frac{2}{3}$, apenas os agentes 1 e 2 estariam aptos a interagir um com o outro.

Num mercado de trabalho, a interacção passa-se entre empresas e trabalhadores. Neste ambiente, os produtos e as necessidades podem corresponder, respectivamente, às ofertas de emprego por parte das empresas e à procura de emprego por parte dos trabalhadores. Cada cadeia binária representaria então um portfólio de características (nível salarial, tipo de trabalho em causa, qualificações académicas requeridas, etc.) que pelo lado das empresas indicariam o perfil da função que a empresa oferece e pelo lado dos trabalhadores o perfil das suas qualificações e para as quais procuram um emprego. Neste contexto, o limiar de afinidade representa o mínimo de correspondência entre as características das vagas existentes nas empresas e os perfis dos candidatos a emprego para que haja negociação.

Com a aplicação deste modelo vimos que dependendo do limiar de afinidade, dois diferentes regimes podem ser observados:

- Quando o limiar é elevado, observa-se um regime muito estável, onde são formados *nichos* de trabalhadores com características muito próximas das características das vagas oferecidas pelas empresas.
- Quando o limiar é baixo, observa-se um regime de competição em que as empresas concorrem pelos trabalhadores.

Em Biologia, os produtos e as necessidades podem, por exemplo, corresponder à características das espécies nos papéis de presa e de predador.

A Tabela 7.3 resume estas características.

Tabela 7.3: O modelo de cadeias binárias aplicado a diversos ambientes

Ambiente	Fornece (Produtor)	Recebe (Consumidor)
Mercado de Produtos	produtos	satisfação das necessidades
Mercado de Trabalho	posições nas empresas	ofertas de emprego
Ambiente Eleitoral	promessas dos candidatos	expectativas dos eleitores
Ambiente Ecológico	qualidades da presa	necessidades do predador

A dinâmica de troca é em cada um deste ambientes, resultante da correspondência entre os *produtos* de cada agente e as *necessidades* dos outros agentes. Esta correspondência é determinada pela coincidência do conteúdo das cadeias binárias de cada tipo de agente. Assim sendo, no mercado de produtos, comparam-se as cadeias binárias de cada produtor com as cadeias binárias dos agentes consumidores. No caso da aplicação ao mercado de trabalho, compara-se as cadeias binárias das empresas com as cadeias dos candidatos a emprego[20]. No ambiente eleitoral, por sua vez, a comparação faz-se entre as promessas de campanha, representadas nas cadeias binárias dos candidatos e a aspiração dos eleitores, cuja representação fica a cargo da cadeia binária de cada eleitor.

7.4.3 Questões Principais

Recorrendo às cadeias binárias, pretende-se investigar a eficiência da inovação e o seu impacto na criação de estruturas numa sociedade de agentes produtores e consumidores. Para tal, desenvolveu-se um modelo de agentes que, neste capítulo, é utilizado de acordo com duas diferentes versões.

Na **primeira versão** (secções 7.4.4 a 7.4.6), separando os produtos e as necessidades, estudamos um modelo de **Produtores** e **Consumidores** onde são consideradas diferentes possibilidades, relativas tanto à natureza do ambiente quanto ao número de agentes inovadores.

Num ambiente em que não há agentes passivos, os agentes dão e recebem de forma a fornecerem os restantes agentes e a suprirem as suas próprias necessidades neste mesmo ambiente.

Os agentes são representados por cadeias binárias de produtos ou de necessidades, sendo a dinâmica de troca baseada na coincidência (ou na afinidade) entre os produtos dos **agentes produtores** e as necessidades dos **agentes consumidores**.

Neste contexto, a inovação corresponde à adaptação da cadeia do produto do agente inovador às cadeias de necessidades dos agentes consumidores. O sucesso (e a eficiência) da inovação é quantificado através de uma função de utilidade que contabiliza o capital acumulado pelo produtor inovador.

---

[20] A versão do modelo desenvolvida para o Mercado de Trabalho na referência (Araujo, 2008) é a mais restrita das aplicações do modelo, na medida em que explora apenas a dinâmica de troca.

Dado não haver pressupostos quantitativos no modelo, pretende-se saber:

1. De que forma as condições do ambiente colectivo afectam a eficiência da inovação e
2. Como é que os mecanismos inovadores afectam a formação da estrutura no ambiente em consideração.

Para tal, apresentam-se cenários diferentes, cada um deles associado a um valor específico de um determinado parâmetro. Nas simulações, o teste de cada cenário é feito através da modificação do parâmetro em causa de forma a isolar o seu efeito específico.

Nesta **primeira versão do modelo** estão definidos dois mecanismos de inovação, cuja designação depende do tipo de agente que os executa: a Inovação por parte dos Produtores e a Adaptação por parte dos Consumidores.

O recurso fundamental na caracterização da criação de estrutura é o cálculo das funções de correlação de todas as quantidades relevantes. Algumas das correlações encontradas suscitam interpretações intuitivas, outras não serão tão simples de interpretar. Até aqui temos encontrado as condições gerais para o sucesso da inovação, as quais têm estado associadas tanto às estratégias dos agentes quanto às condições do ambiente.

A avaliação do resultado da criação de estrutura faz-se com o cálculo de medidas de correlação entre alguns dos indicadores cujo valor é calculado durante a execução do modelo. Como o número de bits comuns entre duas cadeias binárias corresponde à **distância de Hamming**, esta será a medida mais frequentemente utilizada para a caracterização de criação de estrutura. Esta medida de distância retrata a quantidade de diversidade presente nas cadeias binárias. Assim sendo, nos diferentes cenários de execução do modelo, calculam-se as distâncias de Hamming entre:

1. todos os agentes produtores
2. todos os agentes consumidores

3. todos os agentes produtores e o agente consumidor adaptativo
4. o agente produtor inovador e o agente produtor mais próximo
5. o produtor inovador e os agentes consumidores mais próximos (os seus potencias clientes)

Na **segunda versão** do modelo (secção 7.4.7), todos os agentes são do mesmo tipo, deixando de haver separação entre produtores e consumidores. Desta vez, cada agente será equipado com duas cadeias binárias representando os produtos e as necessidades ou, mais genericamente, o que um agente **dá** e o que **recebe** do ambiente. Os mecanismos de inovação e de adaptação estarão então disponíveis para todos os agentes do modelo.

Em ambas as versões, será com base na variação dos valores dos parâmetros, que se contribuirá para o esclarecimento das seguintes questões:

- Até que ponto o sucesso da inovação depende da renovação continuada das características do mercado?
- De que forma, a partir de uma distribuição uniforme e aleatória e com leis dinâmicas idênticas pode a sociedade de agentes dar lugar à formação de estruturas, mesmo não havendo inovação?

7.4.4 *O modelo de produtores e consumidores*

O modelo de Produtores e Consumidores utiliza os seguintes elementos estruturais:

- Um número par de agentes (2N), havendo igual quantidade de *produtores* e o mesmo número de *consumidores*.
- Cada consumidor tem um conjunto de **necessidades** codificado por uma cadeia binária de tamanho k.
- Por outro lado, a cadeia binária de um produtor codifica o *produto* que ele é capaz de **fornecer**.

- Cada produtor tem um **produto** que é também codificado por uma cadeia binária de tamanho k.
- A cadeia binária de um consumidor representa as *necessidades* do consumidor, ou o que este agente precisa **receber** do ambiente.
- No modelo não há agentes passivos, de forma que o ambiente de cada agente é o conjunto de todos os outros agentes.
- Além das duas cadeias binárias que codificam as *necessidades* e os *produtos*, cada agente está associado a uma variável escalar S ou C, dependendo do tipo de agente (consumidor ou produtor, respectivamente).
- A variável S representa o grau de satisfação das necessidades e a variável C representa a quantidade de bens (ou capital) do agente. Numa economia este papel é desempenhado pelo dinheiro, mas em outros contextos o capital do produtor pode representar a *capacidade de protecção*, o *poder* ou o *status* do agente.

Quanto à dinâmica do modelo, esta é constituída pelos já referidos mecanismos complementares: *a dinâmica de troca* e *a dinâmica de inovação ou de adaptação.*

Dinâmica de Troca

O motor da dinâmica de *troca* tem por base a correspondência entre as *necessidades* e os *produtos*.

No início, todos os produtores e consumidores são dotados de um valor fixo $C = C_0$ e $S = S_0$, representando, respectivamente, o capital inicial e a satisfação inicial de cada produtor e de cada consumidor.

Então, a cada passo, os produtos e as necessidades são comparados. O produtor que fornece cada consumidor é escolhido aleatoriamente entre aqueles com quem tem maior afinidade (*matching*) e desde que a *quantidade de afinidade* não seja inferior a um valor limiar (*thr*), o <u>limiar de afinidade</u>.

Assim sendo, cada consumidor escolhe entre os produtos que melhor correspondem às suas necessidades. O produtor que possui este produto é um potencial fornecedor.

Faz-se a escolha medindo a quantidade de bits comuns entre as cadeias binárias que representam as necessidades e as cadeias binárias que representam os produtos.

O resultado desta dinâmica é contabilizado nos dois escalares:

$$S_i(t+1) = S_i(t) - ac + \frac{q_{ij}^*}{k} \tag{7.1}$$

$$C_j(t+1) = C_j(t) - ap + \sum_{j(i)} \frac{q_{ij}^*}{k} \tag{7.2}$$

onde o índice $j(i)$ é executado sobre todos os consumidores i que são fornecidos pelo produtor j.[21]

A variável q_{ij}^* representa a coincidência entre a cadeia binária (o *matching*) do produtor j com a cadeia do consumidor i.

Ao receber um produto do produtor i, o consumidor j aumenta a sua satisfação (ou *energia*) S_i de $\frac{q_{ij}^*}{k} - ac$. Ao mesmo tempo, o produtor j aumenta o seu capital C_j de $\sum_{j(i)} \frac{q_{ij}^*}{k} - ap$, onde ac e ap são duas constantes representativas do *custo de vida*, sendo o seu valor subtraído, a cada passo e respectivamente das quantidades acumuladas em S e em C.

Quando a satisfação de um consumidor decai para um valor nulo (ou negativo) ($S_i \le 0$), o consumidor em causa é substituído por um novo consumidor, cujas necessidades são geradas ao acaso e com dotação $S_i = S_0$.

---

[21] Em cada aplicação, as equações devem ser normalizadas por unidades devidamente escolhidas para representar quantidades comensuráveis.

250 | Introdução à Economia Computacional

No que se refere à substituição dos produtores, na primeira versão do modelo, quando $C_j \leq 0$, o produtor j desaparece e não é substituído (secções 7.4.5 e 7.4.6) ou ele é substituído por um novo produtor gerado ao acaso e com dotação $C_j = C_0$ (secção 7.4.7).

Como tal, o consumidor só permanece activo, enquanto a sua *energia S* é positiva. Se a mesma se torna negativa, o consumidor desaparece e é substituído por um novo consumidor aleatório. No caso da susbstituição dos produtores, a sua implementação, tal como referido, depende da versão do modelo.

O mecanismo de substituição dos agentes consumidores visa representar o aparecimento de uma nova tendência de consumo ou a preferência por um novo produto. Em Biologia, esta substituição não se aplica às espécies individuais, mas a um nicho ecológico.

Antes de passar à apresentação da dinâmica de inovação ou de adaptação, o quadro a seguir reune os principais parâmetros do modelo por tipo de agente.

Tabela 7.4: Principais características do modelo de Produtores e Consumidores

Tipo de Agente	N o	Cadeia de $k-$ bits	Função Utilidade	Dotação Inicial	Custo Fixo	Substituído quando
Produtores	N	de produtos	Capital (C)	C_0	ap	(*)
Consumidores	N	de necessidades	Satisfação (S)	S_0	ac	$S \leq 0$
Limiar	thr					

(*) depende da versão do modelo

No quadro da Tabela 7.4, o parâmetro dá o valor do limiar (afinidade mínima) para que haja troca entre produtor e consumidores, sendo assim um dos parâmetros mais importantes do modelo.

Dinâmica de Inovação ou de Adaptação

No que se refere à dinâmica de adaptação ou de inovação, são várias as possibilidades de implementação no modelo[22]:

1. *Inovação pelos produtores*, esta pode ser de três tipos diferentes:

   - *Inovação orientada para o Mercado*: o **produtor inovador** encontra os consumidores com quem tem uma correspondência acima de um certo limiar (*thr*) e altera a codificação de um dos seus bits usando o seguinte critério: o bit a ser alterado deve ser o que pior corresponda ao mesmo bit na cadeia dos seus potenciais clientes. Ou seja, será o bit cujo valor apresenta o menor número de coincidências quando comparado com o valor do mesmo bit observado para a maioria dos consumidores, de entre aqueles cuja afinidade com o produtor inovador esteja acima do limiar de afinidade.

     Este mecanismo corresponde à adaptação de um produto específico a fim de expandir um mercado já existente, consistindo numa *proxy* para a inovação de mercado, no sentido de melhorar a afinidade entre produtor e consumidor e assim modificar um produto tendo em vista a existência prévia de uma inclinação para aquele perfil de produto. No que respeita à intensidade, este tipo de inovação corresponde a uma *inovação incremental*.

   - *Inovação de Processos*: a inovação de processo corresponde a uma diminuição dos custos de produção, adicionando uma determinada quantia ao capital do produtor inovador. Este aumento favorece a possibilidade do **produtor inovador** ser o escolhido pelos consumidores.

---

[22] Os dois últimos exemplos de tipos de inovação (de Processos e Orientada para o Produto) não foram implementados.

2. *Inovação orientada para o Produto*: o **produtor inovador** encontra um conjunto de consumidores que têm entre si uma correspondência acima de um determinado limiar e desenvolve um novo produto de acordo com as necessidades daquele conjunto de consumidores. No que se refere à intensidade, esta pode ser considerada uma *inovação radical*.

3. *Adaptação dos consumidores*: neste caso, os **consumidores** menos satisfeitos procuram encontrar os produtores com os quais têm uma correspondência acima de um certo limiar e alteram a codificação do seu bit cujo valor apresenta o menor número de coincidências quando comparado com o valor do mesmo bit observado para a maioria dos seus potenciais fornecedores (produtores).

Há, naturalmente, algumas características importantes do mundo real que não são explicitamente incluídos na nossa codificação abstracta. Por exemplo, os produtos, às vezes, têm algumas características fundamentais que são fixas e algumas outras que são ajustáveis. Um agente pode fornecer o mesmo produto a clientes diferentes, com diferentes ofertas. Esta técnica de segmentação de mercado é especialmente importante para os serviços.

Sendo a preferência da escolha pelos consumidores baseada na maximização (com ou sem incerteza) da correspondência parcial entre os produtos e as necessidades, pode-se pensar que as cadeias binárias representam apenas os recursos básicos dos produtos. Uma codificação onde se separasse o que é fixo (ou nuclear) e o que é ajustável em cada produto poderia ser incluída no modelo, mantendo fixas algumas partes da cadeia binária dos produtos e permitindo a abertura (*fuzzying*) doutras partes. No entanto, acreditamos que a dinâmica qualitativa característica do modelo não seria muito afectada com esta alteração.

Nas próximas secções, o modelo é testado em diversos cenários, os quais são caracterizados por diferentes combinações dos valores atribuídos aos parâmetros, tais como:

1. Alterando o parâmetro *ap* representativo do *custo de vida do consumidor* é possível criar ambientes estáveis ou instáveis (voláteis), ou seja, ambientes que se diferenciam através da taxa de substituição dos consumidores. É o que faz a diferença entre os Cenários 1 e 2.
2. Alterando o parâmetro *ap* representativo do *custo de vida do produtor* é possível criar ambientes com diferentes taxas de substituição dos produtores. Faz a diferença entre os Cenários 5 e 6.
3. Modificando o mecanismo de inovação, que é adoptado: a escolha recai entre um de dois mecanismos: o de inovação orientada para o mercado (*Market-Oriented Innovation* – MOI) ou a adaptação dos comsumidores aos produtos disponíveis (*Adaptation to Available Products* – AAP). No primeiro caso tem-se os Cenários de 1 a 4 e no segundo os Cenários de 5 a 8.
4. Alterando a quantidade de agentes que estão autorizados a inovar ou a adaptar-se. Duas possibilidades são consideradas: apenas um agente ou um número aleatório de agentes. Os pares de Cenários (1,3), (2,4), (5,7) e (6,8) partilham uma mesma propriedade. Em cada par, o primeiro e o segundo cenário diferem entre si apenas no que diz respeito ao número de agentes autorizados a inovar ou a adaptar-se: um ou vários, respectivamente.

Em todas as simulações escolhemos o número inicial de produtores e consumidores $N = 100$, o comprimento da cadeia binária e as dotações iniciais $S_0 = C_0 = 50$.

A Tabela 7.5 mostra os valores utilizados nas simulações dos Cenários de 1 a 4 que diferem entre si apenas através da quantidade de agentes inovadores e do valor de *ac*, ou seja, do custo fixo atribuído a cada consumidor.

254 | Introdução à Economia Computacional

Tabela 7.5: Cenários 1 a 4

Tipo de Agente	N	k	Tipo de Inovação	Dotação Inicial	Custo Fixo	Reposto quando	Agentes Inovadores
Produtores	100	10	MOI	$C_0 = 50$	$ap = 5$	nunca	
Consumidores	100	10		$S_0 = 50$		$S \le 0$	
Cenário 1					$ac = 0.5$		um
Cenário 2					$ac = 1$		um
Cenário 3					$ac = 0.5$		vários
Cenário 4					$ac = 1$		vários

Limiar (thr) = 40%

7.4.5 *Inovação orientada para o Mercado*

Neste tipo de inovação, o produtor inovador encontra os consumidores que tenham consigo uma correspondência acima do limiar de afinidade e inverte o valor do seu pior bit na cadeia binária, isto é, do bit que tem a menor correspondência quando comparado com o mesmo bit na cadeia binária de cada potencial consumidor. Um potencial comsumidor é aquele com quem o produtor inovador tem afinidade acima do valor limiar (*thr*).

É fundamental que, a escolha dos potenciais consumidores pelo produtor inovador, tenha por base a existência de afinidade acima do valor limiar. Verificamos que, sem este limiar a inovação não é de todo eficiente. Isto significa que não há um produto universal, ou, alternativamente, que através de inovações incrementais dirigidas a um conjunto de consumidores universais, não se pode expandir o mercado do agente inovador.

Nos resultados que se seguem e nos dois primeiros cenários, o mecanismo de inovação é o orientado para o mercado (MOI) e levado a cabo por um produtor inovador. O que distingue os Cenários 1 e 2 é o valor dos parâmetro *ac* que representa, dependendo do seu valor, a estabilidade do ambiente ($ac = 0.5$) ou a sua volatilidade ($ac = 1$).

Convém lembrar que a estabilidade aqui não é um conceito absoluto. Significa apenas que haverá uma taxa muito pequena de substituição dos consumidores no primeiro caso (ambiente estável) e bastante mais alta no segundo (volátil). Em ambos os casos os produtores com capital negativo ou nulo ($C_i \le 0$) não são substituídos e simplesmente desaparecem.

Em cada cenário, pretende-se medir as correlações entre a **natureza do ambiente** (estável ou volátil) e a **eficiência da inovação**. Para tal uma taxa de eficiência (g) é definida para o produtor inovador (ip), como sendo:

$$g_{ip} = \frac{C_{ip}(T_f) - C_{ip}(T_i)}{T_f - T_i} \qquad (7.3)$$

onde $C_{ip}(T_f)$ e $C_{ip}(T_i)$ representam, respectivamente, o capital inicial do produtor inovador no final das simulações (T_f) e ao início da inovação (T_i).

Ambientes estáveis e voláteis, com um único agente inovador: Cenários 1 e 2

As Figuras 7.1 e 7.2 apresentam os resultados obtidos com $T_i = 250$ e $T_f = 1000$, $ap = 5$ e, respectivamente, $ac = 0.5$ e $ac = 1$, ou seja, com os cenários 1 e 2.

No tempo de T_i o produtor com menos capital (C) dá início à inovação Orientada para o Mercado (MOI).

Os dois gráficos na parte superior da Figura 7.2, mostram exemplos da evolução do capital dos produtores e do valor médio da satisfação dos consumidores. A linha mais escura refere-se ao produtor inovador. Observa-se que o gráfico superior esquerdo da Figura 7.2 mostra uma das inovações mais bem sucedidas.

256 | Introdução à Economia Computacional

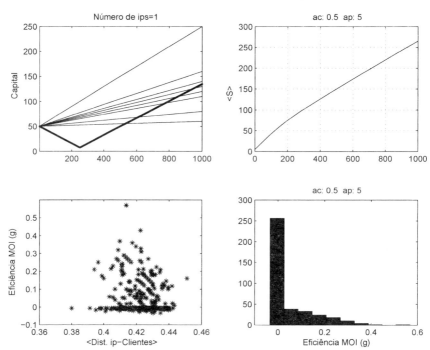

Figura 7.1: Ambiente estável com um único agente inovador

Os gráficos apresentados na parte inferior das figuras foram obtidos a partir de mil simulações. Os histogramas, na parte inferior direita das duas figuras, mostram que a inovação orientada para o mercado (MOI) é muito mais eficiente num ambiente altamente volátil ($ac = 1$) do que num ambiente estável ($ac = 0.5$).

Encontramos também correlação inversa entre a eficiência MOI e a distância do produtor inovador (*ip*) ao consumidor mais próximo. Mas a correlação só é forte num ambiente volátil, como mostra o gráfico no canto inferior esquerdo da Figura 7.2. Os resultados mostram também uma correlação negativa da eficiência da inovação com a distância do produtor inovador ao produtor mais próximo.

Algumas destas correlações têm uma interpretação simples, a de que não é fácil ampliar o mercado por inovações incrementais num ambiente estável. Por conseguinte, o sucesso da inovação é mais provável se o ambiente se altera com frequência. Num mercado, este é, em geral, o papel da publicidade, quando se visa criar alterações nos hábitos de consumo, polarizando as escolhas dos consumidores.

Menos óbvia é a interpretação das correlações inversas encontradas entre a distância dos consumidores entre si e o crescimento da taxa de eficiência da inovação. O mesmo pode-se dizer da correlação inversa encontrada entre a distância do produtor mais próximo ao agente inovador e o crescimento da taxa de eficiência da inovação. Esta correlação pode ser interpretada com o argumento que o sucesso também requer alguma pré-afinidade com os segmentos de mercado ainda não cobertos pelos actuais produtos.

Figura 7.2: Ambiente volátil com um único agente inovador

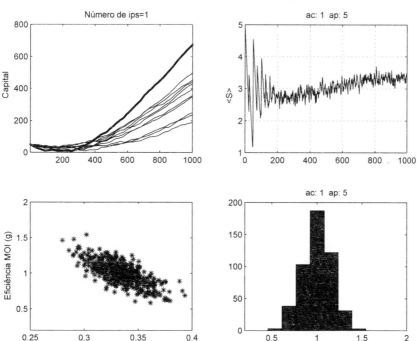

258 | Introdução à Economia Computacional

Figura 7.3: Ambiente estável com mais de um produtor inovador

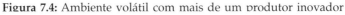

Figura 7.4: Ambiente volátil com mais de um produtor inovador

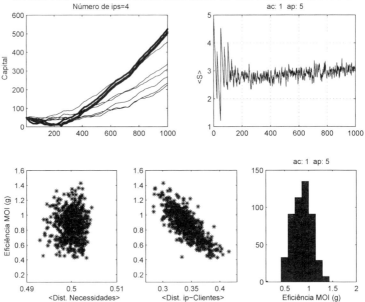

7. Modelos e Agentes | 259

Figura 7.5: Ambiente com baixa taxa de substituição de produtos e um *ic*

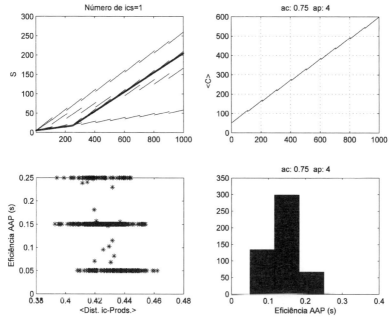

Figura 7.6: Ambiente com alta taxa de substituição de produtos e um *ic*

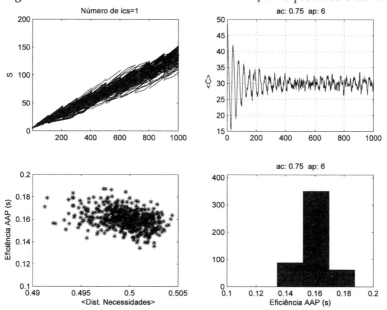

260 | Introdução à Economia Computacional

Ambientes estáveis e voláteis com diversos inovadores: Cenários 3 e 4

O modelo foi também utilizado para verificar se havia diferenças significativas quando se permitia a existência de vários produtores inovadores (*ips*).

Quando há mais de um produtor autorizado a inovar, a taxa de eficiência da inovação ($\bar{g}$) é calculada como o valor médio das taxas de eficiência de cada produtor inovador. Em cada simulação, o número de *ips* é determinado de forma aleatória, sendo os produtores inovadores escolhidos entre os mais pobres (com menos capital).

Os resultados nos histogramas das Figuras 7.3 e 7.4 mostram que a inovação orientada para o mercado (MOI) com mais de um *ip* também é muito mais eficiente num ambiente volátil.

A relação entre a eficiência da inovação e a estabilidade do ambiente é consistente com os resultados obtidos para o caso de um único produtor inovador.

Novamente encontra-se uma correlação inversa entre a eficiência MOI e a distância entre as necessidades dos consumidores.

A eficiência deste tipo de inovação é também inversamente proporcional à distância entre os produtores inovadores e destes aos seus consumidores mais próximos, mas a correlação é forte apenas nos ambientes voláteis, como mostra o gráfico inferior ao centro da Figura 7.4.

7.4.6 *A evolução das necessidades*

À semelhança do que se descreveu na secção anterior, o modelo contém um mecanismo de *evolução das necessidades* dos consumidores. Este mecanismo pode ser designado adaptação parcial ou conformidade com os produtos disponíveis (*Adaptation to Available Products* – AAP).

A dinâmica neste caso é semelhante à dinâmica da inovação orientada para o mercado (MOI), com a diferença fundamental de que agora são os consumidores a alterarem as suas características e não os produtores, como nos cenários anteriores. Nos cenários onde a adaptação parcial pode ser activada (de 5 a 8), os consumidores não são substituídos, enquanto os produtores com capital nulo ou negativo são substituídos por novos agentes gerados ao acaso.

O quadro da Tabela 7.6 reúne os valores dos parâmetros dos Cenários 5 a 8. As diferenças consistem nos valores de *ap* e no número de **consumidores adaptativos**.

Tabela 7.6: Cenários 5 a 8

Tipo de Agente	N	k	Tipo de Inovação	Dotação Inicial	Custo Fixo	Reposto quando	Consumidores Inovadores
Consumidores	100	10	AAP	$S_0 = 50$	$ac = 0.75$	nunca	
Produtores	100	10		$C_0 = 50$		$C : 0$	
Cenário 5					$ap = 4$		um
Cenário 6					$ap = 6$		um
Cenário 7					$ap = 4$		vários
Cenário 8					$ap = 6$		vários

Limiar $(thr) = 40\%$

Adaptação por um Consumidor: Cenários 5 e 6

Quando a apenas um consumidor é permitida a adaptação, o modelo é implementado da seguinte forma: a cada passo e após a dinâmica de troca, o consumidor menos satisfeito encontra os produtores com quem tenha uma correspondência acima do limiar de afinidade e inverte o seu bit com pior conincidência de valor quando comparado com o bit correspondente nas cadeias binárias dos produtos, tendo em conta os produtores com quem tem afinidade acima do limiar.

Este mecanismo destina-se a imitar a adaptação de um consumidor a um produto que está disponível no mercado ou a adaptação das necessidades de sobrevivência de uma espécie num determinado ambiente.

262 | Introdução à Economia Computacional

O sistema foi testado para diferentes valores de *ap*, o que permite simular ambientes com diferentes taxas de substituição de produtores. Neste cenário, um produtor apenas permanece activo, enquanto o seu capital é positivo e, quando o mesmo se torna negativo, o produtor é substituído por um novo produtor de forma aleatória.

Um nova taxa de eficiência (*s*) é então definida, a fim de calcular a diferença entre o nível de satisfação do consumidor adaptativo (*ic*) após e antes da adaptação ter início. Define-se

$$s_{ic} = \frac{S_{ic}(T_f) - S_{ic}(T_i)}{T_f - T_i} \tag{7.4}$$

onde $S_{ic}(T_i)$ e $S_{ic}(T_f)$ representam, respectivamente, a quantidade de satisfação (ou de energia) do consumidor que se adapta (*ic*) no tempo final (T_f) e antes da adaptação começar (T_i).

Como demonstram os histogramas das Figuras 7.5 e 7.6, o principal resultado é que a adaptação aos produtos disponíveis é igualmente eficiente tanto para uma pequena como para uma elevada taxa de substituição dos produtores (*ap* = 4 ou *ap* = 6, respectivamente). Isto significa, que este tipo de adaptação dos consumidores ao ambiente é mais fácil de ser bem sucedida do que a adaptação (inovação) por parte do produtor. Todas as outras correlações encontradas são pouco relevantes, o que é compreensível, dado que a relação entre produtores e consumidores não é simétrica, já que muitos consumidores podem compartilhar um produtor, ao passo que, cada consumidor só pode ser fornecido por um produtor.

Adaptação por diversos Consumidores: Cenários 7 e 8

Aqui, o modelo é testado com diferentes quantidades de consumidores adaptativos. Quando é permitida a adaptação a mais de um consumidor, a taxa de eficiência é calculada como o valor médio $(\bar{s})$ das taxas (s) dos consumidores adaptativos (ics).

Os resultados para estes cenários dão conta que a adaptação aos produtos disponíveis por muitos consumidores é um pouco mais eficiente num mercado com uma elevada taxa de substituição de produtores $(ap = 6)$ do que no caso em que a taxa de substituição é baixa $(ap = 4)$. Existem também algumas correlações negativas fracas entre a taxa de eficiência $(\bar{s})$ e a distância entre os ics e o conjunto de produtores. Tanto em ambientes estáveis como em ambientes voláteis, foi encontrada uma fraca correlação negativa da taxa de satisfação com a distância entre os consumidores adaptativos (ics) e os produtores.

7.4.7 Inovação e auto-organização

Nesta segunda versão do modelo, todos os agentes são do mesmo tipo, estando cada agente equipado com duas cadeias binárias: uma cadeia- P e uma cadeia- N.

Aqui, no entanto, ao invés de produtos e necessidades, como no modelo de produtores e consumidores, é mais apropriado interpretar cada cadeia- P como o código para os benefícios (ou energia) que o agente pode *extrair do ambiente* (os outros agentes) e cada cadeia- N como o código para o que o ambiente pode *extrair do agente*. Ou seja, do ponto de vista de cada agente, as cadeias de Produtos (cadeia- P) e de Necessidades (cadeia- N) representam, respectivamente, o que o agente **recebe** e o que o agente **dá** ao ambiente em que está inserido.

Como antes, a evolução dinâmica, ou a dinâmica de troca, é baseada na correspondência das cadeias- P com as cadeias- N. Cada agente tem uma função de utilidade que agora chamamos **aptidão** (*fitness*) e cuja evolução obedece a:

$$F_i(t+1) = F_i(t) + \sum_{j(i)} \frac{q_{ij}^*}{k} - \frac{q_{l(i)i}^*}{k} \qquad (7.5)$$

264 | Introdução à Economia Computacional

Durante a dinâmica de troca, a cadeia- P de cada agente (i) é comparada com as cadeias- N dos outros agentes. Em seguida, um agente (j) é escolhido aleatoriamente dentre os agentes com a maior coincidência (*matcinhg*) da sua cadeia- P com a cadeia- N do primeiro agente (i).

A quantidade $\sum_{j(i)}$ denota a soma sobre todos os agentes j para os quais a cadeia- P de i não só teve a máxima coincidência q_{ij}^*, como também foi a escolhida no processo de selecção aleatória, no caso de haver mais de uma com coincidência máxima.

A quantidade $q_{l(i)i}^*$ denota a correspondência máxima da cadeia-N do agente i com as cadeias- P dos outros agentes.

- No início, as cadeias de produtos e de necessidades de todos os agentes são inicializadas aleatoriamente e a dotação inicial para a aptidão de cada agente é estabelecida no valor F_0.
- Sempre que, durante a evolução, a aptidão de um agente se torna negativa, esse agente é substituído por um novo agente dotado com o valor da aptidão inicial (F_0) e com ambas as cadeias inicializadas ao acaso.

Um dos objectivos deste modelo é mostrar como, a partir de um conjunto de agentes em condições idênticas, a evolução espontânea cria desigualdades na aptidão dos mesmos[23].

Uma questão importante no que se refere à criação de estruturas em sociedades de agentes, é a relação entre a evolução e a diversidade dos agentes. Mais especificamente, interessa conhecer o efeito da evolução sobre a diversidade e por esta via, conhecer o impacto da inovação sobre a formação de estruturas; sabendo que estas podem ser caracterizadas pelo aparecimento de grupos de agentes semelhantes.

---

[23] Com evolução *espontânea* pretende-se salientar que se trata da evolução pela via da simples dinâmica de troca, ainda sem inovação ou adaptação ao meio ambiente.

Tal como na versão anterior do modelo, aqui a inovação é também uma adaptação às propriedades do meio ambiente (os outros agentes).

Em complemento da dinâmica de troca, a dinâmica de inovação (ou de adaptação) nesta segunda versão do modelo consiste em duas possibilidades:

- A chamada **inovação**- P onde cada agente compara a sua cadeia- P com as cadeias- N dos outros agentes. Quando encontra coincidência acima do valor limiar (*thr*), inverte o valor do seu <u>pior</u> bit[24]. Portanto inovar- P significa tentar **maximizar o que se recebe** dos outros agentes.

- A **inovação**- N onde cada agente tenta minimizar a correspondência entre a sua cadeia- N e as cadeias- P dos outros agentes. A cada passo da execução do modelo, os agentes praticantes deste último tipo de inovação invertem o seu <u>melhor</u> bit nas cadeias- N[25]. O significado da inovação- N é que o agente tenta **dar aos outros agentes o menos possível** ou tenta proteger-se dos efeitos da predação pelos outros agentes.

Nesse modelo, sempre que a inovação é implementada, todos os agentes estão autorizados a inovar, em consonância com a igualdade de oportunidades pretendida nesta versão.

---

[24] O bit cujo valor apresenta o **menor** número de coincidências quando comparado com o valor do mesmo bit observado para a maioria dos agentes, de entre aqueles cuja afinidade com o agente inovador está acima do limiar de afinidade.

[25] O bit cujo valor apresenta o **maior** número de coincidências quando comparado com o valor do mesmo bit observado para a maioria dos agentes, de entre aqueles cuja afinidade com o agente inovador está acima do limiar de afinidade.

266 | Introdução à Economia Computacional

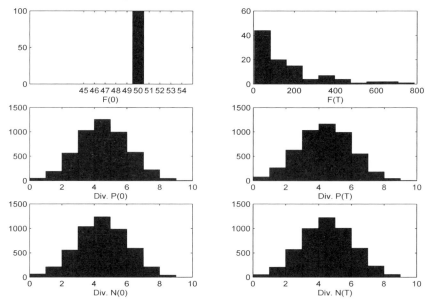

Figura 7.7: Aptidão e diversidade das cadeias sem inovação

Nas Figuras 7.7 a 7.10, é possível comparar os resultados dos seguintes cenários:

1. Cenário 9: não há inovação por parte de nenhum agente, a dinâmica de troca é a única responsável pelo resultado da evolução das necessidades e dos produtos.
2. Cenário 10: apenas a inovação- P é activada, podendo ser levada a cabo por todos os agentes do modelo.
3. Cenário 11: apenas a inovação- N é activada, não havendo também restrições em relação ao número de agentes inovadores.
4. Cenário 12: são activadas as inovação- P e inovação- N.

Os dois gráficos na parte superior de cada figura permitem comparar os histogramas das aptidões iniciais e as aptidões no tempo final ($T = 5000$).

Os histogramas nas partes central e inferior das figuras permitem comparar, respectivamente, a diversidade das cadeias-P e

7. Modelos e Agentes | 267

das cadeias-N, no momento inicial e no tempo final das simulações. A diversidade das cadeias é caracterizada pelas distâncias de Hamming entre as mesmas. Em todos os casos em que a inovação é implementada, o valor do limiar de coincidência binária é de apenas 10%, ou seja, $thr=0.1$.

A Figura 7.7 mostra os resultados do Cenário 9, ou seja, quando não há inovação. Apesar de todos os agentes começarem com condições semelhantes, o resultado da evolução temporal é a estratificação das aptidões. O modelo mostra como *uma estrutura bem definida emerge da evolução dinâmica*. Mesmo a dinâmica da distribuição aleatória da *fitness* pode gerar grandes desigualdades.

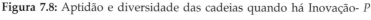

Figura 7.8: Aptidão e diversidade das cadeias quando há Inovação-P

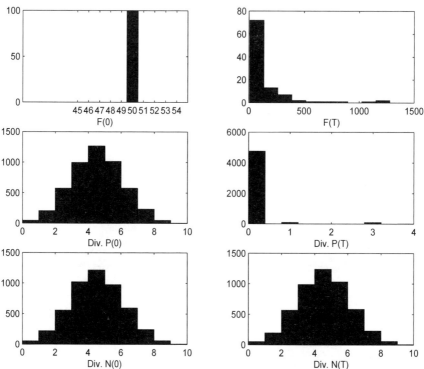

A Figura 7.8 apresenta os resultados obtidos para o Cenário 10 onde todos os agentes recorrem à inovação- P. Vê-se que o efeito de estratificação é ainda mais forte quando este tipo de inovação é activado.

Quando não há inovação, a diversidade das cadeias iniciais e finais (em $T = 0$ e $T = 5000$) é semelhante. No entanto, quando ocorre inovação- P existe uma concentração das cadeias- P em torno de um tipo dominante, a estratificação das desigualdades é reforçada e a diversidade diminui.

A Figura 7.9, apresenta os resultados obtidos para o Cenário 11, no qual todos os agentes executam a inovação- N. Com este tipo de inovação, as trocas são minimizadas e o resultado mais relevante consiste numa redução drástica da diversidade nas cadeias- N.

Quando ambos os tipos de inovação são implementados no Cenário 12 (Figura 7.10), tanto a diversidade das cadeias como a estratificação das aptidões são repostas, ou seja, são semelhantes à situação sem qualquer tipo de inovação (do Cenário 9). Nesta circunstância, os dois tipos de inovação parecem anular-se mutuamente.

Figura 7.9: Aptidão e diversidade das cadeias quando há Inovação- N

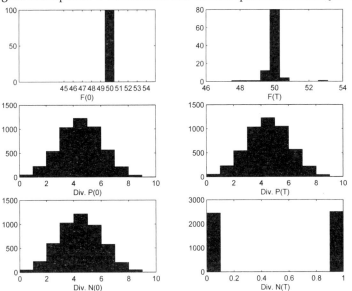

7. Modelos e Agentes | 269

Figura 7.10: Aptidão e diversidade das cadeias quando implementados os dois tipos inovação

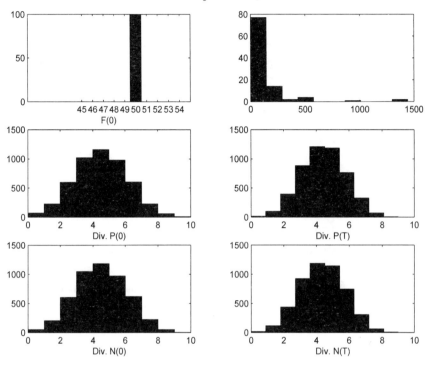

Figura 7.11: Redes formadas a partir das distâncias de Hamming entre as cadeias- P e - N em cada um dos Cenários 9 e 10.

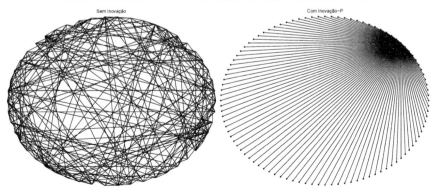

Figura 7.12: Redes formadas a partir das distâncias de Hamming entre as cadeias - P e - N em cada um dos Cenários 11 e 12.

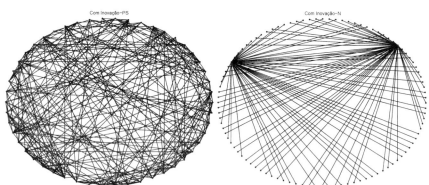

A estrutura das redes resultantes fornece uma visão interessante sobre o efeito de cada um dos mecanismos de inovação. Este efeito pode ser observado nas Figuras 7.11 e 7.12, onde os agentes dispostos sobre cada anel, estão ligados de acordo com o seguinte critério: dois agentes i e j estão ligados sempre que, no final da evolução, a cadeia- P do agente i tem afinidade suficiente (acima do limiar, ou seja, acima de 10%) com a cadeia- N do agente j. As quatro estruturas correspondem aos resultados obtidos para os quatro últimos cenários: na Figura 7.11 encontram-se as redes definidas pelos cenários 9 e 10 – sem inovação, com inovação- P – e na Figura 7.12 encontram-se as redes definidas pelos cenários com inovação- N e com ambos os tipos de inovação (tanto P como N).

Vê-se que a estrutura mais relevante dá conta de uma redução drástica da diversidade das cadeias binárias quando a inovação- P é implementada. Uma situação semelhante ocorre no cenário com inovação- N. No entanto, quando cada agente tenta proteger-se dos efeitos do ambiente, a diversidade das cadeias não é tão drasticamente reduzida.

Por último convém identificar, nos diferentes cenários e versões deste modelo de agentes, a presença das etapas características da dinâmica, de acordo com a classificação da secção 7.1.2.

1. Geração de Diversidade: corresponde à inicialização das cadeias binárias de forma aleatória.

2. Selecção primária: é activada, na primeira versão do modelo, pelos mecanismos de eliminação dos agentes consumidores sempre que estes têm satisfação negativa ou nula.
3. Mecanismo básico de interação entre os agentes: corresponde à dinâmica de troca, em ambas as versões do modelo.
4. Mecanismo orientado para um (ou mais) objectivo(s) (estratégias): corresponde aos mecanismos de inovação MOI e AAP na primeira versão do modelo e às inovações - N e - P na segunda versão.
5. Selecção secundária: não acontece neste modelo.
6. Identificação (final) de Estrutura (colectiva): é dada pela caracterização das distâncias apresentadas na secção anterior. As estruturas criadas são tão mais pronunciadas quanto maior for a redução da diversidade inicial, tanto de produtos quanto de necessidades.

7.5 Resumo do capítulo

Uma característica muito geral dos sistemas complexos encontrados no mundo real é o facto de cada agente poder receber algo do ambiente ao mesmo tempo que o ambiente também recebe alguma coisa do agente. Esta é a componente fundamental das codificações P e N que sendo suficientemente abstractas permitem estudar efeitos gerais, independentemente das particularidades de cada sistema adaptativo sobre o qual este modelo é aplicado.

Além da dinâmica de interacção (ou de troca), regida pelas cadeias correspondentes, também se vê que as acções dos agentes na sua adaptação ao ambiente podem ser codificadas pela simples evolução das cadeias binárias. Na primeira versão do modelo, ao separarmos as funcionalidades associadas às cadeias- P e cadeias- N, somos capazes de obter conclusões gerais sobre a eficácia da inovação e sobre como esta se relaciona com a estrutura global do ambiente.

Na segunda versão, onde os agentes estão equipados com dois tipos de interacções com o ambiente, consegue-se uma manifestação clara do facto de mesmo a dinâmica de interacção simples (de troca) poder criar estruturas na sociedade de agentes. Por outro lado, as acções de cada agente para melhorar a sua aptidão são capazes de criar uma estrutura ainda mais acentuada e, em particular, ter um forte efeito sobre a diversidade. Portanto, o aparecimento destas inovações num determinado momento pode representar um mecanismo fundamental de conducção de mudanças nas estruturas do mundo real.

O próximo capítulo apresenta um modelo de agentes aplicado ao estudo do Crescimento Económico. Neste novo modelo, o crescimento é baseado na produção de ideias, de forma que, embora o enfoque passe a ser mais macroeconómico, mantem-se o interesse pelo papel da inovação. No Capítulo 9, retoma-se o modelo aqui apresentado e utilizam-se as cadeias binárias para a representação da formação de opiniões.

Referências Principais:

(Araújo, T. 2008) T. Araújo e G. Weisbuch, The labour market on the hypercube, Physica A, Statistical Mechanics and its Applications 387.

(Araújo, T. 2009a) T. Araújo e R. Vilela Mendes, Innovation success and structural change: An abstract agent based study, Advances in Complex Systems, V.12, 233.

8.

Crescimento Económico e efeitos de Rede

Os modelos de crescimento económico e, em particular, os modelos de **crescimento endógeno**, constituem um dos principais exemplos de aplicação da modelação de agentes à Economia.

No estudo do crescimento endógeno, é essencial abordar as estruturas macroeconómicas numa perspectiva *bottom-up*, onde as propriedades globais podem ser representadas enquanto resultantes da interacção local dos agentes microeconómicos e, assim sendo, enquanto consequência do comportamento individual. A modelação de agentes tem liderado este tipo de abordagem.

No exemplo apresentado neste capítulo, estudamos o crescimento económico combinando duas linhas de investigação que têm progredido de forma separada. A primeira linha é a que estuda o crescimento económico propriamente dito e onde, em geral, se pretende optimizar funções de utilidade e decidir sobre a afectação de recursos pouco abundantes. A segunda linha é a orientada para a aplicação de modelos capazes de representar a heterogeneidade dos comportamentos dos agentes, numa perspectiva microeconómica. Nesta última vertente, é possível incluir a caracterização da topologia de redes de agentes económicos e assim estudar o papel destas estruturas topológicas no crescimento económico.

A principal novidade em relação aos modelos de agentes apresentados nos capítulos anteriores consiste na localização dos agentes no espaço. Os **modelos de agentes com localização** espacial (*Spatial Agent-based Models*) são modelos que além das características próprias dos modelos de agentes, contam com uma propriedade adicional: cada agente *ocupa* uma determinada posição num espaço definido num certo número de dimensões. Um dos modelos de agentes mais conhecidos neste domínio é o modelo de Thomas Schelling (Schelling, T. 1969) com o qual têm sido abundantemente estudadas as situações de segregação territorial.

Quando os agentes têm uma localização espacial, é natural que, independentemente de qualquer outra propriedade definida entre cada par de agentes, se possa usar a noção de **distância** para definir a existência de uma **ligação** entre os mesmos.

Fazemos uso da noção de distância, decorrente da localização espacial dos agentes para, em primeiro lugar, investigar o **efeito de equipe** na produção de ideias. O efeito de equipe pode ser definido como uma propensão condicionada. Trata-se da propensão para o aumento da produção de ideias em função da proximidade entre os **agentes qualificados** do sistema.

Em segundo lugar, usamos a distância para definir a existência de ligação entre cada par de agentes e desta forma, investigar a influência da vizinhança de cada agente na sua opção pela qualificação (educação académica). O **efeito vizinhança** é portanto o efeito da influência inter-agentes no que toca a opção pessoal de cada agente pela sua qualificação.

Estes dois efeitos consituem a base do modelo apresentado neste capítulo. A sua conjugação num modelo de crescimento com gerações sobrepostas, permite avaliar a participação do **capital humano** no crescimento económico. Sabendo que tanto o efeito vizinhança como o efeito de equipe dependem da estrutura da sociedade, pode-se investigar a contribuição dos diferentes **regimes de rede** na formação de capital humano e, por esta via, no crescimento endógeno.

8.1 Crescimento Económico e Educação

Vários modelos de crescimento endógeno, como os apresentados nas referências (Aghion, P. 1992 e 1998), (Romer, P. 1990), (Jones, C. 2005) e (Lucas, R. 1988) destacam o papel das **ideias** na promoção do crescimento Económico. À semelhança doutros autores, C. Jones parte do princípio que as ideias são **bens não-rivais** (Jones, C. 2005), ou seja, uma boa ideia pode ser usada por qualquer indivíduo, sem diminuir a possibilidade da sua utilização por outros indivíduos.

Nem todas as boas ideias ou invenções estão directamente ligadas à produção e ao crescimento económico. É o caso das obras de Shakespeare ou das sinfonias de Beethoven, dois bons exemplos da *não-rivalidade* das ideias.

O facto de uma companhia de teatro em Nova York usar o texto de Hamlet num espetáculo não impede a realização de qualquer outro evento similar, por outra empresa, por exemplo, em Paris ou em Praga.

Por outro lado, também são muitas as ideias não-rivais cujo desenvolvimento esteve sempre associado à **inovação** e ao crescimento económico. Os exemplos podem ter início com a invenção das primeiras ferramentas agrícolas e prosseguir até a invenção dos computadores ou da fibra óptica.

Neste contexto, sabe-se que quando as ideias são mantidas constantes, vale o habitual **argumento da replicação**, ou seja, a duplicação da entrada leva à duplicação da saída, dada a possibilidade de numa outra economia se produzir exactamente o mesmo que na primeira, a partir dos mesmos recursos de que esta dispõe.

No entanto, quando se permite que as ideias creçam, o crescimento baseado em ideias tem **retornos crescentes à escala**, em decorrência da não-rivalidade entre as mesmas.

Duplicando todos os factores, inclusive as ideias, equivale a ter duas economias mais avançadas, onde a partilha de um maior stock de conceitos resulta numa produção ainda maior que o dobro da produção original de cada uma das economias.

Aqui partimos das soluções habituais neste tipo de modelos, no que diz respeito à percentagem da população activa envolvida na produção de ideias. Estas são produzidas por uma fracção da população activa, sendo usadas pelo restante dos trabalhadores para a produção de bens finais.

Com a sobreposição de gerações, as ideias são inventadas por trabalhadores qualificados, correspondendo aos agentes que estudaram no período anterior.

Sabe-se que decisão de um indivíduo estudar, e assim se tornar qualificado, é resultante de condicionamentos económicos e sociais. Por um lado, cada agente se preocupa com o seu rendimento ao longo da vida, para que possa valer a pena abdicar de algumas receitas presentes, a fim de se tornar parte de uma elite qualificada e, geralmente, melhor remunerada no futuro.

No entanto, outros factores podem influenciar essa decisão, incluindo um possível enviensamento subjetivo em relação à educação, e, ainda mais importante, a influência familiar e dos outros indivíduos com quem se tem relacionamentos de proximidade. Este conjunto mais alargado de indivíduos será aqui referido, tal como é habitual nas abordagens de rede, através do conceito de **vizinhança**.

Num sentido estrito, há um efeito de proximidade na decisão pela educação se esta não é tomada de forma independente do local onde se vive. Por exemplo, é sensato supor que, *ceteris paribus*, a educação de uma criança depende positivamente do stock de capital humano da sua família e da sua vizinhança.

Num sentido mais geral, pode-se imaginar a existência de um espaço social, onde a noção de distância entre os indivíduos pode ser bem definida. Neste caso, pode-se pensar, por exemplo, que algumas normas de comportamento dentro dum grupo social tornam alguns indivíduos mais propensos a seguir o ensino superior do que outros.

No nosso modelo, os agentes ocupam uma posição num espaço em que a noção de vizinhança pode ser interpretada em termos territoriais. O ponto fundamental é que o comportamento de um agente depende dos seus vizinhos, no que se refere às decisões relativas à educação.

É de notar que alguns estudos empíricos confirmam que o efeito vizinhança é de facto importante para a decisão de educar. A referência (Durlauf, S. 2004) apresenta o resultado de vários inquéritos conduzidos em trabalhos empíricos e em que o referido efeito é confirmado. Os resultados relacionados com a importância da educação foram examinados em nove daqueles trabalhos, seis dos quais apresentam evidências a favor da importância do efeito vizinhança.

Ao mesmo tempo, já vimos no capítulo anterior, que o trabalho de Nelson e Winter (Nelson, R. 1982) salienta a fragilidade das abordagens neoclássicas no que se refere ao crescimento económico e à representação da inovação. Segundo os autores, apesar da importância da teoria neoclássica do crescimento económico, esta não foi bem sucedida na análise da produção de ideias. O seu insucesso prende-se com a impossibilidade de conciliar a evolução técnica ao nível microeconómico com as análises do crescimento realizados ao nível agregado (macro). O principal desafio consiste portanto – e mais uma vez – na integração da perspectiva micro com a descrição macro.

Já vimos que os modelos de agentes consistem num veículo adequado à solução da integração macro-micro. No entanto, a generalidade das abordagens de agentes do crescimento económico não tem explorado o crescimento baseado em ideias na perspectiva da dinâmica de redes. A nossa perspectiva é que ao faze-lo, pode-se ponderar a intensidade das interacções entre os agentes com a qualificação dos mesmos e assim usar as redes para estudar a formação de capital humano.

Nos trabalhos de Dosi e Fagiollo (Fagiolo, G. 2003) a dinâmica das redes tem sido considerada. No entanto, a sua perspectiva principal é a caracterização da utilidade das redes enquanto instrumento de difusão de ideias, de tecnologia e de inovação.

No nosso trabalho partimos do princípio que o crescimento resulta de um conjunto de ideias produzidas pela parte qualificada da população. Neste contexto é possível destacar, tal como já referido, dois importantes efeitos locais: o efeito vizinhança e o efeito de equipe. O primeiro diz respeito à <u>decisão pela educação</u>, vindo a determinar que o agente em causa será qualificado ou não qualificado. O segundo diz respeito à intensidade das interacções que têm lugar no local em que as ideias são produzidas, podendo cada interacção ser intensificada pelo aumento da proximidade entre os agentes envolvidos, sempre que sejam agentes qualificados.

Com a distribuição inicial dos agentes sobre um estrutura regular em que as propriedades topológicas são conhecidas, pode-se investigar o quanto o crescimento económico depende do **regime da rede** subjacente à produção de ideias. As últimas versões do modelo têm permitido prosseguir com a consideração de um conjunto variado de regimes de rede para a distribuição inicial dos agentes no espaço: do aleatório ao **livre de escala** e passando, naturalmente, pelas redes *small-world*.

8.1.1 *Questões principais*

O trabalho apresentado neste capítulo foi orientado para contribuir para o esclarecimento das seguintes questões:

1. Como é que a desproporção entre o número de agentes qualificados e o número de não-qualificados de uma sociedade efecta o crescimento económico? Qual é a relação desta desproporção com a chamada **armadilha da pobreza**?
2. Quando se considera o efeito vizinhança, qual é o papel da distribuição espacial inicial dos agentes qualificados na determinação do número final (de longo prazo) dos agentes deste tipo?
3. Quando se tem em conta os efeitos de equipe, de que forma a existência de uma tendência para a **segregação** – separação territorial entre agentes qualificados e não qualificados – influencia o crescimento económico?

4. Como é que se comporta a taxa de crescimento de longo prazo em relação à sub ou à sobre-valorização da educação?
5. Qual é a importância para o crescimento económico do regime da rede subjacente à produção de ideias?

8.2 O modelo

O nosso modelo de crescimento tem uma população formada por um número par de agentes ($2N$), dividida entre agentes **júniors** e agentes **séniors**.

Como se trabalha com gerações sobrepostas, a cada passo no tempo (a cada iteração do modelo) existem quatro diferentes grupos de agentes:
- estudantes júniors;
- trabalhadores júniors;
- trabalhadores séniors não-qualificados
- trabalhadores séniors qualificados

A cada iteração, a população de séniors corresponde aos agentes júniors na iteração imediatamente anterior, ou seja, àqueles que estudaram no período anterior. Cada agente sénior qualificado existente no tempo t corresponde a um **estudante júnior** exitente em $t - 1$. Da mesma forma, os **trabalhadores júniors** em t tornam-se trabalhadores séniors não-qualidifados em $t + 1$, dado que não estudaram no período anterior.

Organização do espaço e decisão de educar

Os agentes são dispostos num anel, tal como na Figura 8.1 onde cada agente é representado de acordo com o seu tipo: qualificado (círculo cheio) ou não-qualificado (círculo vazio). Na representação espacial não há qualquer distinção entre agentes júniors e agentes séniors.

No que diz respeito à dinâmica do modelo, podemos dizer que do ponto de vista do agente:

- ao envelhecer, este agente não altera a sua localização sobre o anel.
- no entanto, no final de cada iteração, os júniors passam a séniors, os séniors morrem e desta forma desocupam as suas posições no anel.
- Em cada localização desocupada do anel, nasce um novo júnior,
- ao nascer, cada novo júnior decide qualificar-se ou não se qualificar. Se a decisão recair sobre a primeira opção, o agente só contribuirá para a produção da economia no próximo período temporal (na próxima geração).

A decisão pela qualificação é tomada com base em duas perspectivas diferentes. Em primeiro lugar, actua o efeito vizinhança, segundo o qual é mais provável que um agente opte por estudar se os seus vizinhos são trabalhadores qualificados. Em segundo lugar, estudar implica num período de tempo sem ser remunerado; de modo que o agente compara o valor actual dos rendimentos de um trabalhador qualificado, com o valor presente do rendimento de um trabalhador não-qualificado. Em termos formais, um agente decide estudar se

$$ns(t).rw(t) > nu(t) \tag{8.1}$$

onde os parâmetros $ns(t)$ e $nu(t)$ são, respectivamente, o número de trabalhadores qualificados e o número de trabalhadores não-qualificados na vizinhança do agente e rw é o peso relativo dado à educação. Vê-se que quando rw é igual a um, o agente decide a favor da educação se o número de pessoas qualificadas na sua vizinhança exceder o número de trabalhadores não-qualificados.

Em termos formais, o agente decide de acordo com uma média ponderada calculada sobre o número de vizinhos qualificados e não-qualificados

$$rw(t) = \alpha \frac{ws(t-1)}{\beta(\rho).wu(t-1)} \tag{8.2}$$

onde $ws(t-1)$ e $wu(t-1)$ representam, respectivamente, os salários dos trabalhadores qualificados e dos não-qualificados no período anterior. O parâmetro ρ corresponde a uma taxa de desconto, $\rho(\beta)$ é uma função crescente ($\frac{\delta\beta}{\delta\rho} > 0$) e α é um parâmetro exógeno.

A importância relativa dos vizinhos qualificados cresce com o aumento do rácio entre os salários dos qualidficdos e dos não--qualificados e decresce com a taxa de desconto (ρ). Quando esta taxa aumenta, os proveitos futuros com a qualificação passam a ter um custo mais elevado, o que implica que o agente está menos inclinado a estudar e a esperar por futuras compensaçoes salariais.

8.3 A Produção de bens finais

A produção de bens finais depende de dois factores: o stock de ideias existentes e a quantidade de trabalhadores não-qualificados. Assumimos uma produtividade marginal do trabalho constante para um dado stock de ideias, com a seguinte função de produção de bens finais

$$Y(t) = A(t)LU(t) \tag{8.3}$$

onde $Y(t)$, $A(t)$ e $LU(t)$, são respectivamente, o produto final agregado, o stock de ideias e o número de trabalhadores não--qualificados.

Consideramos que as ideias são produzidas pelos trabalhadores qualificados, de forma que a variação do stock de ideias corresponda a

$$\Delta A(t) = A(t-1).(\dot{\epsilon}LS(t) - \gamma SD(t)) \tag{8.4}$$

282 | Introdução à Economia Computacional

onde $LS(t)$ é o número de trabalhadores qualificados e ξ é um parâmetro directamente relacionado com a produtividade marginal do trabalho qualificado.

Resta definir a medida de proximidade

$$SD(t) = \frac{1}{LS(t)} \sum_{i,j=1}^{LS} \frac{1}{d(i,j)} \qquad (8.5)$$

com $i \neq j$ e $d(i,j)$ correspondendo à distância sobre o anel entre os agentes i e j. Assim sendo, $SD(t)$ é tanto menor quanto mais distantes estão os trabalhadores qualificados uns dos outros. Esta medida cresce com a proximidade entre os trabalhadores qualificados, sendo o parâmetro γ na Equação 8.4 aquele que permite especificar a intensidade do efeito de equipe.

Quando $SD(t)$ é nulo, a Equação 8.4 implica que a taxa de crescimento do stock de ideias ($\frac{A(t)}{A(t-1)}$) depende do número de trabalhadores qualificados. Esta característica está presente numa série de trabalhos em redor do crescimento endógeno, tais como (Aghion, P. 1992), (Grossman, G. 1991) e (Romer, P. 1990). Assim como em (Jones, C. 2005), a função de produção de ideias apresenta efeitos de escala, no sentido de que um número crescente de trabalhadores qualificados não só conduz a um aumento da produção mas também a uma maior taxa de crescimento.

8.4 Salários e distribuição de renda

Os acordos sociais tem sido particularmente importantes nos países europeus, no que diz respeito à distribuição de rendimentos[26].

---

[26] Ver (Donaghey, J. 2005) e (Hassel, A. 2003) para uma análise recente dos pactos sociais.

Na nossa sociedade artificial, os dois tipos de trabalhadores (qualificados e não-qualificados) estão organizados de forma semelhante à organização do capital e do trabalho nas economias industriais. Existe um acordo segundo o qual os trabalhadores não-qualificados recebem a parcela de rendimento que corresponde ao que teria sido produzido se o stock de ideias se tivesse mantido constante. O rendimento dos trabalhadores não-qualificados no tempo t é

$$YU(t) = A(t-1)LU(t) \qquad (8.6)$$

Por outro lado, os trabalhadores qualificados recebem todo o excedente resultante das novas ideias por eles produzidas. Assim, o rendimento dos trabalhadores qualificados é igual a

$$YS(t) = (A(t) - A(t-1))LU(t) \qquad (8.7)$$

A distribuição dos salários é consistente com o facto da soma das duas parcelas igualar o total das receitas. Assim, todo o rendimento é distribuído em salários. Note-se que não há capital físico no modelo e, portanto, não há investimento. No entanto, a decisão de educar pode ser considerada como um investimento em capital humano, em que cada indivíduo avalia o rendimento actual, tendo em vista o rendimento futuro reflectido nos salários dos trabalhadores qualificados.

Os salários dos trabalhadores não-qualificados e qualificados, são, respectivamente,

$$wu(t) = \frac{YU(t)}{LU(t)} = A(t-1) \qquad (8.8)$$

$$ws(t) = \frac{YS(t)}{LS(t)} = (A(t) - A(t-1))\frac{LU(t)}{LS(t)} \qquad (8.9)$$

8.5 O estado estacionário e a armadilha da pobreza

Supondo que a composição da força de trabalho é estável, o número de trabalhadores qualificados e o número de não-qualificados permanece constante. E além disso, a disposição dos agentes qualificados e não-qualificados no anel não se altera. Nesse caso, a economia encontra-se num **estado estacionário** caracterizado por uma taxa constante de crescimento da produção de bens finais. Desta forma, a taxa de crescimento do stock de ideias no estado estacionário é igual a:

$$g(A_{SS}) = \frac{\Delta A_{SS}}{A_{SS}} = \delta LS_{SS} + \gamma SD_{SS} \qquad (8.10)$$

onde $g(.)$ representa a taxa de crescimento e o índice SS refere o estado estacionário. As quantidades LS_{SS} e SD_{SS} são por hipótese, constantes, o que implica que $g(A_{SS})$ seja também constante.

$$g(Y_{SS}) = g(A_{SS}) \qquad (8.11)$$

Da Equação 8.8, é possível verificar que os salários dos trabalhadores não-qualificados crescem com a mesma taxa de crescimento da produção de ideias ($A(t)$). Além disso, a Equação 8.9 diz que os salários dos trabalhadores qualificados também crescem segundo esta mesma taxa, dado que a taxa de crescimento de $A(t)$ é constante e que o rácio entre o número de trabalhadores qualificados em relação ao número de trabalhadores não-qualificado não se altera.

No estado estacionário, a distribuição de rendimentos é constante. Surge então a questão de saber se esta economia tende para o crescimento de longo prazo. Se a resposta for positiva, resta-nos saber até que ponto o crescimento depende das condições iniciais.

Na próxima secção, ver-se-á que nem sempre a economia converge para o crescimento. Dependendo das condições iniciais, a economia pode ser conduzida para duas diferentes situações patológicas: a armadilha da pobreza e a sobre-educação.

Se considerarmos que, por alguma razão, não há trabalhadores qualificados em nenhum sector da economia. Neste caso, nenhum agente vai decidir pela educação de forma a tornar-se um trabalhador qualificado. Na Equação 8.1, o factor $ns(t)$ será sempre nulo, já que não existem agentes séniors qualificados na vizinhança de qualquer agente júnior acabado de nascer. Se o número de agentes qualificados chegar a zero, aí permanecerá para sempre. Consequentemente, o stock de ideias, permanecerá constante uma vez que todos os trabalhadores são qualificados. Da Equação 8.3, verifica-se que a produção de bens finais (Y), fica estagnada, correspondendo àquilo a que se chama **a armadilha da pobreza**.

A situação inversa, onde todos os trabalhadores são qualificados é potencialmente mais dramática mas menos relevante do ponto de vista empírico.

Pelas mesmas razões, não podem surgir trabalhadores não-qualificados quando não existem mais trabalhadores deste tipo na vizinhança de um agente recém-nascido. Nesse caso a economia entra em colapso. Mesmo que o stock de ideias tenha progredido a bom ritmo, a produção de bens finais, deixa de ser possível, uma vez que LU vale zero na Equação 8.3.

As condições iniciais são de vital importância para os resultados de longo prazo. Uma dotação inicial deficiente em relação à educação implicará num número reduzido de trabalhadores qualificados e numa correspondente taxa de crescimento medíocre. Neste contexto, as sociedades pobres crescerão menos, tendo uma forte probabilidade de cair na armadilha da pobreza e divergir continuamente das sociedades mais desenvolvidas.

No nosso modelo, o colapso da sobre-educação é evitado, adoptando um limite inferior exógeno para o número de trabalhadores não-qualificados. Em todas as simulações, impõe-se a restrição de nunca haver menos de 10% de agentes não-qualificados, de modo que a produção de bens finais seja sempre assegurada.

8.6 Resultados

As simulações do modelo utilizam os valores de parâmetros indicados na Tabela 8.1, onde se representam um Cenário Base e seis cenários alternativos. As próximas secções descrevem as condições iniciais e os resultados correspondentes obtidos com cada cenário.

Tabela 8.1: Valores dos parâmetros em cada cenário.

Parâmetros				Cenários			
	Base	1	2	3	4	5	6
N				100			
ε				0.03			
T				30			
a	1	2	1	1	1	1	1
ρ	0.05	0.05	0.1	0.05	0.05	0.05	0.05
LS	50	50	50	80	20	50	50
γ	0	0	0	0	0	0.2	0
ng	3	3	3	3	3	3	5

8.6.1 *O Cenário Base*

O Cenário Base tem início com 50 agentes não-qualificados, júniors ou séniores. Os outros 50 agentes dividem-se entre estudantes (se forem júniors) e funcionários qualificados (no caso de serem séniores). Numa simulação típica, o número de trabalhadores é igual a 75, dos quais 25 são qualificados.

A Figura 8.1 mostra a configuração inicial típica do modelo no Cenário Base. Aí, cada agente é representado por um círculo que pode estar cheio ou vazio, indicando, respectivamente, os agentes qualificados e os não-qualificados. Como a localização inicial de cada agente é escolhida aleatoriamente, existem sequências de agentes qualificados ou não-qualificados de diferentes tamanhos sobre o anel.

Figura 8.1: Disposição inicial sobre o anel típica do Cenário Base. Grupos de agentes qualificados (ou não qualificados) têm tamanho variado sobre o anel.

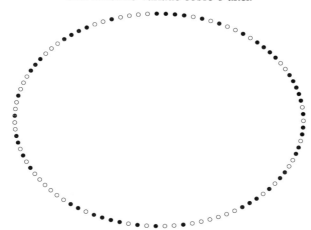

No Cenário Base, escolhemos $\alpha = 1$, para que não haja enviesamento em relação à educação, no sentido de que não se dá nenhuma importância especial à mesma. Os agentes vão então decidir pela aquisição de competências, se e somente se, têm vizinhos qualificados que ganham suficientemente mais do que aqueles que permaneceram não-qualificados.

O parâmetro de produtividade do trabalho qualificado (ρ) foi ajustado para o valor de 0.03. Como neste cenário não se pretende intensificar o efeito de equipe, tem-se $\gamma = 0$ e, uma vez que $LS = 25$, a taxa de crescimento inicial implícita é de 75%, o que parece ser um valor razoável para a taxa em questão.

Neste cenário, o tamanho da vizinhança é igual a 6, o que significa que um agente decide estudar depois de considerar o *status* e a remuneração dos seus 6 vizinhos séniores mais próximos (3 à esquerda e 3 à direita).

De acordo com a Equação 8.2, se não houver agentes qualificados na vizinhança, nenhum agente recém-nascido pode decidir pela educação e, simetricamente, se todos os vizinhos são qualificados, cada agente recém-nascido também o será, necessariamente. Quando a vizinhança é composta por 3 agentes qualifi-

288 | Introdução à Economia Computacional

cados e 3 não-qualificados, a decisão será tomada em função do salário futuro. Se o número de agentes qualificados na vizinhança é positivo, mas inferior ao número de indivíduos não-qualificados, será necessário que o salário do trabalhador qualificado seja mais elevado a fim de convencer o novo agente a estudar.

A taxa de desconto de referência é igual a 5%, um valor não muito diferente do observado empiricamente para as taxas de juros reais. A convergência para o estado estacionário é assegurada após cerca de 25 iterações, de modo que o número de 30 iterações garante que a economia atinge um estado estacionário, no qual o número de trabalhadores qualificados permanece constante.

Tabela 8.2: Resultados médios de 1000 simulações em cada cenário.

Resultados				Cenários			
	Base	1	2	3	4	5	6
$g(A_{SS})$	0.6	1.07	0.27	0.17	0.85	1.5	0.52
LU_{SS}	59.2	29.8	82.1	88.1	43.1	40.2	65.3
LS_{SS}	19.8	35.0	8.8	5.8	28.8	29.7	17.3
$(\frac{w_s}{w_u})_{SS}$	1.78	0.88	2.46	2.0	1.29	2.1	1.9
Partições em t_0	50.5	50.9	51.4	32.2	32.1	50.1	50.5
Partições em t_{SS}	6.0	5.6	3.9	2.3	4.9	5.1	3.9

Os resultados apresentados foram obtidos, em cada cenário, a partir de 1000 simulações. Como pode ser observado na Tabela 8.2, o número médio de trabalhadores qualificados e não-qualificados, respectivamente, no estado estacionário é de 19.8 e 59.2, valores próximos dos característicos das condições iniciais. Neste estado de equilíbrio, o número de ideias cresce a uma taxa igual a 0.60. Sabe-se que, como o número de trabalhadores não-qualificados é constante no estado estacionário, este corresponde também ao valor da taxa de crescimento do produto (Fagiolo, G. 2003), assim como ao valor da taxa de crescimento dos salários dos trabalhadores qualificados e dos não-qualificados. Observa-se ainda nestes primeiros resultados que, no estado estacionário, o salário dos trabalhadores qualificados excede o salário dos não--qualificados em 78%.

Figura 8.2: Disposição final sobre o Anel típica do Cenário Base.

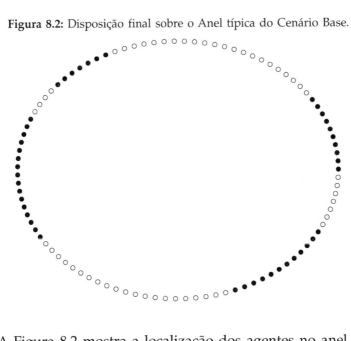

A Figura 8.2 mostra a localização dos agentes no anel no estado estacionário do Cenário Base. À medida que o tempo passa, há um mecanismo de segregação, segundo o qual, os agentes que nascem perto de indivíduos qualificados tendem a optar pela educação, enquanto os que nascem próximos dos agentes não-qualificados têm maior probabilidade de não prosseguir os seus estudos. O efeito de longo prazo é o apresentado na Figura 8.2 onde os agentes qualificados (e os não qualificados) estão mais concentrados em posições contíguas sobre o anel, desenvolvendo assim um padrão muito diferente quando comparado com a distribuição aleatória inicial apresentada na Figura 8.1.

É possível avaliar o grau de agrupamento por tipo de agente através da contagem do número de partições observadas. Definimos uma partição como, o número de conjuntos de **agentes acompa-**

290 | Introdução à Economia Computacional

nhados sobre o anel. Um agente é considerado **acompanhado**, sempre que o seu vizinho mais próximo, no sentido dos ponteiros do relógio, for do mesmo tipo que o seu.

No estado inicial o número médio de partições é de cerca de 50 (50.5), diminuindo drasticamente para aproximadamente seis (5.99) no estado estacionário. Grupos de agentes qualificados estarão presentes em todos os cenários, sugerindo que o aspecto espacial do modelo capta padrões de localização encontrados, por exemplo, nas empresas de alta tecnologia dos parques tecnológicos.

8.6.2 *Quando a educação é importante*

Nesta variante da execução do modelo (Cenário 1), o parâmetro ρ passa a valer duas unidades, mantendo-se todos os outros parâmetros com os valores idênticos aos do Cenário Base. Tal implica que, *ceteris paribus*, a importância da educação duplica. Em termos mais precisos, isto significa que uma unidade de salário qualificado equilave a duas unidades de salário não-qualificado. Nesta situação, os agentes valorizam a educação *per se*, ressentindo-se menos pelo tempo gasto numa actividade onde empregam as competências adquiridas através da opção pela qualificação.

Esta alteração resulta num estado estacionário significativamente diferente do inicial. O número de trabalhadores qualificados é mais elevado (35.0) e, consequentemente, a taxa de crescimento da produção também é maior (1.07).

No entanto, e devido à abundância relativa de agentes qualificados, a remuneração do trabalho qualificado é agora menor do que o salário do trabalho não-qualificado (sendo o rácio entre ambas igual a 0.88). Neste caso o trabalho não-qualificado é favorecido por ser menos abundante o número de trabalhadores deste tipo.

Mais uma vez, e ainda mais do que no Cenário Base, os agentes qualificados e os não qualificados tendem agora a agruparem-se em grandes grupos, sendo o valor final de partições de cerca de apenas 3 ou 4 (em média é de 3.33).

8.6.3 *Quando o futuro é menos valorizado*

Neste cenário (Cenário 2), com o aumento da taxa de desconto de 5% para 10%, investir em educação torna-se menos atraente, dado que uma das motivações para a qualificação consiste na perspectiva de ganhos futuros compensadores da falta de ganhos actuais devido à opção pela qualificação.

Comparando com o estado inicial, observa-se um menor número de agentes qualificados (8.8 em comparação com 19.8 no Cenário Base), o que afecta no longo prazo a taxa de crescimento da produção (diminui de 0.6 para 0.27).

Quanto à segregação por tipo de trabalhador, observa-se que os trabalhadores qualificados agrupam-se num número de partições semelhante ao inicial. Finalmente, vale a pena referir que o salário relativo dos trabalhadores qualificados é agora maior em consequência da escassez relativa deste tipo de trabalhador.

8.6.4 *Quando os agentes não-qualificados predominam*

Quando o número inicial de trabalhadores qualificados é muito baixo (Cenário 3), a probabilidade da sua extinção não é negligenciável, podendo a economia cair em estagnação. Para um número inicial de 80 trabalhadores não-qualificados, esta probabilidade é de 25%.

No entanto, neste cenário, o crescimento tende a ser medíocre. O número de trabalhadores não-qualificados no estado estacionário é em média 88.1 e portanto muito superior ao valor inicial (59.2).

Observa-se que a taxa de crescimento correspondente é menor (0.17) e que o salário dos agentes qualificados excede o dobro do valor do salário do trabalho não-qualificado.

Introdução à Economia Computacional

Nesta economia relativamente pouco desenvolvida, os agentes qualificados são uma pequena elite, que mesmo sendo bem paga, é tão reduzida que não chega a sobressair em termos da sua ocupação espacial.

8.6.5 *Quando os agentes qualificados estão em maioria*

O Cenário 4 é o simétrico do Cenário 3. Aqui, o número inicial de agentes não-qualificados, é inferior ao do Cenário Base.

O facto dos agentes qualificados predominarem implica que, no estado estacionário, o número de trabalhadores qualificados (28.8) seja maior que no Cenário Base. Por serem mais escassos os trabalhadores não-qualificados, o seu salário no estado estacionário aproxima-se do salário dos não-qualificados.

Ao contrário do Cenário 3, esta é uma economia relativamente desenvolvida, onde a educação é generalizada, as diferenças sociais são menos importantes, novas ideias são regularmente produzidos e a taxa de crescimento (0.85) é mais alta.

Tal como referido no início, um elevado número inicial de trabalhadores qualificados pode levar a uma situação de extinção dos agentes não-qualificados. Evita-se esta situação através da imposição dum número de agentes qualificados nunca inferior a 10% da população.

8.6.6 *Quando se intensifica o efeito de equipe*

O Cenário Base não explora convenientemente o efeito de equipe, segundo o qual os trabalhadores qualificados tendem a produzir mais ideias quando se encontram mais próximos entre si.

O Cenário 5 foi criado para avaliar as consequências da intensificação do efeito de equipe, contabilizando uma maior produção de ideias sempre que os trabalhadores qualificados estão próximos uns dos outros. Em termos da Equação 8.5, fazemos

$\gamma = 0.2$ de modo a ponderar positivamente a contribuição da proximidade entre os agentes qualificados ($SD(t)$).

Comparando com o Cenário Base, o aumento da produtividade do trabalho especializado dá origem a um maior salário relativo do trabalho qualificado (2.1 em comparação com 1.78). Salários mais elevados induzem mais opções pela educação, de tal forma que, no estado estacionário, o número médio de agentes qualificados é maior (29.7).

Nos Cenários 1 e 4, um maior número de agentes qualificados leva a uma mais alta taxa de crescimento. Aqui, este resultado é amplificado com a intensificação do efeito de equipe.

8.6.7 Uma maior vizinhança

Neste cenário (Cenário 6), aumenta-se o tamanho da vizinhança de 6 para 10, fazendo com que, ao escolher o seu tipo, o novo agente observe um maior número de indivíduos à sua volta.

Os resultados não são muito diferentes daqueles obtidos com o Cenário Base, excepto no que se refere à segregação. Esta é agora mais forte, sendo a média do número de partições de 3.9 (em vez das 6 do Cenário Base). No Cenário 6, os trabalhadores qualificados (e os trabalhadores não-qualificados) *resistem menos* à influência do que acontece ao seu redor[27].

8.6.8 A armadilha da pobreza

A Tabela 8.3 contém os resultados médios obtidos para diferentes quantidades iniciais de agentes não-qualificados. Todos os outros valores de parâmetros permaneceram inalterados em relação

---

[27] Mesmo com uma vizinhança de até 18 agentes, os resultados são qualitativamente semelhantes.

ao Cenário Base. O número de agentes não-qualificados assume então os valores 20, 40, 60, 70, 75, 80, 85 e 90. A percentagem de casos de estagnação mantém-se. Esta tabela também apresenta o número de trabalhadores qualificados e a taxa de crescimento implícita, ambos para o estado estacionário.

Observa-se que quando a população é essencialmente não--qualificada, há uma chance considerável dos trabalhadores qualificados serem extintos e, portanto, de ideias novas deixarem de ser produzidas e da economia parar de crescer, caindo na armadilha da pobreza.

Nesta tabela, verifica-se que a probabilidade de estagnação torna-se significativa, ou seja superior a 8%, quando inicialmente o número de trabalhadores não-qualificados é superior a 70.

As duas últimas colunas da tabela apresentam o número médio de trabalhadores qualificados no estado estacionário que juntamente com a taxa de crescimento de longo prazo, depende fortemente das condições iniciais.

Assim sendo, uma economia que começa empobrecida, com uma população não-qualificada, não converge para o ritmo de crescimento de uma economia que começa com uma população qualificada. Observa-se ainda que a taxa de crescimento de longo prazo e não apenas o nível de rendimento, depende negativamente do número inicial de trabalhadores não-qualificados.

Tabela 8.3: Resultados médios de 1000 simulações obtidos para diferentes quantidades iniciais de agentes não-qualificados

LS_{ss}	% Estagnação	LU_{ss}	$g(A_{ss})$
20	0.0	28.8	0.85
40	0.0	23.2	0.69
60	1.4	14.7	0.44
70	8	9.4	0.28
75	15	7.6	0.22
80	25	5.8	0.17
85	28	3.2	0.09
90	29.2	1.1	0.03

8.7 As Redes

O nosso modelo de agentes pode ser adaptado de forma a investigar o quanto o crescimento económico depende do regime da rede subjacente tanto à produção de ideias (o efeito de equipe) como à decisão pela qualificação (o efeito vizinhança).

Para tal, ao posicionarmos os agentes no espaço, experimentamos algumas alternativas, alterando a escolha original de duas maneira diferentes: em primeiro lugar, alterando o número de dimensões do espaço e, em segundo lugar, escolhendo outras estruturas de rede enquanto forma de organização inicial. Assim sendo, foram experimentadas:

1. Uma rede regular definida em duas dimensões e com tamanho da vizinhança (grau) uniforme para todos os agentes;
2. Uma rede aleatória também definida em duas dimensões e com o tamanho da vizinhança uniforme;
3. Uma rede do tipo *small-world*, definida numa dimensão e onde o tamanho da vizinhança também se mantém uniforme e
4. Uma rede sem escala característica (*scale-free*), também definida numa única dimensão.

Nesta secção, investigamos portanto o resultado da modificação da estrutura de rede subjacente à economia, utilizando como comparação os resultados conseguidos com o modelo original, desenvolvido sobre uma rede regular em anel.

Começamos então por comparar os resultados obtidos da estrutura em anel definida numa única dimensão com os de uma rede regular, agora definida em duas dimensões, de grau oito e com condições periódicas de fronteira.

Nota-se que o efeito de equipe é muito mais forte quando os agentes estão representados em duas dimensões. Em duas dimensões, a tendência para a segregação é também mais forte, sendo traduzida num menor número final de partições.

Em termos gerais, as simulações nestas diferentes estruturas de rede confirmam que no longo prazo as taxas de crescimento mais elevadas estão associadas à maior qualificação (maior número de trabalhadores qualificados), o que implica, como se viu anteriormente, em menores salários para os trabalhadores qualificados.

Uma situação bastante diferente é a dos resultados de uma rede do tipo *small-world*. Nestas redes, quando o efeito de equipe é intensificado, a existência de ligações estabelecidas ao acaso leva a uma muito maior taxa de crescimento, assim como a uma maior percentagem de trabalhadores qualificados.

Dado que muitas colaborações entre indivíduos qualificados apresentam uma estrutura de rede *scale-free*, optamos por realizar simulações onde o número de ligações entre os agentes qualificados obedece a uma distribuição em lei de potência com expoente característico igual a 1. Neste caso, os resultados são muito semelhantes ao caso de uma rede do tipo *small-world*, excepto no que se refere às taxas de crescimento, sendo estas muito mais altas no regime *small-world*.

8.8 Resumo do capítulo

Neste capítulo, exploramos a frutífera combinação das modelos de rede com os modelos de crescimento endógeno baseado em ideias.

Por um lado, considerou-se que o crescimento, no longo prazo, depende da inovação e que esta, por sua vez, tem por base a produção de novas ideias por agentes qualificados. Por outro lado, alguns estudos empíricos têm mostrado que a tendência para a qualificação por parte dos jovens é maior num ambiente onde a maioria dos indivíduos adultos faz esta opção e onde a educação é um investimento rentável, no sentido de que confere um maior rendimento no futuro.

Num quadro de gerações sobrepostas, mostramos como as interacções sociais são importantes na determinação endógena do número de trabalhadores qualificados e, portanto, nas perspectivas de crescimento da economia.

Verificamos que a distribuição inicial dos trabalhadores qualificados através do espaço desempenha um papel fundamental na determinação do número final (de longo prazo) de indivíduos qualificados.

Mais do que a quantidade de qualificados, o nosso modelo mostra a existência de uma certa tendência para a segregação deste tipo de agentes. Vimos que agentes semelhantes tendem a viver próximos uns dos outros e que esta separação pode ter uma influência positiva sobre o crescimento, fazendo uso do efeito de equipe e assim estimulando a proximidade entre os agentes produtores de ideias. No mundo real, observa-se que nas economias em crescimento existe uma maior proporção de empresas de alta tecnologia, localizadas próximas umas das outras, como nos chamados parques tecnológicos.

Além disso, como noutros modelos de crescimento endógeno, a taxa de crescimento de longo prazo depende dos valores dos parâmetros que descrevem as preferências dos agentes. Quando o futuro é pouco valorizado (ou pouco investido em termos de educação), a taxa de crescimento da economia acaba por ser bastante penalizada.

Tendo o modelo de agentes original sido desenvolvido para explicar como o crescimento económico pode ser o resultado das ideias produzidas por uma fracção qualificada da população, as características de rede foram inicialmente as mais simples, sendo os agentes posicionados aleatoriamente num espaço unidimensional e ligados de forma regular.

O reconhecimento de que as interacções entre agentes ocorrem de forma mais elaborada como nas redes sociais, levou-nos a considerar redes com outros regimes. Os resultados obtidos com as três esturturas alternativas à estrutura inicial podem ser resumidos, em termos gerais, como apontando para um estado de maior crescimento e de maior qualificação, bem como para o aumento da segregação entre os indivíduos qualificados e os não-qualificados, sempre que as redes subjacentes corresponderam às estruturas *small-world* e *scale-free*.

Como esperado, nos regimes de rede caracterizados pelo encurtamento das distâncias entre os agentes, o aumento do crescimeno, da qualificação e da segregação entre os tipos (qualificado e não qualificado) sobressai ainda mais se o efeito de equipe é intensificado.

No futuro, interessa considerar o desenvolvimento de uma versão mais microscópica do modelo, com salários diferenciados pela produtividade do agente e pelo estado global da economia.

Referências Principais:

(Araújo, T. 2008b) T. Araújo e M. St. Aubyn, Education, neighbourhood effects and growth: an agent based model approach, Advances in Complex Systems, V.11, N. 1.

(Martins, T. 2009) T. Vaz Martins, M. Santos, T. Araújo e M. St. Aubyn, Network effects in a human capital based economic growth model, Physica A, V. 388, 2207.

9.

Dinâmica de Opinião

O comportamento de uma sociedade pode ser caracterizado como o resultado das múltiplas interacções entre indivíduos com opiniões, actitudes e estilos de vida variados. Este processo interactivo tem por base mecanismos de comunicação, os quais, por sua vez, estão fundamentados na troca (ou na partilha) de opiniões.

O facto dos indivíduos partilharem opiniões acerca de diferentes aspectos da realidade desempenha um papel fundamental na organização da sociedade como um todo, podendo mesmo ser o factor mais importante na construção de diversas propriedades colectivas cujo conhecimento em muito pode ajudar a promover o bem-estar social.

Neste capítulo, procura-se mostrar de que maneira regras muito simples de interacção entre indivíduos podem dar origem a diferentes estruturas sociais. As estruturas formadas são caracterizadas a partir da identificação de grupos de indivíduos com opinião semelhante. O conhecimento da distribuição do tamanho destes grupos permite então caracterizar três possíveis *estados colectivos*: a existência de absoluta homgeneidade de opiniões (consenso global), a fragmentação extrema (cada indivíduo tem uma opinião diferente) ou um estado de transição entre os dois primeiros, no qual aparecem grupos de consenso local.

Adicionalmente, utilizamos o registo da comunicação entre os agentes do modelo para definir uma **rede** cuja topologia permite identificar padrões associados às regras de interacção.

300 | Introdução à Economia Computacional

Por último, ocupamo-nos da possibilidade de utilizar dados empíricos para a configuração dos parâmetros do modelo. Neste contexto, discutimos a importância da **validação empírica** dos **modelos de agentes** e, em particular, da validação dos modelos de dinâmica de opinião.

9.1 A Formação de opiniões

Os modelos de dinâmica de opinião têm despertado cada vez mais interesse na modelação de agentes, e por esta via, em Economia Computacional. Embora o estudo deste tema esteja mais associado à Sociologia, é natural que em Economia também se reconheça a importância da sua consideração. Mais ainda quando se estuda a formação de opiniões na perspectiva das redes e onde nem sempre interessa distinguir as interacções de natureza económica das interacções de natureza social.

Os modelos de formação de opiniões recorrem com frequência ao conceito de **homofilia**. No Capítulo 7, este conceito foi implementado num modelo de agentes económicos (o modelo de Produtores e Consumidores). A partir dos princípios de **semelhança** e de **imitação** produtores e consumidores suficientemente semelhantes imitavam-se mutuamente ao activarem mecanismos de **inovação** e de **adaptação**. A criação de estruturas decorria então do progressivo aumento da semelhança entre os agentes. No modelo de inovação, os agentes eram semelhantes na medida em que manifestavam as mesmas preferências.

Aqui, o conceito de homolifia é utilizado para explicar a formação de estruturas locais, formadas por agentes semelhantes e identificadas como *grupos de opinião*. Também aqui as opiniões são representadas por **cadeias binárias**, agora usadas para registar a concordância (ou a discordância) dos agentes acerca de cada um de entre um conjunto de aspectos do mundo real. O número de diferentes aspectos do conjunto determina o tamanho da cadeia binária, ficando cada aspecto determinado pela posição que o seu bit correspondente ocupa na cadeia.

9.1.1 *Questões Principais*

Neste contexto, tem interesse contribuir para o esclarecimento das seguintes questões:

1. Como é que as regras de comunicação entre agentes contribuem para a formação de grupos de opinião?
2. Quais são as características topológicas das estruturas criadas pelos mecanismos de comunicação entre os agentes?
3. Sendo a formação de opiniões um processo no tempo, quais são as **fases** relevantes deste processo?
4. Que importância tem a validação empírica deste tipo de modelos?

A aplicação do modelo binário à descrição de processos de formação de opiniões, tem sido adoptada por outros autores, entre os quais (Axelrod, R. 1997), (Deffuant, D. 2001), (Amblard, F. 2004), e (Schweitzer, F. 2008), muito têm contribuído para a popularização da modelação de agentes na área das Ciências Sociais.

9.1.2 *Convergência local e polarização global*

Entre os mais importantes resultados em dinâmica de opinião e proveniente da simulação de sociedades de agentes, encontra-se aquele que diz que apesar dos agentes ficarem mais semelhantes à medida que interagem, tal não significa que acabarão todos por convergir para a mesma opinião. Esta constatação foi inicialmente apresentada no conhecido trabalho de Robert Axelrod (Axelrod, R. 1997), intitulado *The Dissemination of Culture: a model with local convergence and global polarization* e sido frequentemente abordada num conjunto de outras contribuições, tais como: (Castellano, C. 2000), (Deffuant, D. 2001), (Schweitzer, F. 2008), (Amblard, F. 2004) e (Holme, P. 2006).

302 | Introdução à Economia Computacional

Tal como já se referiu, a generalidade destas abordagens assenta em dois importantes princípios:

1. Dois indivíduos estão mais propensos a comunicar se já possuem ideias afins, ou seja, se já são semelhantes nas suas posições.
2. Pelo facto de comunicarem, os indivíduos tendem a aumentar ainda mais o seu grau de semelhança.

No entanto, ainda que estes princípios façam sentido, a sociedade como um todo nem sempre converge para um consenso generalizado, como a conjugação dos princípios acima parece indicar.

Sabe-se que, estes modelos, dependendo dos valores dos seus parâmetros de controle, podem dar origem a toda uma variedade de diferentes estruturas: desde uma população de agentes altamente **fragmentada** em termos de opiniões, até a **homogeneidade** absoluta. E entre estes dois regimes, também é possível observar um terceiro onde coexistem **grupos** de opinião com diferentes tamanhos, ou seja, com diferentes quantidades de participantes.

Estas três <u>classes de comportamento</u> têm sido abundantemente estudadas por um conjunto de autores, tais como: (Axelrod, R. 1997), (Deffuant, D. 2001), (Schweitzer, 2008), (Amblard, F. 2004), (Holme, P. 2006), (Zanette, D. 2006) e (Castellano, C. 2009)[28]. Em particular e com o objectivo de caracterizar a última estrutura – a coexistência de grupos de opinião – têm-se recorrido ao estudo da distribuição do tamanho dos grupos (Castellano, C. 2000) e à procura de leis características para as distribuições.

Um outro aspecto importante no estudo da dinâmica social é a estrutura da **rede subjacente** à dinâmica de formação de opiniões. Sabe-se que algumas abordagens desenvolvem modelos de agentes em que a estrutura de rede subjacente é fixa e pré-definida. Só mais recentemente se tem utilizado modelos capazes de

---

[28] A referência (Castellano, 2009) inclui um estudo pormenorizado das propriedades estatísticas de alguns processos de dinâmica social.

9. Dinâmica de Opinião | 303

representar os processos evolutivos onde os agentes podem modificar algumas propriedades ao longo da sua evolução[29].

Ao mesmo tempo, tem-se assistido a um crescente desenvolvimento das abordagens de rede onde se representam **agentes adaptativos**. Neste contexto, têm-se combinado duas perspectivas importantes: a das abordagens de rede e a da formação de opiniões do ponto de vista dinâmico, tal como em (Holme, P. 2006), (Zanette, D. 2006), (Rosvall, M. 2008) e (Amblard, F. 2008).

Diversas questões têm sido abordadas a partir desta dupla perspectiva. O trabalho apresentado na referência (Holme, P. 2006), por exemplo, utiliza um parâmetro específico para controlar o quanto cada agente se deixa influenciar pela opinião dos seus vizinhos ou se, alternativamente, tendo uma opinião diferente, o agente opta por procurar uma nova **vizinhança**.

A possibilidade de escolher novos vizinhos ao invés de mudar de opinião também é estudada em (Zanette, D. 2006), enquanto de forma bastante distinta, o estudo apresentado na referência (Amblard, F. 2008) deixa que a estrutura da rede (inicialmente aleatória) seja determinada pela frequência com que ocorrem as interacções entre os agentes.

Aqui também evitamos o estabelecimento de uma estrutura de rede pré-definida, optando alternativamente por deixar que seja a frequência das interacções entre os agentes a determinar a estrutura final da rede.

9.2 O modelo

Utilizamos o modelo de cadeias binárias, inicialmente desenvolvido para o mercado de produtores e consumidores, apresentado no Capítulo 7. Nesta nova versão do modelo, as cadeias binárias são utilizadas para a representação das opiniões dos

---

[29] A referência (Gross, T. 2008) apresenta uma recente compilação deste tópico.

304 | Introdução à Economia Computacional

agentes. Cada agente é representado por uma cadeia de k bits onde cada bit indica a posição (a favor ou contra) do agente acerca de um determinado aspecto da realidade, como no esquema da Tabela 9.1.

Pode-se pensar, por exemplo, que cada agente avalia o desempenho do actual governo em áreas como: (a) política externa, (b) distribuição de riqueza, (c) política fiscal, etc. Assim sendo, o primeiro, o segundo e o terceiro bit da cadeia de cada agente indicam a opinião favorável ou desfavorável do agente face à atitude governativa em matéria de (a) política externa, (b) distribuição de riqueza e (c) política fiscal, respectivamente.

O exemplo ilustrado na Tabela 9.1 mostra que os agentes 1 e 2 têm a mesma opinião em relação a 3 dos 5 aspectos representados. Já os agentes 2 e 3 não têm qualquer opinião coincidente. Se procurarmos um grupo com opinião coincidente em pelo menos (a) política externa e (b) distribuição de riqueza, podemos dizer que fazem parte deste grupo os agentes 1, 2 e n.

Tabela 9.1: As cadeias binárias do modelo de dinâmica de opinião e representativas de 5 diferentes aspectos (a,b,c,d e e) da realidade.

Aspectos	a	b	c	d	e
Agente $_1$	0	0	1	1	1
Agente $_2$	0	0	0	1	0
Agente $_3$	1	1	1	0	1
...					
Agente $_n$	0	0	0	1	1

Aquilo que no Capítulo 7 se chamou **dinâmica de troca**, aqui tem a designação mais específica de **comunicação**. A comunicação entre dois agentes ocorre se as suas cadeias binárias são suficientemente semelhantes, ou seja: dois agentes estão dispostos a comunicar um com o outro se a coincidência entre as suas cadeias binárias está acima (ou é igual) a um determinado valor limiar, o **limiar de afinidade**. Se voltarmos ao esquema da Tabela

9.1 e admitirmos que este limiar é estabelecido em 80%, então apenas os agentes 1 e n estariam aptos a comunicar entre si. Como o número de bits comuns corresponde à **distância de Hamming** (h), a condição para que haja comunicação entre cada par de agentes pode ser expressa em função de uma **distância limiar** (d_1).

A execução do modelo tem início, com a inicialização aleatória das cadeias binárias dos N agentes. A partir daí e a cada intreacção, dois agentes, digamos c_i e c_j, são escolhidos ao acaso. A possibilidade de haver comunicação entre os mesmos depende do número de bits que os dois têm em comum. Para que tal aconteça, é necessário que a distância entre os agentes não seja superior ao limiar d_1. Se a distância de Hamming entre os agentes não for superior a este limiar ($h(c_i,c_j) \le d_1$) os mesmos podem comunicar de forma a possibilitar uma mudança de opinião acerca de um dos aspectos representados nas cadeias binárias.

A **mudança de opinião** – corresponde ao que no Capítulo 7 se designou dinâmica de **inovação** ou de **adaptação** – ocorre da seguinte maneira: o agente escolhido em primeiro lugar (c_i neste caso) adopta a opinião do segundo agente (c_j) no que respeita o aspecto em causa através da *inversão do valor* do bit correspondente[30].

Este procedimento não difere muito dos modelos de dinâmica de opinião apresentados nas referências (Axelrod, R. 1997), (Castellano, C. 2000), (Deffuant, D. 2000), (Schweitzer, F. 2008), (Amblard, F. 2004) e (Holme, P. 2006) no que se refere à maneira com que os princípios de imitação e de semelhança são integrados. Sabe-se entretanto que uma diferença relevante entre os modelos de dinâmica de opinião recai sobre à representação das opiniões em intervalos contínuos (Deffuant, D. 2000), (Amblard, F. 2004)

---

[30] Uma vez que a probabilidade de um agente ser o primeiro é igual para todos os agentes durante o processo de comunicação, cada agente tem igual oportunidade de *imitar* ou de *ser imitado*. A mesma suposição sobre *quem-imita-quem* é feita por Axelrod em (Axelrod, R. 1997).

306 | Introdução à Economia Computacional

ou através de valores discretos (Axelrod, R. 1997) e (Castellano, C. 2000). De entre os exemplos onde as opiniões só podem assumir dois extremos encontram-se ainda as referências (Schweitzer, F. 2003), (Galam, S. 2004), (Sznajd-Weron, K. 2004), (Zanette, D. 2006) e (Jiang, L. 2007).

As duas dinâmicas são combinadas nos seguintes passos do modelo:

1. A cada iteração, N pares de agentes (c_i e c_j) são escolhidos ao acaso.

2. A hipótese de auto-comunicação ($c_i = c_j$) é excluída, mas não se impõe que todos os agentes sejam escolhidos exactamente uma vez (resulta que alguns agentes podem ser escolhidos duas vezes e outros não serem escolhidos em nenhuma iteração).

3. Quando $h(c_i, c_j) \leq d_i$, os agentes c_i e c_j estão aptos a comunicar. Assim sendo, o agente c_i inverte um dos seus bits com valor diferente do valor do mesmo bit na cadeia binária do segundo agente (c_j).

4. Registam-se na matriz I, todas as comunicações ocorridas durante a simulação, de tal forma que:

   - A matriz I tem dimensão $N \times N$ e cada elemento i_{ij} guarda o número de vezes que c_i e c_j comunicaram. Assim:

     - Cada vez que os agentes c_i, c_j são suficientemente semelhantes ($h(c_i, c_j) \leq d_i$) adiciona-se uma unidade a I_{ij} e a I_{ji}. Neste caso, I_{ij} e I_{ji} são incrementados mesmo que os agentes em causa já tenham, à partida, a mesma opinião.

5. A matriz I corresponde a um grafo ponderado, no qual as ligações representam a existência e a intensidade de comunicação entre os diferentes agentes. A informação complementar sobre *quem-imita-quem* é armazenada separadamente.

9. Dinâmica de Opinião | 307

Em suma: o modelo consiste na escolha aleatória, a cada iteração, de N pares de agentes (c_i,c_j). Quando estes agentes estão suficientemente próximos (quando $h(c_i,c_j) \leq d_l$), o agente c_i inverte um dos seus bits com valor diferente do valor do mesmo bit na cadeia binária do segundo agente (c_j).

Noutras palavras, cada dois indivíduos que estejam suficientemente próximos podem aproximar-se ainda mais através da comunicação que venha a ser estabelecida entre ambos. No caso contrário, estes indivíduos não têm qualquer chance de comunicar.

Decorridas todas as iterações previstas entre o tempo inicial e o tempo final, interessa conhecer as características dos grupos (de agentes semelhantes) que vão sendo formados ao longo deste processo.

9.3 Classificação do comportamento

Procuramos agora uma classificação para o comportamento dinâmico do modelo. Para este efeito, há que ter em conta as seguintes opções:

1. Optamos por considerar diferentes possibilidades para o tamanho das cadeias binárias (k) bem como para o valor da distância limiar (d_l)[31].
2. Definimos o conceito de **grupo**

$$G_o = \{c_i : h(c_i, o) = 0\}, \qquad (9.1)$$

onde o é a opinião partilhada por todos os membros c_i do grupo G_o.

Todos os agentes c_i com opinião igual a o (logo, com $h(C_i,o) = 0$) pertencem ao grupo específico G_o. Contabiliza-se no indicador N_G

---

[31] Nota-se que estes dois parâmetros poderiam ser substituídos por um único, no qual se representasse a relação entre ambos. No entanto, de forma a clarificar a interdependência entre o tamanho das cadeias e a distância limiar, optou-se por fazer variar cada um deles separadamente.

308 | Introdução à Economia Computacional

o número de grupos com pelo menos um membro. Com os grupos assim definidos, o número máximo de grupos possíveis é

$$max(N_G) = min(N, 2^k) \qquad (9.2)$$

Como as opiniões são representadas em cadeias k de bits, há 2^k cadeias possíveis, a não ser que o número de agentes seja inferior a 2^k, caso em que o número de grupos ficará naturalmente limitado pelo número de agentes ($max(N_G) = N$).

O comportamento do modelo pode ser classificado com base no número de grupos que vão sendo formados ao longo da sua execução. O caso em que N_G se aproxima do valor máximo ($N_G \approx N$ ou $N_G \approx 2^k$) representa as situações em que as opiniões estão fragmentadas, uma vez que existem muitos grupos com poucos membros (ou mesmo apenas com um único membro). O outro extremo é representado por $N_G = 1$, caso em que todos os agentes pertencem a um único grupo, ou seja, em que existe consenso global.

A Figura 9.1 apresenta a classificação do comportamento do modelo em relação aos parâmetros k e d_I usando uma grelha de 32×32 possibilidades, formada pelos valores de $k = 1, 2, ..., 32$ e $d_I = 1, 2, ..., k$.[32]

O gráfico da esquerda mostra o número de grupos no estado estacionário, o gráfico do meio mostra o número de iterações necessárias para atingir este estado, enquanto o da direita apresenta a variação do número de grupos (N_G).

Observa-se que o estado estacionário é sempre alcançado, embora o número de iterações necessárias para o alcançar sofra grandes variações.

O resultado apresentado na Figura 9.1 mostra a transição ocorrida numa população onde todas as opiniões são semelhantes (com $N_G \approx 1$) para uma população em que basicamente todos

---

[32] Realizaram-se cinco simulações para cada parâmetro ($k = 20$ e $d_I = 3$) da configuração e com $N = 1000$.

os agentes têm opiniões diferentes (com $N_G \approx 1000$). No terceiro gráfico é possível observar que o comportamento mais interessante tem lugar na transição entre os extremos. Na próxima secção, recorrendo a variações paramétricas, discute-se o comportamento na região de transição.

Figura 9.1: Classificação do comportamento do modelo em função de N_G, k e d_I.
À esquerda tem-se o número de grupos no estado estacionário;
no meio está o número de iterações necessárias para atingir o estado estacionário e à direita apresenta-se a variação do número de grupos (N_G).

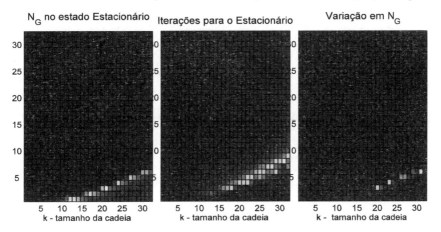

9.3.1 Uma Lei de Escala

De forma a melhor compreender o comportamento do modelo na região de transição, concentramo-nos no caso em que $N = 1000$ e $k = 20$. A partir da observação do gráfico da Figura 9.1 verificamos que o comportamento crítico acontece para $d_I = 3$, no qual o valor médio do tamanho dos grupos equivale a $N_G \approx 400$, com desvios muito pequenos em relação ao valor médio de N_G.

A Figura 9.2 apresenta a distribuição acumulada do tamanho dos grupos obtida com o progressivo incremento do valor limiar ($d_I = 1,2,...,5$).

Torna-se claro que é para $N = 1000$, $k = 20$ e $d_I = 3$ onde de facto ocorre uma **transição de fase**, ou seja, onde se encontra a fronteira entre os dois comportamentos qualitativamente distintos: a homogeneidade e a fragmentação. Além disto, a Figura 9.2 mostra que para $d_I = 3$ a distribuição do número de grupos obedece a uma lei de escala[33].

Para $d_I < 3$, só são encontrados grupos de tamanho reduzido. Para $d_I > 3$, o aparecimento de grupos pequenos é pouco observado, estando os agentes propensos a reunirem-se num único grupo de muito grande dimensão (consenso global).

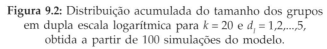

Figura 9.2: Distribuição acumulada do tamanho dos grupos em dupla escala logarítmica para $k = 20$ e $d_I = 1,2,...,5$, obtida a partir de 100 simulações do modelo.

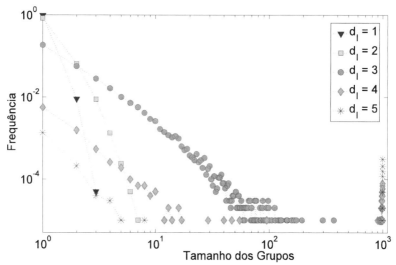

Entretanto, vale a pena notar que para $d_I = 4$ também se encontram grupos de variados tamanhos e uma nova lei de potências para a distribuição do tamanho dos grupos com até 20 membros.

---

[33] Também observada na referência (Castellano, C. 2000).

9.4 Redes de Opinião

A observação de grupos de indivíduos que compartilham a mesma opinião é uma questão interessante. Mais ainda quando se pode observar o processo interactivo através do qual os grupos são formados.

Assim sendo, a adopção de uma perspectiva de rede permite melhor compreender a dinâmica do modelo e por esta via, contribui para a melhor compreensão da realidade correspondente.

Nesta perspectiva, podemos considerar que os agentes são os nodos de uma rede onde as ligações representam a ocorrência de comunicação entre os mesmos. Para quantificar a intensidade de comunicação nessa rede, introduzimos uma matriz (I) onde é armazenada toda a comunicação que ocorre ao longo de um certo número de simulações.

Também definimos uma matriz de adjacências (A), com elementos $a_{ij} = 0$ se $i_{ij} = 0$ e $a_{ij} = 1$ se $i_{ij} > 0$. A matriz A regista apenas a ocorrência de comunicação entre os agentes sem ter em conta a frequência da comunicação (ou a sua intensidade).

Figura 9.3: Distribuição do grau em dupla escala logarítmica e para $N = 1000$, $k = 20$, e diferentes valores de $d_I = 1,2,...,5$.

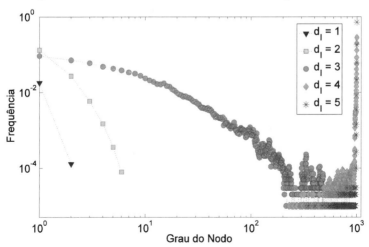

312 | Introdução à Economia Computacional

É sabido que a análise da distribuição do grau dos nodos tem motivado diversos desenvolvimentos no estudo das redes sociais, de entre os quais os trabalhos apresentados nas referências (Albert, R. 2002), (Barrat, A. 2004), (Gross, T. 2008) e (desJardins, M. 2008). No nosso trabalho, depois de termos verificado a existência de um valor crítico para o limiar de semelhança ($d_l = 3$) interessa encontrar um indicador topológico correspondente.

O gráfico da Figura 9.3 apresenta a distribuição do grau dos nodos[34] da rede representada pela matriz A. Esta distribuição mostra que:

- Para $d_l = 1$, a frequência com que os nodos de grau um ou dois (representados por triângulos) têm sido observados é de cerca de 0.02, o que torna claro que a grande maioria dos nodos tem grau nulo, ou seja, são nodos isolados.
- Para $d_l = 2$, a maioria dos nodos ainda tem pouquíssimas ligações, entretanto já aparecem alguns com grau até 6.
- Em geral, para baixos valores de d_l, os agentes mantêm-se afastados pois, inicialmente, a distância entre a maioria dos agentes é maior do que a distância limiar. Neste caso, a comunicação entre agentes mostra-se improvável, do que resulta uma rede muito esparsa.
- Uma situação bastante distinta ocorre quando $d_l = 4$ ou $d_l = 5$, dando lugar a uma rede quase completa e na qual, ao longo de 100 simulações, não encontramos nenhum nodo com grau inferior a 200. Este resultado deve-se a todos os agentes poderem comunicar entre si, uma vez que a condição $h(c_i,c_j) \le d_l$ é quase sempre satisfeita[35].

Um outra propriedade interessante e decorrente da comparação das distribuições do grau dos nodos para $d_l = 4$ e $d_l = 5$

---

[34] Sempre com base nas mesmas 100 simulações geradoras dos resultados apresentados na Figura 9.2.

[35] Com $d_l = 6$ a percentagem de nodos com grau menor que 900 é de apenas 0.08%.

pode ser também observada na Figura 9.4, onde se vê a formação de uma pequena minoria de grupos de agentes com grau muito alto.

Pode-se então concluir que apesar da intensidade da comunicação, os agentes nem sempre adoptam a opinião do grupo com mais adeptos. Agentes isolados ou agentes em grupos de não mais de dez membros mantém opinião própria mesmo quando comunicam com muitos agentes de grupos diferentes.

Do ponto de vista da rede, a ocorrência de uma transição de fase, através da qual se passa da fragmentação à homogeneidade, corresponde agora à **transição** de uma **rede esparsa** (com $d_I \leq 2$) para uma **rede completa** (com $2 < d_I \leq 5$). O comportamento entre estes dois regimes corresponde ao comportamento do modelo na fase de transição (quando $d_I = 3$).

A Figura 9.3 mostra que a distribuição do grau obedece a uma lei de de escala. A confirmação desta lei tem um papel importante na validação do modelo, dado que em muitas observações empíricas este tem sido o comportamento observado (Albert, R. 2002), (Barrat, A. 2004), (Onnela, J. 2007a), (Onnela, J. 2007b) e (Leskovec, J. 2008).

Figura 9.4: Um rede formada pelas interacções entre 1000 agentes com $k = 20$ e $d_I = 3$. Nota-se a formação de grupos de diversos tamanhos numa transição entre a homogeneidade e a fragmentação.

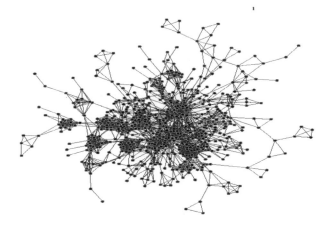

314 | Introdução à Economia Computacional

Ao procurarmos identificar no modelo as etapas características da modelação de agentes, podemos dizer que:

* A geração de diversidade corresponde à inicialização das cadeias binárias de forma aleatória.
* As selecões primária e secundária não acontecem neste modelo.
* O mecanismo básico de interacção entre os agentes corresponde à dinâmica de comunicação. Neste caso a interacção acontece com a escolha aleatória, em cada iteração, de pares de candidatos à comunicação. Sabe-se que a comunicação entre os elementos do par está condicionada pela (existência de um mínimo de) semelhança entre os agentes escolhidos em cada par.
* O mecanismo orientado para um objectivo corresponde aos mecanismos de troca de opinião em relação a um determinado aspecto. Ainda que não haja qualquer função de utilidade a quantificar ganhos por desempenho do agente, o objectivo neste caso pode ser visto como o aumento da semelhança em relação àquele com quem o agente se comunica.
* A identificação de estrutura faz-se à custa da caracterização dos grupos em função do seu tamanho N_G e pela lei de escala característica da distribuição do tamanho dos grupos.

9.5 Validação empírica das redes

Como é natural, a validação empírica das redes resultantes da simulação de agentes tem recebido cada vez mais atenção. Embora nem sempre se possa dispor de dados de qualidade para efeito de validação empírica, a análise de **redes de comunicação** tem contribuído para uma melhor compreensão das características próprias desta actividade, tal como tem sido referido em (Onnela, J. 2007a), (Onnela, J. 2007b) e (Leskovec, J. 2008).

9. Dinâmica de Opinião | 315

Pretende-se que a comparação com dados empíricos permita melhor inferir valores adquados para os parâmetros de controle e através daí, para uma melhor aproximação do modelo à realidade.

Preocupados com a validação empírica, os autores das referências (Onnela, J. 2007a) e (Onnela, J. 2007b), estudaram a estrutura de uma rede telefónica móvel construída a partir do registo de alguns milhões de chamadas efectuadas ao longo de 18 semanas.

Quando no nosso modelo, o valor da distância limiar corresponde ao valor crítico ($d_l = 3$), as redes resultantes são bastante semelhantes as redes de comunicação móvel, apresentando a mesma percentagem de nodos com grau elevado.

Neste estudo da rede móvel (Onnela, J. 2007a) e (Onnela, J. 2007b) encontrou-se 84% dos nodos nesta situação (com grau elevado), enquanto no nosso modelo este percentual encontra-se entre 75% e 85%. Além disso, o escalonamento do grau também corresponde ao encontrado no mundo real. Embora as duas distribuições não sejam iguais, a sua semelhança qualitativa é bastante estimulante.

Na Figura 9.4 pode-se observar a emergência de uma rede complexa resultante da simples dinâmica de troca de opinião entre os agentes do modelo. Nesta rede, os agentes não têm qualquer conhecimento das propriedades globais da rede nem qualquer controle sobre o mecanismo através do qual as suas posições são determinadas. Ainda assim, observa-se a formação de grupos de agentes fortemente ligados entre si, assim como o aparecimento de agentes com ligações a mais de um grupo. Estes últimos têm grande **centralidade**, ainda que estabeleçam apenas um número reduzido de ligações.

Uma outra fonte de dados empíricos que permite a comparação com os resultados das simulações via modelo de agentes são os resultados eleitorais. Na próxima secção mostramos de que forma a incorporação no modelo de um procedimento de **eleições artificiais** permitui avaliar os resultados obtidos em ambientes computacionais.

316 | Introdução à Economia Computacional

9.5.1 Eleições Artificiais

Nesta extensão do modelo foi possível reproduzir a lei de potências característica da passagem da fragmentação à homogeneidade (da secção anterior), utilizando um procedimento de eleições artificiais.

Os dados eleitorais consistem numa das melhores fontes de informação sobre a distribuição de preferências numa população. As tentativas de comparar resultados da simulação de modelos com dados empíricos são relativamente raras nos trabalhos sobre dinâmica de opinião (Sobkowicz, P. 2009). No entanto, a disponibilidade de dados provenientes de resultados eleitorais para cargos políticos nacionais tem fomentado uma maior preocupação com a confirmação empírica da dinâmica de opiniões[36]. S. Galam, por exemplo, dedicou-se ao estudo deste tema e comparou os resultados conseguidos com alguns resultados provenientes de eleições francesas (Galam, S. 2008).

Uma outra abordagem, mais quantitativa, teve início com a análise estatística de resultados das eleições brasileiras ocorridas em 1998 (Bernardes, A. 2002). Este estudo revelou que a distribuição de votos entre candidatos segue uma lei hiperbólica. Padrões semelhantes foram encontrados para as eleições indianas (Gonzales, M. 2004). No entanto, devido às diferentes formas de organização partidária dos candidatos, não tem sido possível generalizar o comportamento observado naqueles ambientes através de uma lei universal (Fortunato, S. 2007) e (Castellano, C. 2009).

Eleições Proporcionais

Um cenário onde a comparação com dados reais é facilitada resulta das chamadas **eleições proporcionais**. Nestas, cada partido compete para diferentes lugares no parlamento, a partir de uma lista aberta de candidatos. Na referência (Fortunato, S. 2007) uma análise estatística das eleições proporcionais em Itália (1958,

9. Dinâmica de Opinião | 317

1972, 1987), Polônia (2005) e Finlândia (2003) revelou que a distribuição do número de votos recebidos pelos candidatos é universal, apresentando a mesma lei de escala, em vários países e em anos diferentes.

Este resultado foi obtido redimensionando (normalizando) o número de votos (v) pelo número de candidatos do mesmo partido (Q) e tendo em conta o número total de votos recebidos pelo partido (N). O comportamento da função

$$F = \frac{Q}{N}v \qquad (9.3)$$

é o mesmo para todas as eleições consideradas.

A generalidade dos estudos referentes à validação empírica dos modelos de dinâmica de opinião consiste em adaptações do modelo de Sznajd (Sznajd-Weron, K. 2000) ou em aplicações dos modelos de propagação de opinião que têm lugar sobre diferentes regimes de rede (Gonzales, M. 2004). Um dos exemplos é o trabalho de Bernardes, onde os autores reproduzem padrão das eleições brasileiras de 1998 (Bernardes, A. 2002) através de um modelo com eleições proporcionais. Posteriormente, um modelo alternativo e capaz de reproduzir o padrão das eleições brasileiras e indianas foi proposto por Travieso e Costa em 2006 (Travieso, G. 2006). Neste modelo, a alguns dos nodos de uma rede de eleitores é atribuído um candidato favorito. Entretanto, os restantes nodos eleitores são tratados como indecisos. Segue-se um processo de escolha aleatória de nodos já decididos. Feita a escolha, cada nodo decidido, influencia a sua vizinhança, promovendo a escolha do seu candidato favorito.

Outra referência importante para a tentativa de explicar o padrão universal encontrado nas eleições proporcionais é o trabalho apresentado na referência (Fortunato, S. 2007). No que segue, propomos uma explicação alternativa para o referido padrão,

---

[36] A referência (Castellano, C. 2009) apresenta uma compilação do tema.

318 | Introdução à Economia Computacional

recorrendo à identificação de uma fase do modelo com particular interesse para a validação empírica.

9.5.2 A Fase Transiente

As linhas gerais presentes nos trabalhos dedicados à validação empirica dos modelos de dinâmica de opinião podem ser identificadas como:

- Tentativas de reproduzir padrões universais, que são normalmente expressos em termos de leis de escala.
- Recurso à topologia das redes subjacentes para explicar as leis de escala.
- Identificação na evolução temporal do modelo de três períodos distintos:
1. O período inicial,
2. O estado final estacionário e
3. Um intervalo de tempo situado entre os períodos inicial e final.

Motivados pelo interesse em melhor comparar os resultados do nosso modelo de agentes com os resultados empíricos dalguns actos eleitorais (reais), passamos à identificação das seguintes fases da evolução do modelo:

1. Na primeira fase, chamada fase de arranque (*burn-phase*[37]) observamos que os padrões de preferência não se afastam significativamente da situação inicial (aleatória).
2. Na fase seguinte, chamada fase transiente, surgem as primeiras semelhanças entre as distribuições obtidas nas simulações e os resultados provenientes de dados reais. Nesta fase, o padrão de preferências parece situar-se entre a aleatoriedade e a ordem (ou a regularidade).

---

[37] Esta terminologia segue o trabalho de Laver e Sergenti (Laver, M. 2005).

3. A última das três fases é caracterizada por uma convergência relativamente rápida para a estabilidade, levando todos os agentes a um consenso global.

A questão fundamental para a confirmação empírica assenta então em saber se a distribuição das preferências observada no modelo ao longo da fase transiente é realista. A fim de relacionar os perfis dos candidatos com o seu desempenho eleitoral acrescentamos ao modelo de cadeias binárias um procedimento de eleições artificiais.

O procedimento de eleições artificiais é baseado no conhecido princípio de **voto de proximidade**, segundo o qual o eleitor escolhe o candidato que está mais próximo de si. Este princípio foi proposto pela primeira vez em 1931 por Hotelling (Hotelling, H. 1931) no contexto da competição em ambientes económicos e mais tarde (em 1957) aplicado a contextos eleitorais por Downs (Downs, A. 1957).

No nosso modelo, a proximidade é medida com a **distância de Hamming**, sendo as <u>preferências dos eleitores</u> e o <u>perfil dos candidatos</u> representados pelas cadeias binárias de cada um.

Os parâmetros do modelo foram escolhidos de modo a levar a um (quase) consenso global. Consideramos a existência de cinco candidatos com cadeias binárias de comprimento igual a 20 ($k = 20$) e com 200 agentes ($N = 200$).

Os resultados mostram que durante um período bastante longo (de 60% a 80% do tempo total), 3 dos 5 candidatos, recebem um número elevado de apoio eleitoral enquanto os outros 2 não recebem praticamente qualquer voto.

Quando executamos o procedimento de eleições artificiais sobre uma população de 4000 eleitores e de 10 candidatos, os resultados permitem observar a distribuição dos votos durante as diferentes fases de modelo.

Durante a fase de arranque, no início da simulação, a distribuição de votos é semelhante à distribuicão normal (com média e desvio padrão iguais a respectivamente $\mu = \dfrac{Q}{N} = 400$ e $\sigma = 100$).

No último período e correspondendo a uma situação pouco realista, existem muitos candidatos que não recebem qualquer voto, para benefício de um único candidato que recebe o apoio de quase todos os eleitores.

A situação mais realista corresponde à observada no período de 70% a 95% do intervalo de tempo da simulação, ou seja, na fase transiente. Nesta fase, existem poucos casos de candidatos sem votos (o que é mais realista pois nas eleições reais, qualquer candidato recebe pelo menos os seu próprio voto).

Nesta fase, os candidatos apoiados por até 50% da população são observados com uma frequência razoável, havendo 10 candidatos a concorrerem pelos votos de 4000 eleitores. Embora esta escolha de parâmetros possa não ser a mais realista, serve como identificação de que a fase transiente é aquela que deve ser considerada para o efeito da comparação estatística com dados reais.

Diversas simulações de eleições artificiais foram realizadas a fim de efectuar a comparação da fase transiente. O número de candidatos variou de 5 a 30 e o número de eleitores de 200 a 4000. Tendo sido preciso redimensionar os dados de forma a melhor comparar os diferentes ambientes eleitorais, recorremos ao redimensionamento proposto por Fortunato e Castellano com a Equação 9.3, onde número de votos (v) é multiplicado pelo número dos candidatos (Q) e dividido pelo número de eleitores (N).

Este redimensionamento é então aplicado aos dados gerados pelo procedimento das eleições artificiais e simultaneamente aos resuldados reais obtidos nas eleições finlandesas de 2003[38]. Depois de redimensionados, é possível verificar que na fase transiente, existe uma enorme semelhança entre as situações real e artificial.

---

[38] Disponíveis em: Statistics finland election, http://www.stat.fi/tk/he/vaalit/vaalit2003.

9. Dinâmica de Opinião | 321

Figura 9.5: Distribuição dos votos para as diferentes fases do processo de formação de opiniões num ambiente eleitoral.

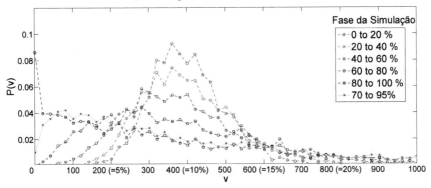

Figura 9.6: Comparação dos resultados obtidos para a fase transiente do processo de eleições artificiais e os resultados das eleições finlandesas de 2003.

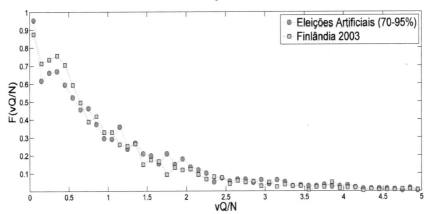

Verificou-se que o comportamento nas eleições proporcionais na Finlândia é reproduzido na fase transiente das eleições artificiais realizadas pelo nosso modelo de dinâmica de opinião. Tal como tem sido mostrado por Fortunato e Castellano, os dados da Finlândia exibem as propriedades encontradas noutras eleições proporcionais (Fortunato, S. 2007).

Neste sentido, os resultados eleitorais da Finlândia podem ser considerados uma *proxy* para o comportamento eleitoral

322 | Introdução à Economia Computacional

característico deste tipo de eleições; permitindo concluir que a comparação estatística proporciona uma forte indicação de que aspectos importantes da dinâmica das preferências reais são captados pelo nosso modelo de cadeias binárias.

9.6 Desenvolvimentos Futuros

Na análise que aqui apresentamos, não se avaliaram outras propriedades de rede para além da distribuição do grau. A quantificação do coeficiente de agregação (coeficiente de *clustering*) e do caminho médio mais curto (*characteristic path length*) é portanto um dos primeiros desenvolvimentos a ter em conta no futuro próximo.

Tendo em conta as questões apresentadas na secção 9.1.1, os resultados obtidos permitem chegar às seguintes conclusões:

1. O principal condicionante da formação de grupos de opinião é o valor atribuído à distância limiar, ou seja, ao limiar de afinidade necessário ao estabelecimento de comunicação entre cada par de agentes.

2. Do ponto de vista topológico, as estruturas criadas pelos mecanismos de comunicação entre os indivíduos dão conta da passagem de uma rede esparsa para uma rede completa quando o valor do limiar de afinidade atinge o valor crítico. Neste sentido, é possível caracterizar a transição de fase não só através da distribuição do tamanho dos grupos de opinião mas também à custa da mudança de estrutura da rede correspondente.

3. A validação empírica é fundamental neste tipo de modelos. Sempre que a validação é considerada, existem no processo de formação de opiniões pelo menos 3 fases a considerar: a fase inicial, a fase final e a fase transiente. Esta última é a fase em que os resultados das simulações melhor se comparam com os resultados provenientes de eleições reais.

A flexibilidade da descrição via cadeias binárias permite implementar sem muito esforço uma série de refinamentos do modelo original. Por exemplo, dividindo a cadeia binária em duas partes e usando a primeira para representar aspectos da vida privada e outra para representar aspectos profissionais permitiria gerar duas redes diferentes e estudar a inter-relação entre ambas. Outra extensão possível seria a consideração de uma parte da cadeia como pré-definida (fixa) ao invés de ser gerada ao acaso. E sobre esta parte poder-se-ía restringir as eventuais modificações de opinião.

Um estudo recente mostrou que a comunicação entre homens e mulheres é mais frequente e mais intensa do que a comunicação entre os indivíduos do mesmo sexo (Leskovec, J. 2008). Assim sendo, a diferença também pode ser atractiva. A inclusão de uma nova regra de comunicação que, para uma parte da cadeia binária, considera a diferença como sendo mais atractiva do que a semelhança é mais uma possibilidade de refinamento do modelo.

Outro desenvolvimento a considerar no futuro é o aprimoramento da validação do modelo a partir de dados empíricos e de configurações documentadas na literatura.

Um outro aprimoramento a ter em conta é motivado pela observação que, no modelo, os agentes candidatos não têm um papel activo na dinâmica conducente ao resultado eleitoral, sendo todo o trabalho de *campanha eleitoral* feito pelos eleitores. Valerá então a pena introduzir no modelo um processo de campanha pelos candidatos de forma a observar o seu efeito sobre as estatísticas de voto.

9.7 Resumo do capítulo

Vimos a aplicação de um modelo de agentes à dinâmica de opinião. No modelo, a comunicação entre agentes suficientemente semelhantes conduz a um aumento da semelhança entre os mesmos e, a partir de então, ao aparecimento de situações de convergência local. Estas situações correspondem à uma mudança qualitativa e permitem caracterizar a ocorrência de uma transição de fase, segundo a qual se passa da fragmentação de opiniões à homogeneidade, ou seja, ao consenso global.

Adicionalmente, a análise das propriedades de rede permitiu descrever padrões estruturais provenientes da comunicação entre os agentes. Discutiu-se a criação de redes endógenas, geradas expontaneamente a partir da actividade de comunicação. Mostrou-se portanto que estruturas de redes complexas surgem a partir de um simples processo de comunicação entre indivíduos que não têm quaisquer informações sobre as propriedades globais do sistema. Foi então possível observar como a comunicação entre indivíduos com opiniões diversas pode ter um papel fundamental na formação das estruturas sociais.

Na última parte do capítulo, desenvolvemos um procedimento de eleições artificiais para a confirmação empírica dos resultados do modelo. Este procedimento permitiu relacionar os resultados das simulações do modelo com os dados de eleições reais. Tal foi alcançado por um processo de selecção artificial – baseado no bem estabelecido princípio da votação de proximidade – executado na fase transiente do modelo.

A comparação estatística mostra que as distribuições de preferências observadas com a execução do modelo assemelham-se às distribuições encontradas nas sociedades reais. O comportamento dos eleitores nas eleições proporcionais é reproduzido. A semelhança estatística com os resultados das eleições na Finlândia em 2003 é notável. Por estas razões, o modelo proporciona uma alternativa que, a partir de uma perspectiva micro, permite explicar o padrão de voto universal encontrado por Fortunato e Castellano (Fortunato, S. 2007).

Referências Principais:

(Banisch, S. 2010a) S. Banisch, T. Araújo e J. Louçã, Opinion Dynamics and Communication Networks Advances in Complex Systems, V.13.

(Banisch, S. 2010b) S. Banisch e T. Araújo, On the Empirical Relevance of the Transient in Opinion Models, Physics Letters A, V. 374.

Índice Remissivo

A

Abordagem de Markov de ordem $\leq k$: 102, 105
Abordagem de Rede: 157, 158
Adaptação: 12, 191-194, 207, 216--219, 222, 245-271, 300, 305
Agente: 12-13, 25, 69, 78-79, 180--181, 184-185, 188, 229-232, 242, 244-263
Agente acompanhado: 290
Agente inovador: 242, 245, 253, 255, 266
Agente qualificado: 274-298
Agregação/composição: 223
Algorítmos de aprendizagem: 197
Algorítmos genéticos: 222, 227
Ambiente estável: 256-258
Ambiente volátil: 256-260
Anti-persistência: 40
Aprendizagem: 12, 15, 78, 191, 193--200, 203, 205, 207-219, 230
Aprendizagem através dos erros: 195, 198, 210
Aprendizagem por reforço de ligações: 195, 198, 217
Argumento da replicação: 275
Armadilha da pobreza: 278, 284--285, 293-294
Árvore: 51, 164, 169, 172, 203, 210, 217

Atractor e Repulsor: 57
Ausência de correlação ou descorrelação: 40
Autómatos celulares: 222
Auto-dissemelhança: 43
Auto-semelhança: 29, 39, 42-44
Auto-organização, 13, 20-32, 76, 153, 186, 228, 232-233, 263

B

Bifurcação, sela-nó e forquilha: 61
Browniano, movimento: 36-41, 73--74, 96

C

Cadeias binárias: 242-272, 300-323
Cadeia de Markov: 74, 98, 102
Calibração: 225, 230, 233
Caminho médio mais curto: 141, 143, 163, 165-168, 170, 174, 179, 191, 194, 199-200, 203-205, 207, 212-215, 218, 322
Capital Humano: 228, 274, 276-277, 283
Centralidade: 315
Centro de Massa: 119
Coeficiente de Adaptação: 207, 216

328 | Introdução à Economia Computacional

de Agregação (ou de *Clustering*): 79, 115, 136-147, 163-188, 191, 194, 211, 322
de Antagonismo: 206
de *Clustering* Contínuo: 138-139
de Cooperação: 206, 216
de Residualidade: 142, 206, 216
de Robustez: 191, 194
de Simetria: 215
Coeficientes topológicos: 115, 136, 138, 155, 163, 168, 170, 176, 178-179, 187
Complexidade
Algorítmica: 43, 47-49, 64
Bruta: 47
Efectiva: 49-50
Hierárquica: 51
Comportamento complexo: 20-21
Comportamento simples: 20
Compressão da informação: 23, 24, 43
Comunicação: 239, 299-323
Conectividade local e global: 79, 141-142, 158, 169, 188, 191-210, 218
Consenso: 228, 299, 302, 308, 310, 323
Consumidores adaptativos: 247, 261
Convergência local e global: 239, 301
Co-variância Sistemática: 120
Crescimento endógeno: 14-15, 226, 228, 273-275, 282, 296-297
Criação de estruturas ou Auto-organização: 12-28, 70, 134, 171, 191, 223, 236, 245, 264, 300

D

Dependência longa ou persistência: 40
Dependência sensível das condições iniciais ou Efeito Borboleta: 61-62, 65, 76
Dimensão de auto-semelhança: 43, 44
Dimensão Efectiva ou Direcções Efectivas: 119-121, 125-127, 132
Dimensão fractal: 39, 43-46
Dinâmica de Opinião: 14, 226, 228, 299-300, 305, 316-318, 321, 323
Dinâmica de troca: 245-248, 261, 271
Distância de Hamming: 246, 305, 319

E

Econofísica: 12, 15, 75-76, 228
Economia artificial: 221
Economia evolucionista: 12, 15, 26, 228
Efeito Borboleta: 61-62
Efeito de Equipe: 274, 278, 282, 287, 292-293, 295-298
Efeito Mateus: 34, 175
Efeito Vizinhança: 274, 277-278, 280, 295
Eficiência da inovação: 245-263
Eficiência do mercado: 77, 82, 110
El Farol: 230-231
Eleições artificiais: 315-325
Eleições proporcionais: 315-325
Emergência: 12-13, 19-20, 27-28, 32, 68, 142, 153, 158, 188, 222, 315

Índice Remissivo | 329

Entropia de Kolmogorov-Sinai: 25, 49, 51, 54, 63-69
Entropia dos Expoentes Condicionais: 25, 51, 63, 67-70, 180-188
Entropia de Renyi: 51, 53
Entropia de Shannon: 51, 53-55
Escala global: 25
Escala local: 25
Espaço de estados: 66, 72, 74, 83-84, 93, 110
Espaço de fase: 56, 58, 96
Espaço de trajectórias: 83-84, 99
Especialização/instanciação: 223
Estado estacionário: 284-294, 308, 318
Estratégia: 229, 232, 234, 237
Estrutura subjacente: 179, 199, 235
Excesso de Entropia: 54-55
Expoente característico: 29-31, 33, 94-95, 171-172, 175-177, 296
Expoente de Hurst: 39-40, 42
Expoentes Condicionais: 25, 51, 63, 67-70, 180-188
Expoentes de Lyapunov: 62-66, 68, 134, 180-182, 185, 188

F

Factos estilizados: 76-77, 82-83, 92, 97, 110, 114
Fase transiente: 318-319, 320-322, 324
Finança computacional: 227
Fragmentação: 299, 310, 313, 325
Função da rede: 192, 193
Função de Utilidade: 229, 231, 237, 245, 263, 314

G

Grafo
simples: 164
ponderado: 163-164, 203,306
direccionado: 204, 213, 218
desconexo: 165
conexo: 197, 200, 203
Gramática do processo: 84, 98-99
Grau da rede: 167, 194, 210
Grau do nodo: 174
Grupo: 300-323

H

Hierarquia: 12, 51, 157, 164, 169-170
Homoeconomicus: 78
Homofilia: 239, 300
Homoreciprocans: 78

I

Imprevisibilidade: 15-16, 20-22, 24, 28, 54, 56
Incomputabilidade: 47
Índice de Estrutura: 25, 63, 68-70, 132, 134, 154
Informação mútua: 55, 69
Inovação: 14-15, 169, 178, 226, 228, 236-241, 245-248, 250-257, 260, 262-272, 275, 277, 296, 300, 305
de Processos: 238, 251
de Produtos: 237
Orientada para o Mercado: 237, 251, 253-256, 260
Intensidade da inovação: 238
Interacções: 24, 26, 69, 78, 180, 206, 217, 222, 224, 272, 277-278, 296-297, 299-300, 303, 313
Interdependência: 13, 19, 27-28, 158, 188, 235, 307

330 | Introdução à Economia Computacional

Iterações: 230, 234, 288, 307-309

J

Jogo Minoritário: 226, 230-231

L

Lei de Escala: 30, 94, 96, 170-172, 309, 314, 317
Lei de Lotka: 33
Lei Metabólica: 29, 34
Lei de Zipf: 30-31
Liberdade aparente: 69, 185
Liberdade dinâmica do sistema: 182, 185-188
Ligação preferencial: 34
Limiar de afinidade: 243-244, 249, 251, 254, 261, 265, 304, 323
Limiar de conectividade: 142, 207
Lista de adjacência: 164
Livre de escala: 278

M

Matriz de adjacência: 164, 209-211, 311
Matriz estocástica: 75
Medida da auto-organização dinâmica: 25, 63-70
Medida do processo: 99
Memória: 36, 40-41, 47, 52, 82, 97-98, 108-110, 230-232
Memória longa: 41, 110
Minimal Spanning Tree (MST): 140, 201
Modelos de agentes com localização espacial: 273-274
Movimento Browniano Fraccionário: 39-41, 73

Movimento Browniano: 36-41, 73-74, 96
Mudança de opinião: 305

N

Não-linearidade: 19, 27-29, 56, 222
Não-rivalidade: 275
Neuroeconomia: 12, 15, 77-79
Número de Einstein: 162
Número de Erdös: 162
Número de Kevin Bacon: 162

O

Órbita, órbita periódica: 59
Orientação por Objectos: 224

P

Parábola dos Relojoeiros: 27, 158, 224
Parâmetros de ordem: 179
Período principal: 57
Persistência: 40
Polarização global: 239, 301
Ponto fixo: 57, 59-61
Problema clássico de Markowitz: 121
Processo de Markov: 38, 73-74
Processo de tempo discreto e de tempo contínuo: 72, 74
Processo estacionário: 73, 91
Produtor inovador: 245-260

R

Racionalidade limitada: 231

Reciprocidade forte e fraca, directa e indirecta: 78

Rede
  aleatória: 167, 173, 199, 205, 208-209, 218, 295
  completa: 115, 136, 138, 140, 195, 200, 313, 322
  conexa: 140-141
  direccionada: 205
  esparsa: 115, 136, 140, 195, 200, 313, 322
  hierárquica: 51, 140, 170
  ponderada: 205
  regular: 166-167, 173, 178, 180, 295
  simples: 39, 43, 203
  scale-free: 296
  small-world: 159, 169, 173, 191, 199, 278, 295-297
Redes Neuronais: 158, 194-196, 227
Rendibilidades: 22, 42, 82, 87, 91, 95-98, 100, 109, 111, 114, 116-118, 120, 127, 139-140, 148-149
Retornos crescentes à escala: 275
Robustez da rede: 194

S

Seis graus de separação: 161
Segregação: 236, 274, 278, 289, 291, 293, 295, 297, 298
Sete Pontes de Köningsberg: 159--160
Simulação: 221, 230

Sistema
  aleatório: 36, 132, 134, 142, 169, 171, 179
  caótico: 56
  complexo: 11, 20-21, 23, 28, 32, 51, 222
  complexo adaptativo: 222
  simples: 20-22
Sociedade artificial: 191, 221, 283
Sociofísica: 228-229

T

Tracjectória: 57-58, 64, 73
Transições de fase: 32, 174, 176, 179, 184, 310, 313, 322-323

U

Universalidade: 29, 31, 113

V

Validação: 225, 300-301, 313-315, 317-318, 322-323
Vantagem cumulativa: 175
Vizinhança: 136-137, 165, 184, 187--188, 202, 274, 276-278, 280, 285, 287-288, 293, 295, 303, 317
Volatilidade das rendibilidades: 139
Volatilidade dos preços: 82, 90
Voto de proximidade: 319
Vulnerabilidade da Rede: 175

Referências e Bibliografia

1. (Afuah, A. 1995) A. Afuah e N. Bahram, *The hypercube of innovation*, Research Policy 24, 51.
2. (Aghion, P. 1992) P. Aghion e P. Howitt, *A Model of Growth through Creative Destruction*, Econometrica, 60, 323.
3. (Aghion, P. 1998) P. Aghion e P. Howitt, Endogenous Growth Theory, The MIT Press, Cambridge, Massachusetts.
4. (Albert, R. 2002) R. Albert, e A. Barabasi, *Statistical mechanics of complex networks*, Reviews of Modern Physics 74, 47.
5. (Barthélémy, M. 1999) M. Barthélémy e L. A. N. Amaral, *Small-World Networks: Evidence for a Crossover Picture*, Phys. Rev. Lett. 82, 3180.
6. (Amblard, F. 2004) F. Amblard e G. Deffuant, *The role of network topology on extremism propagation with the relative agreement opinion dynamics*, Physica A343, 725.
7. (Amblard, F. 2008) F. Amblard e W. Jager, *Network shapes resulting from different processes of interaction*, actas de The 5th Conference of the European Social Simulation Association, Itália.
8. (Amman H. 2006) H. Amman, *Numerical methods for linear-quadratic models*, Handbook of Computational Economics, V.1, H. Amman, D. A. Kendrick e J. Rust (Eds.) North-Holland.
9. (Araújo, T. 1998) T. Araújo e J. Caraça, *Where is Complexity?*, Inter-Journal, New England Complex System Institute, 237.
10. (Araújo, T. 1999a) T. Araújo, *Object-Oriented Hierarchies and their Resulting Complex Systems*, Computer Systems Science and Engineering 14, V.6, 113.
11. (Araújo, T. 1999b) T. Araújo e J. Caraça, *Evaluating Complexity on Hierarchical Structures*, Complexity in Economics, Francisco Louçã (Eds.), Celta Editora.

334 | Introdução à Economia Computacional

12. (Araújo, T. 2000) T. Araújo e R. Vilela Mendes, *Function and form in networks of interacting agents*, Complex Systems 12, 357.
13. (Araújo, T. 2001) T. Araújo, R. Vilela Mendes e J. Seixas, *Dynamical characterization of the small-world phase*, Physics Letters A 319, 285.
14. (Araújo, T. 2007) T. Araújo e F. Louçã, *The Geometry of Crashes: a Measure of the Dynamics of Stock Market Crises*, Quantitative Finance, n.7, V.1, 63.
15. (Araújo, T. 2008) T. Araújo e G. Weisbuch, *The labour market on the hypercube*, Physica A, 387, 1301.
16. (Araújo, T. 2008a) T. Araújo e F. Louçã, *The Seismography of Crashesin Financial Markets*, Physics Letters A, V. 372, 429.
17. (Araújo, T. 2008b) T. Araújo e M.St.Aubyn, *Education, neighbourhood effects and growth: an agent based model approach*, Advances in Complex Systems, V.11, 99.
18. (Araújo, T. 2009a) T. Araújo e R. Vilela Mendes, *Innovation success and structural change: An abstract agent based study*, Advances in Complex Systems, V.12, 233.
19. (Araújo, T. 2009b) T Araújo e F. Louça, *Modeling a Multi-Agents System as a Network – A metaphoric exploration of the unexpected*, International Journal of Agent Technologies and Systems, n.1, IGI Global.
20. (Argollo, M. 2000) M. Argollo de Menezes, C. Moukarzel e T. Penna, *First-order transition in small-world networks*, Europhys. Lett. 50, 574.
21. (Arthur, B. 1994) W. B. Arthur, *Inductive Reasoning and Bounded Rationality*, American Economic Review, 84,406.
22. (Arthur, B. 2007) W. B. Arthur, *The structure of invention*, Research Policy 36, 274.
23. (Axelrod, R. 1997) R. Axelrod, *The dissemination of culture: A model with local convergence and global polarization*, The Journal of Conflict Resolution 41 203.
24. (Axelrod, R. 2006) R. Axelrod, *Agent-Based Modeling as a Bridge Between Disciplines*, Handbook of Computational Economics, V.2, Tesfatsion, L. e Judd, K. (Eds.) North-Holland.
25. (Banisch, S. 2010a) S. Banisch, T. Araújo e J. Louçã, *Opinion Dynamics and Communication Networks*, Advances in Complex Systems, V.13, 95.
26. (Banisch, S. 2010b) S. Banisch e T. Araújo, *On the Empirical Relevance of the Transient in Opinion Models*, Physics Letters A, V. 374, 3197.

Referências e Bibliografia | 335

27. (Barabási, A. 2001) A. Barabási, 2001, *The physics of the Web*, Physics World 14.
28. (Barabási, A. 2002) A. Barabási, Linked: The New Science of Networks, Perseus, Cambridge.
29. (Barabási, A. 2003) A. Barabási e E. Bonabeau, *Scale-free networks*, Scientific American 288.
30. (Barrat, A. 2004) A. Barrat, *The architecture of complex weighted networks*, Actas de The National Academy of Sciences 101, 3747.
31. (Bechara, A. 1997) A. Bechara, Damásio, D. Tranel e A. Damásio, *Deciding Advantageously Before Knowing the Advantageous Strategy*, Science 28, V.275, n.5304, 1293.
32. (Bernardes, 2002) A. Bernardes, D. Stauffer, J. Kertész, *Election results and the Sznajd model on Barabasi network*, Eur. Phys. J. B 25, 123.
33. (Bogomolny, A. http) A. Bogomolny, Zipfs Law from Interactive Mathematics Miscellany and Puzzles.
34. (Bonanno, G. 2003) G. Bonanno, G. Calderelli, F. Lillo e R. Mantegna, *Topology of Correlation based Minimal Spanning Trees in Real and Model Markets*, Phys. Rev. E 68, 046130.
35. (Bonanno, G. 2004) G. Bonanno, G. Calderelli, F. Lillo, S. Micciché, N. Vandewalle e R. Mantegna, *Networks of Equities in Financial Markets*, Eur. Phys J B, 38.
36. (Bouchaud, J. 2002) J.P. Bouchaud, M. Mezard, M. Potters, *Statistical properties of stock order books:empirical results and models*, Quantitative Finance, 2.
37. (Camerer, A. 2005) A. Camerer e E. Fehr, *When Does 'Economic Man' Dominate Social Behavior?*, Science, V.311.
38. (Camerer, A. 2006) A. Camerer, *Behavioral Economics*, the World Congress of the Econometric Society, London. Complex System Institute. Computer Systems Science and Engineering Journal, Special Issue, 14.
39. (Carchiolo, V. 2009) V. Carchiolo, A. Longheu, M. Malgeri e G. Mangioni, *Search for overlapped communities by parallelgenetic algorithms*, International Journal of Computer Science and Information Security,V.6, n.2.
40. (Castellano C., 2000) C. Castellano, M., Marsili e A. Vespignani, *Nonequilibrium phase transition in a model for social influence*, Physical Review Letters 85, 3536.
41. (Castellano, C. 2009) C. Castellano, S. Fortunato, V. Loreto, *Statistical physics of social dynamics*, Reviews of Modern Physics, 81, 591.

336 | Introdução à Economia Computacional

42. (Challet, D. 2005) D. Challet, M. Marsili e Y-C. Zhang, Minority Games, Oxford University Press.
43. (Chau, H. 2007) H. F. Chau, V. H. Chan, F. K. Chow, *Playing The Hypothesis Testing Minority Game In The Maximal Reduced Strategy Space*, arxiv 0711.3068.
44. (Chiaromonte, F. 1993) F. Chiaromonte e G. Dosi, *Heterogeneity, Competition, and Macroeconomic Dynamics*, Structural Change and Economic Dynamics, n.4.
45. (Cho, I. 1996) I. Cho e T. Sargent, *Neural networks for encoding and adapting in dynamic economies*, Handbook of Computational Economics, V.1, H. Amman, D. A. Kendrick e J. Rust (Eds.) North-Holland.
46. (Clauset, A. 2009) A. Clauset, C. Shalizi, and M. Newman, *Power-law distributions in empirical data*, SIAM Review 51, 661.
47. (Cont, R. 2001) *Empirical properties of asset returns: stylized facts and statistical issues*, Quantitative Finance, V.1, n.2, 223.
48. (Cruchfield, J. 1994) J. Cruchfield, *Dynamics, Complexity and the Edge of Chaos*, SFI Series on the Sciences of Complexity, V. XIX, Addison-Wesley.
49. (Damanpour, F. 1998) F. Damanpour e S. Gopalakrishnan; *Theories of organizational structure and innovation adoption: the role of environmental change*, J. Eng. Tech. Management 15, 1.
50. (Dawid, H. 2006) H. Dawid, *Agent-based models of innovation and technological change*, Handbook of Computational Economics, V.2, Tesfatsion, L. e Judd, K. (Eds.) Elsevier.
51. (Deffuant, D. 2001) D. Deffuant, D. Neau, F. Amblard e G. Weisbuch, *Mixing beliefs among interacting agents*, Advances in Complex Systems 3, 87-98.
52. (Denker, J. 1987) J. Denker, D. Schwartz, B. Winter, S. Solla, R. Howard, L. Jackel e J. Hopfield, *Large automatic learning, rule extraction and generalization*, Complex Systems 1, 877.
53. (desJardins, M. 2008) M. desJardins, M. Gaston e D. Radev, *Introduction to the special issue on ai and networks*, AI Magazine 29, 11.
54. (Dixon, P. 1996) P. Dixon e B. Parmenter, *CompuTable general equilibrium modelling for policy analysis and forecasting*, Handbook of Computational Economics, V.1, H. Amman, D. A. Kendrick e J. Rust (Eds.) North-Holland.
55. (Donaghey, J. 2005) J. Donaghey e P. Teague, *The Persistence of Social Pacts in Europe*, Industrial Relations Journal, 36, 478.

Referências e Bibliografia | 337

56. (Dorogovtsev, S. 2002), S. Dorogovtsev e J. Mendes, *Evolution of networks*, Adv. Phys., 51.

57. (Dorogovtsev, S. 2003) S. Dorogovtsev e J. Mendes, Evolution of Networks: from biological networks to the Internet and WWW, Oxford University Press.

58. (Dosi, G. 2005) G. Dosi, L. Marengo e G. Fagiolo, *Learning in Evolutionary Environments*, Evolutionary Foundations of Economics, K. Dopfer (Eds.), Cambridge University Press.

59. (Downs, A. 1957) A. Downs, An Economic Theory of Democracy, Harper & Row.

60. (Durlauf, S. 2004) S. Durlauf, *Neighborhood effects, Handbook of Regional and Urban Economics*, 4, V. Henderson e J-F. Thisse (Eds.), North-Holland Science.

61. (Epstein, J. 2006) J. Epstein, Remarks on the Foundations of Agent-Based Generative Social Science, Elsevier.

62. (Erdös P. 1959) P. Erdös e A. Rényi, *On Random Graphs*, Publ. Math. 6, 290.

63. (Fagerberg, J. 2006) J. Fagerberg, D. Mowery e R. Nelson (Eds.); The Oxford Handbook of Innovation, Oxford Univ. Press.

64. (Fagiolo, G. 2003) G. Fagiolo e G. Dosi, *Exploitation, Exploration and Innovation in a Model of Endogenous Growth with Locally Interacting Agents*, Structural Change and Economic Dynamics, 14, 337.

65. (Fair, R. 1996). R. Fair, *Computational methods for macroeconomic models*, Handbook of Computational Economics, V.1, H. Amman, D. A. Kendrick e J. Rust (Eds.) North-Holland.

66. (Farmer, J. 2002) J.D. Farmer, 2002 *Market Force, Ecology and Evolution*, Industrial and Corporate Change, Oxford University Press, V.11, 895.

67. (Farmer, J. 2003) J. D. Farmer, L. Gillemot, F. Lillo, S. Mike e A. Sen, *What really causes large price changes?* preprint ArXiv0312703.

68. (Fortunato, S. 2007) S. Fortunato e C. Castellano, *Scaling and Universality in Proportional Elections*, Phys. Rev. Lett. 99, 138701.

69. (Freeman C. 1994) C. Freeman, *Economics of technical change*, Cambridge Journal of Economics, 18, 463-514.

70. (Galam, S. 2004) S. Galam, *The dynamics of minority opinions in democratic debate*, Physica A 336, 56.

71. (Galam, S. 2008) S. Galam, *Sociophysics: a review of Galam models*, Int. J. Mod. Phys. C 19, 409.

338 | Introdução à Economia Computacional

72. (Geweke, J. 2006) J. Geweke, *Monte Carlo simulation and numerical integration*, Handbook of Computational Economics, V.2, Tesfatsion, L. e Judd, K. (Eds.) North-Holland.
73. (Gilbert, N. 1999) N. Gilbert e K. Troitzsch, 1999: Simulation for the Social Scientist, Open Univ. Press.
74. (Gintis, H. 2004) H. Gintis, S. Bowles, R. Boyd, E. Fehr, Moral Sentiments and Material Interests: The Foundations of Cooperation in Economic Life, H. Gintis (Eds.), MIT Press.
75. (Gonzalez, M. 2004) M. Gonzalez, A. Sousa e H. Herrmann, *Opinion Formation On A Deterministic Pseudo-Fractal Network*, Int. J. Mod. Phys. C 15, 45.
76. (Gopikrishnan, P. 2001) P. Gopikrishnan, B. Rosenow, V. Plerou e H. Stanley *Identifying Business Sectors from Stock Price Fluctuations*, Phys. Rev. E, 64, 035106R.
77. (Gross, T. 2008) T. Gross e B. Blasius, *Adaptive coevolutionary networks: a review*, Journal of The Royal Society Interface 5, 259-271.
78. (Grossman, T. 1991) T. Grossman, e E. Helpman, Innovation and Growth in the Global Economy, MIT Press, Cambridge, MA.
79. (Hassel, A. 2009) A. Hassel, *Policies and Politics in Social Pacts in Europe*, European Journal of Industrial Relations, 15, V.1, 7-26.
80. (Hebb, D. 1949) D. Hebb, The organisation of behaviour, Wiley, New York.
81. (Gell-Mann, M. 1994) M. Gell-Mann, The quark and the jaguar: adventures in the simple and the complex. San Francisco, W.H. Freeman.
82. (Holland, J. 1992) J. Holland, Adaptation in natural and artificial systems: an introductory analysis with applications to biology, control, and artificial intelligence. Cambridge, MIT Press.
83. (Holme, P. 2006) P. Holme e Newman, M., *Nonequilibrium phase transition in the coevolution of networks and opinions*, Physical Review E 74,1.
84. (Hommes, C. 2006) C. Hommes, *Heterogeneous agent models in economics and finance*, Handbook of Computational Economics, V.2, Tesfatsion, L. e Judd, K. (Eds.) North-Holland.
85. (Hotelling, H. 1931) H. Hotelling, *The Economics of Exhaustible Resources*, J. Polit. Econ., V. 39, 137.
86. (Japiassu, H. 1976) H. Japiassu, Interdisciplinaridade e patologia do Saber, Imago, Rio de Janeiro.

Referências e Bibliografia | 339

87. (Jeong, H. 2003), H. Jeong, Z. Neda e A. Barabasi, *Measuring preferential attachment for evolving networks*, Euro. Phys. Lett. 61, 567.
88. (Jiang, L. 2007) L. Jiang, D. Hua, e T. Chen, *Nonequilibrium phase transitions in a model with social influence of inflexible units*, Journal of Physics A: Mathematical and Theoretical 40, 11271.
89. (Johne, A. 1999) A. Johne, *Using market vision to steer innovation*, Technovation 19, 203.
90. (Jones, C., 2005) C. Jones, Growth and Ideas, Handbook of Economic Growth, V.1, P. Aghion e S. Durlauf (Eds.) North-Holland Science, Amsterdam.
91. (Judd, K. 2006) K. Judd, *Computationally intensive analyses in economics*, Handbook of Computational Economics, V.2, Tesfatsion, L. e Judd, K. (Eds.), Elsevier.
92. (Krugman, P. 1996) P. Krugman, Self-Organizing Ecvonomy, Cambridge, Mass. e Oxford: Blackwell Publishers.
93. (Laver, M. http) M. Laver, E. Sergenti, http:politics.as.nyu.edu/docs/IO/2791/Laver-Sergenti.pdf.
94. (LeBaron, B. 2004a) B. LeBaron, *A builder's guide to agent-based financial markets*, Quantitative Finance, 1, 254.
95. (LeBaron, B. 2004b) B. LeBaron, *Agent based computational finance: suggested readings and early research*, Journal of Economic Dynamics and Control 24, 679.
96. (Leskovec, J. 2008) J. Leskovec, e E., Horvitz, *Planetary-scale views on a large instant-messaging network*, World Wide Web Conference.
97. (Levy, M. 2000) M. Levy H. Levy e S. Solomon, Microscopic Simulation of Financial Markets, Academic Press, New York.
98. (Lima, R. 1997) R. Lima e E. Ugalde, *Dynamical lecture of statistical turbulence*, J. Phys. IV France 8, 157.
99. (Louçã, F. 2007) F. Louçã, Turbulência na Economia, Editora Afrontamento.
100. (Lucas, R. 1988) R. Lucas, *On the Mechanics of Economic Development*, Journal of Monetary Economics 22, 3.
101. (Malerba, F. 1999) F. Malerba, R. Nelson, L. Orsenigo e S. Winter; *History friendly models of industry evolution: the case of the computer industry*, Industrial and Corporate Change 1, 3.
102. (Mantegna, R. 1996) R. Mantegna e H. Stanley; *Turbulence and financial markets*, Nature 383.
103. (Mantegna R. 2000)) R. Mantegna e H. Stanley, An Introduction to Econophysics: Correlations and Complexity in Finance, Cambridge: Cambridge University Press.

340 | Introdução à Economia Computacional

104. (Marsili, M. 2002) M. Marsili, *Dissecting Financial Markets: Sectors and States*, Quantitative Finance, 2.
105. (Martins, T. 2009) T. Vaz Martins, M.A. Santos, T. Araújo e M. St. Aubyn, *Network effects in a human capital based economic growth model*, Physica A , V.388, 2207.
106. (Montalvo, C. 2006) C. Montalvo; *What triggers change and innovation*, Technovation 26, 312.
107. (Müller, D. 2005) D. Müller, Processos Estocásticos e Àplicações, Almedina, 2005.
108. (Nagurney, A. 1996) A. Nagurney, *Parallel computation*, Handbook of Computational Economics, V.1, H. Amman, D. A. Kendrick e J. Rust (Eds.) North-Holland.
109. (Nelson, R. 1982) R. Nelson e S. Winter, An Evolutionary Theory of Economic Change, Harvard University Press.
110. (Neumann, J. 1956) J. Von Neumann, *The synthesis of reliable organisms from unreliable components*, Automata Studies, C. Shannon (Eds.) Princeton University Press.
111. (Newman, M. 2006) M. Newman, A. Barabási e D. J. Watts, The Structure and Dynamics of Networks, Princeton University Press.
112. (O'Brien, C. 1995) C. O'Brien e S. J. E. Smith, *Strategies for encouraging and managing technological innovation*, Int. J. Production Economics, 41 303.
113. (Onnela J. 2003a) J. Onnela, A. Chakraborti, K. Kaski e J. Kertesz, *Dynamics of Market Correlations: Taxonomy and Portfolio Analysis*, Phys. Rev. E 68, 056110.
114. (Onnela J. 2003b) J. Onnela, A. Chakraborti, K. Kaski e J. Kertesz, *Dynamic Asset Trees and Black Monday*, Physica A 324.
115. (Onnela J. 2007a) J. Onnela, J. Saramäki, J. Hyvönen, G., Szabó, M.A. DeMenezes, K. Kaski, A. Barabási, e J. Kertész, *Analysis of a large-scale weighted network of one-to-one human communication*, New Jour. Physics 9, 1.
116. (Onnela J. 2007b) J. Onnela, J.Saramäki, J. Hyvönen, G. Szabó, D. Lazer, D. Kaski, K. Kertész, e A. Barabási, *Structure and tie strengths in mobile communication networks*, Actas de the National Academy of Sciences of the USA.
117. (Padmore, T. 1998) T. Padmore, H. Schuetze e H. Gibson; *Modeling systems of innovation: An enterprise-centered view*, Research Policy 26, 605.

Referências e Bibliografia | 341

118. (Palmer, R. 1994) R. Palmer, W. B. Arthur, J. H. Holland, B. Le Baron e P. Tayler, *Artificial Economic Life: A simple model of a stock market*, Physica D 75, 264.

119. (Pareto, V. 1897) V. Pareto, Cours d'Economie Politique, Lausanne, (em H. Stanley, 2003).

120. (Pau, L. 1996) L. Pau e P. Tan, *Artificial intelligence in economics and finance*, Handbook of Computational Economics, V.1, H. Amman, D. A. Kendrick e J. Rust (Eds.) North-Holland.

121. (Pavitt k. 1984) K. Pavitt, *Sectoral Patterns of Technological Change: Towards a Taxonomy and a Theory*, Research Policy, 13, 343.

122. (Pecora L., 1990) L. Pecora e T. Carroll; *Synchronization in chaotic systems*, Phys. Rev. Lett. 64, 821.

123. (Price J. 1965) *Networks of Scientific Papers*, Science, 149, 510-515.

124. (Romer, P. 1990) P. Romer, *Endogenous Technological Change*, Journal of Political Economy, 98, S71-S102.

125. (Rosvall, M. 2008) M. Rosvall e K. Sneppen, *Dynamics of opinions and social structures*. eprint ArXiv0708.0368.

126. (Rothenstein, C. 2003) R. Rothenstein e K. Pawelzik, *Evolution and anti-evolution in a minimal stock market model*, Physica A 326, 534.

127. (Ruelle, D. 1989) D. Ruelle, Chaotic Evolution and Strange Atractors, Cambridge University Press, Cambridge.

128. (Rust, J. 2006) J. Rust, *Numerical dynamic programming in economics*, Handbook of Computational Economics, V.2, Tesfatsion, L. e Judd, K. (Eds.) North-Holland.

129. (Sachs, H. 1988) H. Sachs, M. Stiebitz e R. Wilson, *An historical note: Euler's Königsberg letters*, J. Graph Theory 12.

130. (Saint-Paul, G. 2007) G. Saint-Paul, *On market forces and human evolution*, J. of Theoretical Biology 247, 397.

131. (Schelling, T. 1969), *Models of Segregation*, The American Economic Review, V. 59, n. 2, Actas de the Eighty-first Annual Meeting of the American Economic Association, 488.

132. (Schweitzer, F. 2008) e Behera, L., *Nonlinear voter models: The transition from invasion to coexistence*, European Physical Journal B.

133. (Silverberg, G. 1994a) G. Silverberg e B. Verspagen, *Collective Learning, Innovation and Growth in a Boundedly Rational, Evolutionary World*, Journal of Evolutionary Economics, 4, 207.

134. (Silverberg, G. 1994b) G. Silverberg e B. Verspagen, *Learning, Innovation and Economic Growth: A Long-Run Model of Industrial Dynamics*, Industrial and Corporate Change, 3, 199.

342 | Introdução à Economia Computacional

135. (Simon, H. 1958) H. Simon e C. Bonini, *The size distribution of business firms*, American Economic Review, 48, 607.
136. (Simon, H. 1967) H. Simon, The Sciences of the Artificial, MIT Press, Cambridge, MA.
137. (Sobkowicz P. 2009), P. Sobkowicz, *Modelling opinion formation with physics tools: Call for closer link with reality*, Journal of Artificial Societies and Social Simulation 12.
138. (Solé, R. 2006) R. Solé e J. Bascompte, Selforganization in Complex Ecosystems, Princeton University Press.
139. (Sornette, D. 2002) D. Sornette, Why Stock Markets Crash (Critical Events in Complex Financial Systems), Princeton University Press.
140. (Sornette, D. 2005) D. Sornette, *Endogenous versus Exogenous Origins of Crises*, Monograph on extreme events, V. Jentsch (Eds.), Springer.
141. (Stanley, E. 2000a) E. Stanley, L. Amaral, P. Gopikrishnan e V. Plerou, *Scale Invariance and Universality of Economic Fluctuations*, Physica A 283, 31.
142. (Stanley, E. 2000b) E. Stanley, L. Amaral, P. Gopikrishnan, P. Ivanov, T. Keitt e V. Plerou, *Scale Invariance and Universality: Organizing Principles in Complex Systems*, International Conf. on Statistical Physics, Taiwan, Physica A 281, 60.
143. (Stanley, E. 2000c) E. Stanley, *Exotic Statistical Physics: Applications to Biology, Medicine, and Economics*, Karpacz International Conf. on Exotic Statistical Physics, Physica A 285, 1.
144. (Stanley, E. 2003) E. Stanley, *Statistical Physics and Economic Fluctuations: Do Outliers Exist?*, Proc. International Statistical Physics Conference, Kolkata, Physica A 318, 279.
145. (Stassinopoulos, D. 2002) D. Stassinopoulos e P. Bak; *Democratic reinforcement: a principle for brain function*, Phys. Rev. E51, 5083.
146. (Statistics finland) – election statistics http://www.stat.fi/tk/he/vaalit/.
147. (Sznajd-Weron, K. 2000) K. Sznajd-Weron e J. Sznajd, *Opinion Evolution In Closed Community*, Int. J. Mod. Phys. C 11, 1157.
148. (Sznajd-Weron, K. 2004) K. Sznajd-Weron, *Dynamical model of ising spins*, Physical Review E 70, 36.
149. (Tesfatsion, L. http) L. Tesfatsion, www.econ.iastate.edu/tesfatsi/netgroup.htm.
150. (Travieso G. 2006) G. Travieso e L. da Fontoura Costa, *Analyzing trails in complex networks*, Phys. Rev. E 74.
151. (Vázquez, A. 2003) A. Vazquez e M. Weigt, *Computational complexity arising from degree correlations in networks*, Phys. Rev. E 67, 027101.

152. (Vilela Mendes, R. http) http://label2.ist.utl.pt/vilela/Cursos/Brownian.pdf.
153. (Vilela Mendes, R. 1998a) R. Vilela Mendes, *Medidas da Complexidade e Auto-organização*, Colóquio Ciências, 22, FCG.
154. (Vilela Mendes, R. 1998b) R. Vilela Mendes, *Conditional exponents, entropies and a measure of dynamical self-organization*, Physics Letters A 248, 167.
155. (Vilela Mendes, R. 2000) R. Vilela Mendes, *Characterizing self-organization and coevolution by ergodic invariants*, Physica A 276, 550.
156. (Vilela Mendes, R. 2001) R. Vilela Mendes, *Structure generating mechanisms in agent-based models*, Physica A 295, 537.
157. (Vilela Mendes, R. 2002) R. Vilela Mendes, T. Araújo e R. Lima, *A process-reconstruction analysis of market fluctuation*, Int. J. of Theoretical and Applied Finance, 797.
158. (Vilela Mendes, R. 2003) R. Vilela Mendes, T. Araújo e F. Louçã, *Reconstructing an economic space from a market metric*, Physica A 323, 635.
159. (Wagner, A. 2001) A. Wagner, *How to reconstruct a large genetic network from n gene perturbation in n2 easy steps*. Bioinformatics 17, 1183.
160. (Watts, D. 1998) D. Watts e S. Strogatz, *Collective dynamics of small-world networks*, Nature 393, 440.
161. (Watts, D. 1999) D. Watts, Small Worlds, Princeton Univ. Press, Princeton.
162. (Wiesinger, J. 2010) J. Wiesinger, D. Sornette e J. Satiover, *Reverse Engineering Financial Markets with Majority and Minority Games using Genetic Algorithms*, Swiss Finance Institute Research Paper n. 10-08.
163. (Wolpert, D. 2000) D. Wolpert e W. Macready, 2000, Self-Dissimilarity: An *Empirically Observable Measure of Complexity*, Unifying Themes in Complex Systems, Y. Bar-Yam (Ed.), Perseus books.
164. (Zak, P. 2004) P. Zak, *Neuroeconomics*, Philosophical Transactions of the Royal Society, V.359, 1451.
165. (Zanette, D. 2006) D. Zanette e S. Gil, *Opinion spreading and agent segregation on evolving networks*, Physica D: Nonlinear Phenomena 224 156.
166. (Zenios, S. 1996) S. Zenios, *Modelling languages in computational economics: GAMS*, Handbook of Computational Economics, V.1, H. Amman, D. A. Kendrick e J. Rust (Eds.) North-Holland.
167. (Zipf, G. 1949) G. Zipf, Human Behaviour and the Principle of Least-Effort, Addison-Wesley, Cambridge.